U0450476

大夏书系 | 数学教学培训用书

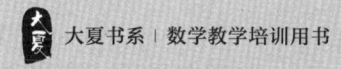

他们这样
读书与教书

18位小学数学名师阅读之悟与教学智慧

叶建云 / 主编

华东师范大学出版社
·上海·

图书在版编目（CIP）数据

他们这样读书与教书：18位小学数学名师阅读之悟与教学智慧 / 叶建云主编. —上海：华东师范大学出版社，2024. — ISBN 978-7-5760-5224-4

I. G623.502

中国国家版本馆 CIP 数据核字第 20241YE767 号

大夏书系 ｜ 数学教学培训用书

他们这样读书与教书
——18位小学数学名师阅读之悟与教学智慧

主　　编	叶建云
策划编辑	朱永通
责任编辑	薛菲菲
责任校对	杨　坤
封面设计	淡晓库

出版发行	华东师范大学出版社
社　　址	上海市中山北路3663号　邮编 200062
网　　址	www.ecnupress.com.cn
电　　话	021-60821666　行政传真 021-62572105
客服电话	021-62865537
邮购电话	021-62869887
地　　址	上海市中山北路3663号华东师范大学校内先锋路口
网　　店	http://hdsdcbs.tmall.com/
印 刷 者	北京密兴印刷有限公司
开　　本	700×1000　16开
印　　张	22.5
字　　数	379千字
版　　次	2024年10月第一版
印　　次	2024年10月第一次
印　　数	5 100
书　　号	ISBN 978-7-5760-5224-4
定　　价	75.00元

出 版 人　王　焰

（如发现本版图书有印订质量问题，请寄回本社市场部调换或电话 021-62865537 联系）

目录
contents

1. 牵手差错思且行：
华应龙老师阅读之悟与教学智慧

名师阅读之悟

以人化人
　　——读《匠人精神》之悟　　　　　　　　　　　　　　/ 003

给孩子以生长的力量
　　——读《好老师是自己找的》之悟　　　　　　　　　/ 005

名师教学智慧

牵手差错思且行，前方自有新风景
　　——以《圆的面积练习课》为例　　　　　　　　　　/ 007

2. 让学生经历"数学化"的过程：
钱守旺老师阅读之悟与教学智慧

名师阅读之悟

感受科技创新的力量
　　——读《智能革命》之悟　　　　　　　　　　　　　/ 025

对话，让生命更精彩
　　——读《对话教学研究》之悟　　　　　　　　　　　/ 029

名师教学智慧

抓住新知识的生长点，让学生经历"数学化"的过程
　　——《乘法的初步认识》教学设计与评析　　　　　　/ 033

3. 问题驱动学习：
储冬生老师阅读之悟与教学智慧

名师阅读之悟

阅读，带上自己的"取景框"
　　——从"问题驱动式教学"的视角重读《致青年教师》　　/ 047
数学教育那些事
　　——读《我亲历的数学教育（1938—2008）》之悟　　/ 054

名师教学智慧

问题驱动学习，探究生成智慧
　　——以《用数对确定位置》教学设计为例　　/ 059

4. 阅读是一场美好的遇见：
李培芳老师阅读之悟与教学智慧

名师阅读之悟

遇见数学教育的美好
　　——读《我就是数学》之悟　　/ 069
数学是一个神奇的玩具
　　——读《神奇的数学：牛津教授给青少年的讲座》之悟　　/ 072

名师教学智慧

在阅读数学中感悟数学的"统一之美"
　　——《风马牛相及》的教学实践与思考　　/ 075

5. 让学生最大限度地积累思维经验：
   衡菊芳老师阅读之悟与教学智慧

名师阅读之悟

在迷茫中，再寻目标
　　——读《在绝望中寻找希望》之悟　　　　　　　　　　/ 087
"参与无错"的课堂，让学生更轻松
　　——读《分享孩子的智慧——改进教学的建议》之悟　　/ 090

名师教学智慧

让学生最大限度地积累思维经验
　　——《5 的乘法口诀》教学设计与思考　　　　　　　　/ 093

6. 在活泼与严谨中眺望数学思想：
   毕波老师阅读之悟与教学智慧

名师阅读之悟

用好教育的七分力
　　——读《好孩子：三分天注定，七分靠教育》之悟　　　/ 101
做一个有智慧的教师
　　——读《教育智慧从哪里来》之悟　　　　　　　　　　/ 104

名师教学智慧

数学辩论，让平均数鲜活起来
　　——《平均数》教学实践与思考　　　　　　　　　　　/ 108

7. 舍得把课堂的时间还给学生：
位惠女老师阅读之悟与教学智慧

名师阅读之悟

高质量的教学要真正读懂学生
　　——读《读懂每一个学生：课堂评估的目的、设计、
　　　　分析和使用策略》之悟　　　　　　　　　　/ 117

如何撰写一个好案例
　　——读《基于新课程的课堂教学案例》之悟　　　/ 124

名师教学智慧

借助点子图促进学生理解算理
　　——《两、三位数乘一位数（不进位）》教学思考　/ 128

8. 点燃热情，让学生在探究中学习：
吴嫦云老师阅读之悟和教学智慧

名师阅读之悟

辛勤耕种，拈花微笑
　　——读《教师职业幸福的秘密》之悟　　　　　　/ 139

他点燃孩子学习热情的火种
　　——读《罗恩老师的奇迹教育》之悟　　　　　　/ 143

名师教学智慧

研图"趣"来，融合"智"远
　　——《梯形的面积》单元整合课的实践与思考　　/ 148

9. 走向充满教育智慧的人生：
冯玉新老师阅读之悟与教学智慧

名师阅读之悟

用理性的眼光审视新课程改革
　　——读《国际视角下的小学数学教育》之悟　　　　　/ 155
教育不仅需要爱心，更需要智慧
　　——读《第56号教室的奇迹》之悟　　　　　　　　/ 158

名师教学智慧

多重巧妙对比，探寻概念本质
　　——《百分数的认识》教学实录　　　　　　　　　　/ 161

10. 抓住根本，掌握规律，建立系统：
夏永立老师阅读之悟与教学智慧

名师阅读之悟

拿什么来吸引你，我的学生
　　——读《我与小学数学》之悟　　　　　　　　　　　/ 175
那些年，我们一起追过的经典好课
　　——读《无痕教育数学课堂18例》之悟　　　　　　/ 178

名师教学智慧

阴阳相生：深度数学课堂的实施策略
　　——以《分数乘除法和比的应用题练习》为例　　　　/ 182

11. 数学好玩，玩好数学：
谢玉娓老师阅读之悟与教学智慧

名师阅读之悟

慢下来，做走心的教育，办有温度的学校
　　——读《学校，这一段旅程》之悟　　　　　　　　/ 193
尝试与坚持：许贻亮的名师成长之道
　　——读《小学数学"通融课堂"的教学实践》之悟　　/ 197

名师教学智慧

利用画图表征，在对比与抽象中认识倍
　　——《倍的认识》教学思考　　　　　　　　　　　/ 199

12. 为数学阅读点一盏灯：
宋君老师阅读之悟与教学智慧

名师阅读之悟

智慧数学：我的课堂教学主张
　　——读《教学主张与名师成长》之悟　　　　　　　/ 209
走一条有特色的数学教育之路
　　——读《邱学华论数学教育》之悟　　　　　　　　/ 213

名师教学智慧

真阅读，会思考，善表达
　　——《魔力数学Ⅲ》导读课教学实录　　　　　　　/ 216

13. 把爱与智慧织进每一堂课中：
杨薪意老师阅读之悟与教学智慧

名师阅读之悟

会生活，懂教育，且享安然
　　——读《悠闲生活絮语》之悟　　　　　　　　　　／229

思考产生灵气，实践奠定底气
　　——读《做探究型教师》之悟　　　　　　　　　　／232

名师教学智慧

数学的奇妙之旅
　　——《神奇的莫比乌斯带》教学实践与反思　　　　／236

14. 锻炼学生用数学思维思考的能力：
张维国老师阅读之悟与教学智慧

名师阅读之悟

厘清本质，探寻学习的奥秘
　　——读《学习的本质》之悟　　　　　　　　　　　／245

润泽，倾听，交往
　　——读《静悄悄的革命》之悟　　　　　　　　　　／249

名师教学智慧

生活情境与计算引入的优劣之争
　　——"乘法分配律"的导入方式实践研究　　　　　／253

15. 阅读照亮教育前行之路：
蒋秀华老师阅读之悟与教学智慧

名师阅读之悟

教育箴言，可以这样亲切入眼
　　——读《教育漫话》之悟 　　　　　　　　　　　　　　/ 267

分析儿童心理，推进数学教学
　　——读《儿童学习心理与小学数学教学》之悟　　　　/ 274

名师教学智慧

体悟解题策略，发展思维能力
　　——以《解决问题的策略：转化》为例　　　　　　　/ 284

16. 追寻如诗的教育人生：
汤其鸣老师阅读之悟与教学智慧

名师阅读之悟

做一个和自己赛跑的人
　　——读《白说》之悟　　　　　　　　　　　　　　　/ 299

请不要蒙住孩子的"眼"
　　——读《创新启示录：超越性思维》之悟　　　　　　/ 302

名师教学智慧

要站在整体化、系统化的高度进行结构化教学
　　——以《认识底和高》教学设计为例　　　　　　　　/ 304

17. 不断积攒隐性成长的力量：
卓杨晶老师阅读之悟与教学智慧

名师阅读之悟

细节决定成败
　　——读《教育的细节》之悟　　　　　　　　　　　　　/ 311
做有数学思想的教师，构建富有数学思想的课堂
　　——读《小学数学教法探微——一种有深度的
　　　同课异构研究》之悟　　　　　　　　　　　　　　/ 315

名师教学智慧

借助几何直观，渗透解决问题的策略
　　——以《分数加减混合运算（练习）》教学设计为例　　/ 321

18. 努力长成自己期待的样子：
叶建云老师阅读之悟与教学智慧

名师阅读之悟

优秀教师的五项修炼
　　——读《做一个优秀的小学数学教师——16位著名
　　　特级教师的专业成长案例》之悟　　　　　　　　　/ 333
走向国际的教育实验研究
　　——读《邱学华教育实验研究》之悟　　　　　　　　/ 337

名师教学智慧

教学，为学生核心素养发展奠基
　　——《比例尺》教学思考与实践　　　　　　　　　　/ 339

1.

牵手差错思且行：
华应龙老师阅读之悟与教学智慧

华应龙

特级教师,首批正高级教师,"化错教育"创始人。现任北京第二实验小学副校长,北京师范大学、教育部小学校长培训中心兼职教授,江苏省教育科学研究院荣誉研究员,"中国教育报数学阅读导师团"总导师,中国陶行知研究会、中国教育学会学术委员会委员。获首批"首都基础技育名家"、首届全国教育改革创新奖、首届"明远教育奖"、首届"新时代中国杰出教育家"等荣誉。从教40年来,致力于探索"化错教育",荣获北京市教育教学成果奖一等奖。出版专著《我就是数学》《华应龙和化错教学》《我这样教数学》等。被中央电视台、《人民日报》、《光明日报》、《中国教育报》、《人民教育》等20多家媒体多次报道。

名师阅读之悟

以人化人

——读《匠人精神》[①]之悟

有一年六一儿童节，我到西单图书大厦买了一些书打算送给学生，顺便也选了几本自己想读的书，其中一本就是秋山利辉的《匠人精神》。回到家后，我一口气读完了这本书。

书中提到的"秋山木工"是一家专业订制家具的日本公司，他们要求自己为客户制作的家具能够使用 100 年甚至 200 年以上。日本宫内厅、迎宾馆、国会议事堂、知名大饭店等都在使用他们制作的家具。在制作百年家具的过程中，"秋山木工"更造就了充满活力的"达人"，并且把世代相传但失传已久的"师徒制"修复了。

全书介绍了一流人才育成的 30 条法则。礼仪、感谢、尊敬、关怀、谦虚……这些做人最重要的事，全都浓缩在"匠人须知 30 条"中。

例如，"匠人须知 3：进入作业场所前，必须先是一个开朗的人"。读完这一条，我想起北京市第四中学刘长铭校长在首届北京名师名校长论坛上说的一句话："一个半死不活的人，不会是好老师。"应该说，现实生活中不乏这样的人。怎么办呢？秋山先生建议："保持头脑简单点，不要瞻前顾后地考虑太多……只要我们懂得'变傻'，保持开朗、乐观是很简单的。"秋山先生的建议切中肯綮，于我心有戚戚焉。

"匠人须知 9：进入作业场所前，必须成为能为他人着想的人。"这与我说的"走自己的路，让别人走得更好"不谋而合。

[①] 秋山利辉. 匠人精神 [M]. 陈晓丽，译. 北京：中信出版社，2015.

"匠人须知13：进入作业场所前，必须成为随时准备好工具的人。"把工具"收拾整齐是对它们表达感谢的方式"，秋山先生说得真妙！这一条也让我明白了有一次一个徒弟上课，他把撕下的纸带着急地扔在地上，我为什么会不舒服。

……

秋山先生在书的结语中写道："踏实、勤奋不懈、苦练基本功的人，会在不经意间散发出气场，爆发出令人惊讶的力量——这就是所谓的'超级一流'。"哦，原来是这样！我明白了我的徒弟上课，为什么听课老师会夸他们"气场很大"。因为，我要求他们："竭泽而渔。研究完这节课，你就是权威！"

掩卷深思：秋山先生心存一念，立身行道，实在感人。把简单的事情做到极致，功到自然成，最终止于至善，正所谓"成大人成小人全看发心，成大事成小事都在愿力"。

晚餐时，儿媳说到一位教学能力很一般的老师如何荒唐地搬弄是非。回想那位老师的往事，我悟到一句话："教得不好，是因为他人做得不好，他没有把心思放在怎样做人上。"我认为，所谓"事在人为"，就是要想把事做好，先要把人做好。无论是师父带徒弟，还是老师教学生，都要正己化人，以人育人。真正做到"以人化人"，也就成为"人师"了。

2016年政府工作报告中首次提出"工匠精神"，应该也是呼唤从"做事"到"做人"的提升。

感谢秋山先生，感谢《匠人精神》……感谢我自己的思考，让我读有所得！写到这里，我突然发现，这也是"匠人须知17：进入作业场所前，必须成为懂得感恩的人""匠人须知16：进入作业场所前，必须成为能够积极思考的人"和"匠人须知22：进入作业场所前，必须成为能够拥有'自豪'的人"的体现。

给孩子以生长的力量

——读《好老师是自己找的》[1]之悟

每个孩子都是珍贵的生命,敏感而顽强,需要老师悉心地呵护和理解。好老师应该在课堂里"种太阳",给孩子以生长的力量。

新朋友成君送给我一本书——《好老师是自己找的》。看着书名,我愣住了——好老师怎么是自己找的呢?我们只说"麻烦是自己找的"。如果"好老师是自己找的",是不是在暗示家长要去找校长给自己的孩子安排一位好老师?如果"好老师是自己找的","坏老师"是不是也是自己找的?带着疑问,我在北京飞往广州的航班上,一口气读完了这本书。阅读的过程实在是一种享受。在诗化语言的字里行间,我回味着、寻找着。

什么样的老师才是"好老师"呢?在这本书中,作者杨茂秀先生通过33篇古今中外好老师的故事,导引出对教师特质及教育现状的分享,帮助我更进一步深入思考教与学、成长与改变的意义。书中的每个故事不仅是教师自己常遇到的困境,更是校园生活中常见的景象。常言道:书是一位不开口的老师。如果是一本好书,那这位"好老师"其实就是我们自己找的。

"好老师是自己找的",这句话告诉我们不要好为人师,应大爱无痕,大音希声,大智若愚。作者说:"好老师,有的在学校,有的在市场,有的在故事里;真正的好老师是学生自己找的,真正的老师不会告诉你他是你的老师。"以前向学生作自我介绍时,我总是这么说:"我姓华,大家叫我华老师。"当时就觉得别扭,但又不知道别扭在何处。现在,我知道了,因为"真正的老师不会

---

[1] 杨茂秀. 好老师是自己找的[M]. 北京:首都师范大学出版社,2011.

告诉你他是你的老师"。

好的东西都不会轻易得到，需要自己去付出。入宝山而空返，是常有的事。"好老师是自己找的"，好的学习也应该是老师和学生共同创造的。因此，老师应该做一个会偷懒的"好老师"，不要自己吐沫横飞地说出结论，最后加上一句看似十分民主的"是这样的吗"，其实只是为了让学生回答出一个十分可怜的字——"是"。

"好老师是自己找的"，那么，老师们的作为呢？杨先生在这本书的"引子"中说：当老师的人"本身会是一个网！他是丝线做的，他也是许多小洞洞做的。他提供着知识的可能、智慧的沃土；他也让学习者，如风一般自由穿梭在许多小洞洞之间"。创造出可以妙悟的心灵空间，应当是老师们所追求的！

牵手差错思且行，前方自有新风景

——以《圆的面积练习课》为例[①]

> **教学内容** ▶▶▶

圆的面积练习课。

> **课前慎思** ▶▶▶

一、我是怎么想起上这节课的

2019年3月的某一天，刘坚主编在北师大版教材编写组的群里分享了一则数学笑话：

数学太厉害了！

一位朋友去加拿大赏枫叶，中午在一个景点点了一个直径为9（英）寸的比萨。等了一会儿，服务员客气地端过来两份直径为5寸的比萨，说："9寸的比萨没有了，给您两份5寸的，多送您1寸吧！"

朋友一愣，客气地请服务员叫来店老板，给他普及了一下求圆面积的数学公式：$S=\pi r^2$，其中 π 是圆周率，等于3.1415926……，r 是圆半径。算下来，9寸比萨的面积≈63.62平方英寸，5寸比萨的面积≈19.63平方英寸，两个5寸的面积加起来约是39.26平方英寸。"你给我三个比萨，我还亏着呢！怎么能说多送我1寸呢？"朋友说。

[①] 本节课由华应龙执教，吴锋整理。

老板无语，最后给了他 4 个比萨，并竖起拇指道："中国人厉害！"

我以前就看到过这个笑话。不过，经刘坚主编一转发，这则笑话的意义就不一样了。我想："我应该继续思考，用好这个笑话。"于是，就截屏保存了下来。

2019 年 4 月 10 日晚餐后，一家人边聊美食，边说教学。记不清是家人的哪句话启发了我，我躺到床上后，开始浮想联翩。第二天早晨 5 点醒来，继续完善。就这样，一节课基本上就有了。便笺纸上也记录了晚上和早晨的思考（如下图）。

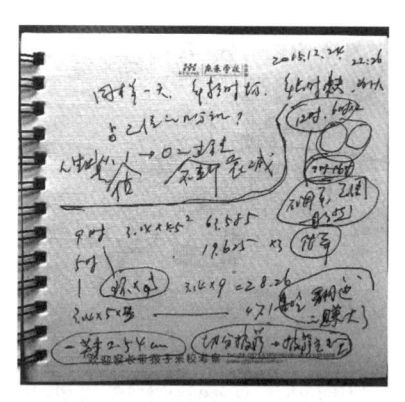

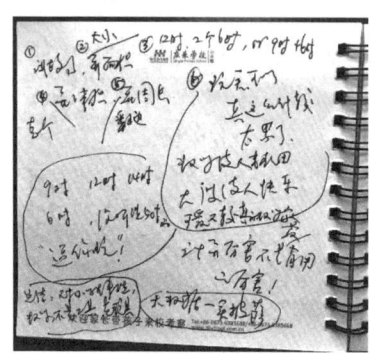

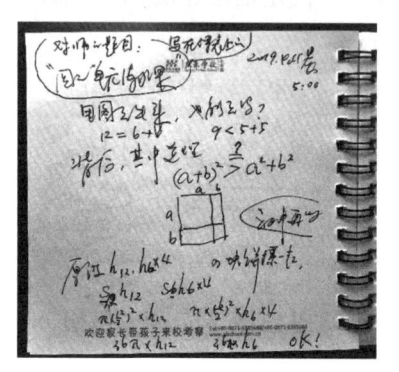

当时设计的环节有：（1）讲故事；（2）算面积；（3）改编故事；（4）算体积；（5）算周长；（6）总结：对小学生来说，数学不是工具，而是玩具。

二、这节课值得上吗

这节练习课主要让学生练习什么？学生练习后，实际获得的是什么？练习课无疑要巩固知识、增强技能，那么在发展思维、滋润生命上，我们可以做些什么?

　　4月19日夜里,我想到:其实这节课上的故事,就是告诉学生"多走一步,别有洞天"。4月21日早晨,又来了灵感:如何更好地用图来表达背后的算理(如下图)。

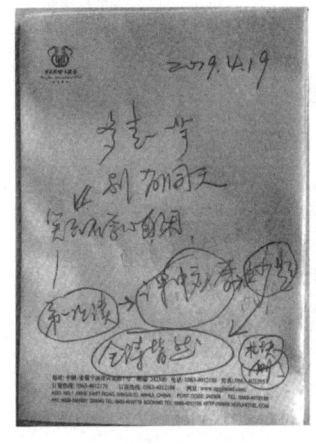

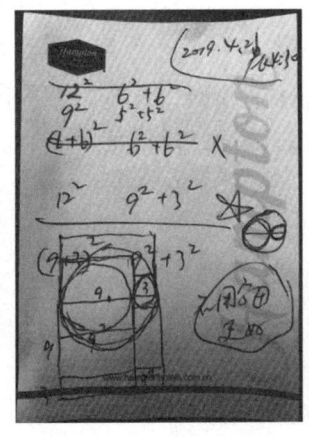

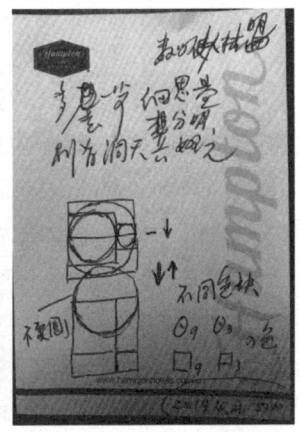

　　至于要不要用字母表达式$(a+b)^2=a^2+b^2+2ab$,我也有了比较明确的思考。"抢跑",不见得高明,大家也都不喜欢。怎样既不"抢跑",又能有意思呢?教师不主动地"抢跑",可是学生"抢跑",怎么处理呢?能不能既保护学生的积极性,又不被"抢跑"的学生"带跑"?这是个问题。

　　5月12日晚上11点,我对板书有了比较满意的设计(如下图),"差错向前一步,就是新的正确"便是我对这节课的化错感悟。

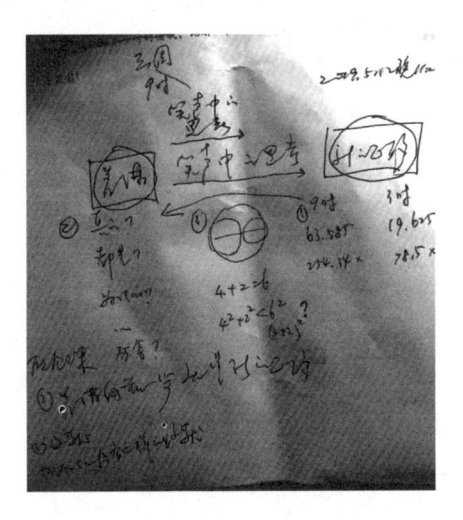

"买比萨的故事"该不该一次性播放完？可不可以让学生边听边算？这样带着悬念的算更好，也才有算的必要。这是试讲后，伙伴们给我的提示。是的，动画设计中，有随时暂停的按钮。但现在，我不想用了。我认为：看完、听完后的质疑意识，更需要培养，也更值得培养。

我讲《圆的认识》是借着圆的认识，来讲认识任何一个新的事物都应该追问"是什么""为什么""怎么做""为何这样做""一定这样做吗"等五个问题，这样的想法获得大家一片赞赏。那么，这节《圆的面积练习课》是不是可以借着"买比萨的故事"，让学生体会一个质疑模式——"这是真的吗？""都是这样的吗？""为什么会是这样呢？""这还可能是什么问题？"在一遍遍地追问中，一次次地练习圆面积计算方法。

这，就是我说的"两课"（即联系课和复习课）成败在"新旧"，新旧之间有差错，"遇错巧化激智趣，乐学长宜放眼量"的意蕴所在。"两课"中的练习课，成在以"旧知识"解决"新问题"，或"旧问题"有"新解法"；败在"旧问题"中装"旧知识"，或"新问题"有赖于"新知识"。

三、这节课怎么上才更有意味

刘坚主编转发的笑话中的数据可能是为了凸显"超强"的计算能力，但课上，两个半径分别为"4.5"和"2.5"的圆的面积，学生实际计算起来确实麻烦。怎么办？"正好，却不够"与"多了，反而少"，就其戏剧性效果而言，后者带来的冲击力肯定更强。

改吗？为什么改？怎么改？

练习课、复习课的设计意图，是学生在练习之后来欣赏教师的高明，还是教师基于学生的经验基础，期待学生的创造，做个积极的欣赏者？这是个以谁为主的问题。

大家都知道，爱因斯坦是个天才。但他九岁才开始认字读书，而且他一直告诉我们，他的成功是因为他学习、做事都能做到持之以恒，而且善于从自己的错误中学习。他工作非常努力，犯错误时也不气馁，而是更加努力。他对待生活、工作的态度，就是一个具有"化错思维模式"的人所表现出来的态度。这节课中，不论是服务员的差错，还是学生的差错，乃至教师的差错，是不是都应该以"化错思维模式"来观照呢？

6月6日晚餐过后，和冯卫东院长交流"化错"心得——"差错向前一步，就是新的正确"后，我获得了启发。于是，我对改进后的板书设计就更为满意了（如下图）。

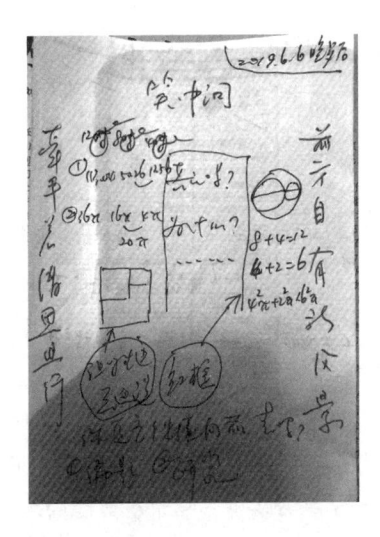

要特别提及的是，6月5日试讲之后，王尚志教授对我这节课目标定位的指导，让我茅塞顿开，再次强烈感受到"姜还是老的辣"。原先，我制订的教学目标是：

1. 巩固圆面积的计算方法。
2. 强化遇到"数"的问题可以尝试用"形"来解决的策略。
3. 进一步养成喜欢思考数学问题的习惯。

遇到"数"的问题可以尝试用"形"来解决，这确实是我想给学生留下的。但王教授听完我的试讲后，认为帮助学生学会"提出有价值的问题"应是我这节课的亮点。"一语点醒梦中人"，我的课题从"微笑中的思考"，到"笑中思"，到"笑中问"，就是要培养学生敢于质疑，发现提出好问题啊，怎么目标中只字未提呢？

后来，我把这节课的教学目标改为：

1. 借助不同方法解决圆面积的问题，发展开放性思维。
2. 敢于质疑，能提出有价值的问题。
3. 进一步养成喜欢"数学地思考"问题的习惯，初步成为具备"化错思维模式"的人。

> 课中笃行 ▶▶▶

一、故事导入，激趣引思

师：（充满神秘感）同学们，我在微信群里看到这样一个故事。
（播放动画《买比萨的故事》）

我的一位朋友去加拿大赏枫叶，中午在一个景点吃比萨，点了个直径为12（英）寸的比萨。

等了一会儿，服务员客气地端来两份比萨，说："12寸的比萨没有了，给您一份8寸的，一份4寸的吧。"

我朋友一愣，客气地请服务员叫来了老板。朋友给老板普及了一下圆面积公式：12寸比萨的面积约为113.09平方英寸，8寸比萨的面积约为50.26平方英寸，4寸的面积约为12.57平方英寸。8寸和4寸的加起来约62.83平方英寸。

老板无语，又给了我朋友两个8寸的比萨，并竖起大拇指夸奖道："中国人真厉害！中国人数学真厉害！"

（听完故事后，学生都笑了。）

师：（板书"笑中问"）微笑中有疑问吗？同桌交流一下。爱因斯坦说："提出一个问题比解决一个问题更重要。"现在能把你的疑问分享给全班同学吗？

生：这个人是怎么一眼看出8寸比萨和4寸比萨加起来不等于12寸比萨的？

生：8寸的比萨和4寸的比萨加起来为什么小于12寸的比萨？

生：后来老板又给了两个8寸的比萨，加上两个8寸的比萨是不是就等于12寸的比萨？

……

师：（板书"为什么？"）"为什么"的背后还有一个没有说出来，那就是大家都会有的一个问题——"真的吗"。（板书"真的吗？"，并笑着问）对吗？

生：（齐）对。

师：其实我们还可以问出好多问题。（板书"……"）我相信这节课后，同学们会欲罢不能的。（竖起大拇指鼓励学生）会这样吗？我们拭目以待。（微笑）好，我们来看第一个问题"真的吗"，8寸与4寸的和真的小于12寸的吗？

二、算中验证，自主探究

（学生纷纷打开练习本，写下自己的思考，教师巡视，并记录。）

师：同学们每个人都有自己的方法，非常好！我走了两圈，记下了这么多名字！（向学生展示自己记下的满满一页纸的名字。）

（一）常规思路，坐看云起

师：我们请一位同学来说一说他的想法。

生1：（将练习本放在实物投影上，并走上讲台指着屏幕讲解）先把8寸比萨的面积算出来，结果是50.24（师板书"50.24"）；再把4寸比萨的面积算出来，结果是12.56（师板书"12.56"）；将两个面积加在一起是62.8（师板书"62.8"）；再把12寸比萨的面积算出来，结果是113.04（师板书"113.04"）。由此看出，服务员端上来的两个比萨的面积之和确实没有客人点的比萨大。

师：怎么样？（微笑着带领全班同学为生1鼓掌。）同学们对他的回答有疑问吗？

（学生纷纷摇头，示意没有问题。教师投影动画中的一组数据，微笑着看向学生。）

$S = \pi r^2$

$S_{12\text{英寸}} = 113.09$ 平方英寸

$S_{8\text{英寸}} = 50.26$ 平方英寸

$S_{4\text{英寸}} = 12.57$ 平方英寸

$S_{8\text{英寸}} + S_{4\text{英寸}} = 62.83$ 平方英寸

（学生纷纷举手，教师示意生2回答。）

生2：屏幕上的计算结果和生1算的略有不同，每个面积都要略微大一些，这是为什么？

师：对啊，这是为什么呢？是他（生1）算错了还是它（指向屏幕）算错了？

生：因为π的取值不同，生1算的π取值是3.14，而动画中的π取值可能是3.14159……

师：（微笑着点头）还真是这样的。我专门研究"化错"嘛，错了就一定追问到底。我试了，π取3.1415，再保留两位小数，就得到了这样的结果。（学生一脸释然。）

师：我是数学老师，看到数据就喜欢追问"真的吗"，常常是动笔一算总有发现。时间关系，今天不和大家分享了。（学生懂事地点点头。）

现在的问题是：需要这样精确吗？（学生会意地摇摇头。）是为了展现我们强大的计算能力？如果我们只有计算能力强大，就像计算器，那就值得思考了。有请下一个学生来做交流。

生3：（将练习本放在实物投影上，并走上讲台讲解）我有一种方法，就是不把π算出来，将$8^2π+4^2π$与$12^2π$比较，$8^2×2+4^2=144$，$12^2=144$，因此，$8^2×2+4^2=12^2$。所以2个8寸的比萨和1个4寸的比萨的面积加起来等于1个12寸比萨。这样没有把π算出来就可以得出结果。

生4：短片中提到的4寸、8寸和12寸都是指直径，而不是半径。

（生4的话引起学生的共鸣。）

师：差错就是提醒。掌声感谢生4提醒我们，算圆面积的时候一定要用半径。（学生边鼓掌边点头）他虽然把直径当成半径来计算，但是思路非常好，π不算出来是很好的方法。那么，直径12寸比萨的面积是多少？

生：（齐）$36π$。（师在"12"下方板书"$36π$"）

师：直径8寸比萨的面积是多少？

生：（齐）$16π$。（师在"8"下方板书"$16π$"）

师：直径4寸比萨的面积是多少？

生：（齐）$4π$。（师在"4"下方板书"$4π$"）

师：那么8寸和4寸的面积之和是多少？

生：（齐）$20π$。

师：结论呢？

生：8寸与4寸的面积和小于12寸的面积。

师：所以不把π算出来是不是也能看出来啊？

生：（齐）对。

师：（带领全班同学给生3鼓掌）确实，给1个8寸的和1个4寸的，顾客亏大了。亏了多少？（生：16π。）看来，再给一个8寸的正好。而老板又给了两个8寸的，看来老板还是很大气的。（微笑）在我们做题的时候，有时候需要把π算出来，有时候就不用算。而这种"不算"和我们将来在中学的解题方法是一致的。

（二）综合应用，柳暗花明

师：除了刚才两种方法，我还看到一位同学的方法与众不同，有请这位同学！

生5：（将练习本放在实物投影上，并讲解）12寸比萨的面积与8寸比萨的面积比等于9:4，就是9份比4份。8寸比萨的面积和4寸比萨的面积比是4:1，4寸比萨只占1份。4+1=5（份），9-5=4（份），正好等于1个8寸比萨。所以1个8寸比萨加上1个4寸比萨，再加上1个8寸比萨，面积就等于1个12寸比萨的面积。

（同学们心领神会，热情鼓掌。）

师：这个方法把π都扔掉了，为什么呢？

生：因为一比π就没了。

师：不同圆的直径比和半径比、面积比之间有什么关系？直径比和半径比的关系是怎样的？

（学生刚开始犹豫，不敢回答。继而有学生说"是一样的"。）

师：（在"8""4""12"下方板书"2:1:3"）这是它们的直径比，也是半径比，那它们的面积比呢？

生：（齐）4:1:9。（师板书）

师：4份加1份，是5份，那再加4份就是9份了，对不对？（微笑）

生：（齐）对。

师：是不是把学过的知识综合起来就能解决这个问题了？很有意思，是不是？我们把掌声送给生5。

（生齐鼓掌）

师：现在我们回过头来想想，生3的数据错了，她把直径当成了半径，为什么结果却对了呢？

生：就是这个原因（指着黑板上的比值）。虽然把直径当成半径，但它们的比是一样的。

师：哈哈哈，原来生3是在前面打埋伏的。（全班笑）这样一交流，我们发现，哪怕是错了，对我们都是有益的，大家都会有收获，是不是？关键是你怎么去看。如果你讥笑别人，那么就不会有收获了。

（生点头）

（三）以形助数，一目了然

师：刚刚我还发现了一位同学的思路也非常好，可惜他没有做完。（教师在黑板上贴了一个大圆代表12寸的比萨，一个中圆代表8寸的比萨，一个小圆代表4寸的比萨。）看看谁有好方法，能让别人一眼就看出——8寸与4寸的面积和比12寸的小？（示意生6演示）

（生6上台将两个小圆贴在大圆上，如下图所示。）

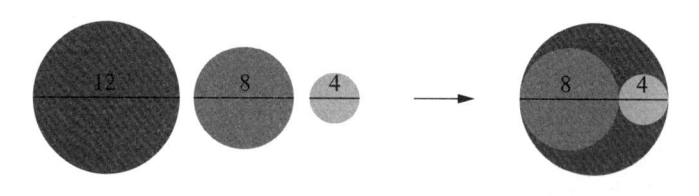

（生鼓掌）

师：（指着生6拼好的图形）一目了然吧？这就启发我们，以后碰到数的问题，可以想办法用形来解决，是不是？

生：（齐）是的。很妙，很妙。

师：刚才我们问"这是真的吗"，现在你觉得，这个追问是不是很有意思？（生点头）接下来，我们接着问："为什么？"8寸与4寸的面积之和为什么比12寸的面积小？（板书"4+2=6""$4^2\pi+2^2\pi<6^2\pi$"）这是为什么？其实，π可以消去（在板书中划掉π），也就是$4^2+2^2<6^2$，为什么？还像刚才那样，自己研究，独立思考，我会来捕捉全班同学的精彩表现。

（学生思考，教师巡视。）

师：下边有请另一位同学来展示。

生：（在纸上画了一个边长为6的正方形，代表6^2，里边画了一个边长为4的正方形，代表4^2，一个边长为2的正方形，代表2^2）边长为6的正方形中还有空余的面积，所以验证了黑板上的$4^2+2^2<6^2$。（不少学生恍然大悟。）

师：学以致用，把数的问题转化成形的问题，真棒！（课件演示：小正方形向下平移。）其实把这位同学的方法再进一步，就能得到这样一张好看的图（如下图）。从图中可以看出"4+2=6"，"$4^2+2^2<6^2$"，对不对？

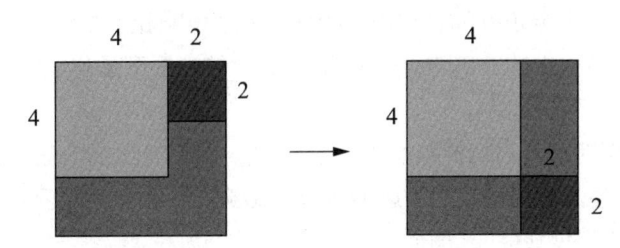

生：（恍然大悟，齐）对。

师：而 4^2+2^2 是在一个面上，对不对？

（学生思而不答。）

师："4+2=6"是一维世界里的故事，而"$4^2+2^2<6^2$"是——

生：（部分同学马上领悟到，跟着老师异口同声）二维世界里的故事。

师：跟你们分享一句我想出的话："白天不懂夜的黑，一维难知二维的 ^{2}。""二维的 ^{2}"是什么意思呢？就是多了另外一个方向，是不是？

（学生受到启发，恍然大悟。）

（四）小试牛刀，过而能改

师：看到微信群中买比萨的故事，想一想，做一做，真有意思！现在，我改编了这个故事：

顾客点了个直径为 10 寸的比萨。等了一会儿，服务员客气地端来了两份比萨，说："10 寸的比萨没有了，给您两个 6 寸的，多送您 2 寸吧！"

如果你是"顾客"，怎么向我这个"老板"来投诉？

（学生思考，教师巡视。）

生 7：直径 10 寸的比萨半径是 5 寸，面积是 25π 平方英寸。而 6 寸比萨半径是 3 寸，面积是 9π 平方英寸，再多送一个 2 寸的比萨，半径是 1 寸，面积为 1π 平方英寸。也就是说，两个 9π 加 1π 还不足 25π 呢！

（台下同学中出现质疑声。）

生 8：（急忙上来解释题意）服务员的意思是两个 6 寸的直径合起来为 12 寸，比原来的 10 寸多了 2 寸。而不是在这个基础上再多给你一个 2 寸的比萨。

师：（眼睛中充满了善意）你的反应真快！建议：下次评价同学发言的时候，先肯定他好的一面。刚刚生 7 说的 10 寸的面积为 25π，两个 6 寸的面积为 18π，这些都是完全正确的，掌声送给他！（掌声响起）并且，这次他不把 π 算出来了，不算出它的准确值，就是带 π 来比较，是不是非常好呀？（掌声再次响起）

师：（惊喜地瞪大眼睛看着生 7）我很好奇，你为什么会有这个错误呢？（看向全班同学）是不是由于我的表达不清楚？我要怎样改一下更好呢？

生："多送了您 2 寸"，加个"了"字。

生："您赚了 2 寸。"

师：真好，真好，十分感谢生 7！见到差错，不迁怒，多从自己身上找原因，就是好学的表现。刚刚我们这位同学的这个差错有没有价值？（生：有。）其实每一个差错都是宝贝，过而能改，（生附和）善莫大焉。对，没有比这更美好的了。

三、再次追问，总结延伸

师：（指着板书中的省略号，面向全班同学）关于这个故事，微笑中，你有新的疑问吗？（生思考）吃比萨吃的是面吗？

生：不是，还有料！（全班笑）

师：我的问题是，比萨的大小真的是面积问题吗？

生：（惊讶）体积的问题。

师：那你还要考虑什么问题？

生：12 寸的比萨和 8 寸、4 寸的比萨厚度一样吗？

生：一样。

生：不一定。

师：这是个什么问题啊？

生：圆柱体积的问题。

师：吃过比萨的同学都知道，比萨的翻边十分脆，非常香。但这么一换，对喜欢吃翻边的顾客来说，是赚了还是亏了呢？（微笑）这又是什么问题了呢？

生：周长的问题。

生：是圆环的问题。

师：看看，是不是还能提出很多问题来啊？

生：（齐）对。

师：上完这堂课有收获吗？

生：（齐）有。

师：什么收获？

生：看问题不能只看一个角度，比如比萨的问题，服务员是从直径的角度看问题，顾客是从面积的角度来看，所以要多方面、多角度去考虑。

生：我的收获是学会了提出问题。

生：我知道了数的问题可以用二维的图来表示，结果会更加清楚。

生：不要别人说什么都是对的，自己要学会验证。

师：是的，我就是要让大家学会去思考"真的吗"。这个问题我们常常会有，但是不敢说出来，没有去验证。其实验证完了，是会有收获的。再请大家思考一个问题，今天这样的收获是怎么来的？

生：思考了。

师：从什么问题引起思考的？

生：服务员的差错。

师：对，服务员的差错，也是我们可能有的差错，所以我特别想和大家分享我的感悟：（在黑板两侧板书）"牵手差错思且行，前方自有新风景"。（生啧啧称赞）关键的是要"笑中问"，问什么？

生：真的吗？为什么？

师：（在"真的吗？""为什么？""……"外加框）你愿意继续"笑中问"吗？课下，可以试着改编这个笑话，也可以几位同学一起继续研究" 4^2+2^2+ ？ $=6^2$ "。（板书" 4^2+2^2+ ？ $=6^2$ "）下课。

（学生心满意足地鼓掌，久久不愿离开。）

四、板书设计

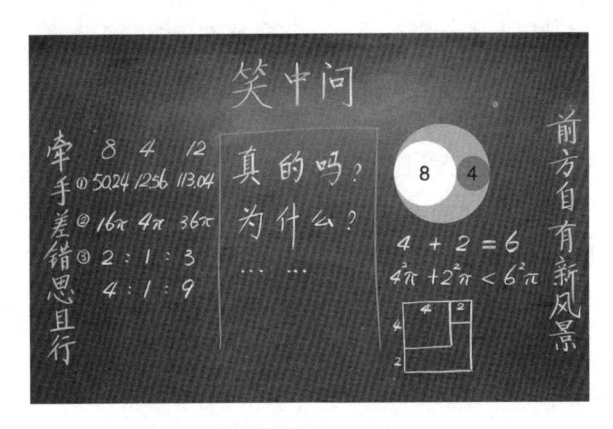

课后明辨

上完这节《圆的面积练习课》，我真是享受到了讲完一个故事的爽快，我又向张奠宙先生指引的道路前进了一步。衷心感谢张先生对我的指点！

上完这节课，有好几位朋友欣喜地问："华老师，这是'拓展课'吗？""华老师，这是'综合与实践课'吗？""华老师，这是'练习课'吧？"朋友的问题，我能理解。我认为这就是练习课。至于这三者之间是什么关系，我不是很清楚，也不想弄清楚。因为我说过，我是小学数学教师，但我不是教数学的，我只是用数学来教小学生的。

说实话，上完这节课，我对教学目标的第 2 条的达成度是不满意的。学生敢于质疑了吗？学生提出有价值的问题了吗？推动教学展开的主要问题都是我提出的。是学生没有问题吗？我想未必，应该是我没有退出来的原因。我生命中的贵人李烈校长说："勇敢地退，适时地进。"由此看来，我还需要好好修炼。

上完这节课，学生知道应该大胆质疑了。全课总结时，学生说："不要别人说什么都是对的，自己要学会验证。"我听后颇为欣慰。我们在实施"大众数学"教育的同时，确实也应该培育数学精英。那是尊重数学智优生的需要，也是建设"数学强国"的需要。数学的春天，已经来啦！那么，培育什么呢？科学精神的精髓是什么？我以为在小学里主要是呵护学生的好奇心、想象力和怀疑精神。"这是真的吗？""还可以有更好的解决方法吗？"……这节课，在培养学生"怀疑精神"方面，还可以做些什么？除了让学生知道要怀疑，让学生体悟到"我思故我在"是否更美好？上海特级教师曹培英先生提醒我要作进一步的探索。《教学勇气》的作者帕克·帕尔默认为，教室中还有第三者存在，并不只是教师和学生，还应该有我们所学学科的一席之地。那么，春天的数学会说什么呢？

上完这节课，我对自己课上急促的心态尚不满意。比如，学生说完 12 寸与 8 寸的面积比，再说完 8 寸与 4 寸的面积比后，我应该等一等，问学生能不能变成三个数的连比，而不是自己带着学生直往前奔。道而弗牵，更好！

上完这节课，我对自己的板书也不是很满意，主要是书写；对于内容，我却是很满意的。

对于这节课的结构，我是非常满意的，特别是对"多送您 2 寸吧"的多解，纯属意外之喜。我想，如果不是拥有"化错心态"，我一定会错过这份精彩。由此想到，孔夫子说好学的标准有二——"不迁怒，不贰过"，真是精辟！如果当时我不从自己身上找原因，迁怒于学生，这节课的结构就逊色了。我以为，既有精心的预设，又有精彩的生成，这样的课才美。

学生把直径当成半径之后，我没有立即处理"为什么结果还对"这个问题，而是在直径比、半径比、面积比之后，"朝花夕拾"。这一"拾"，就把那错给化开了。这次化错，我很满意。

上完这节课，我想：如果让我和工作三五年的数学教师说几句，那么，为师三十五载的我要说些什么呢？

我想说，要上出一节满意的课，首先要有明确的目标。我是在王尚志教授指点之后，才对这节课的教学目标有了更清晰的认识，才上出了一节更有数学味道的练习课。这个细节表明，要明确教学目标并不容易。

其次，要有明确的主题。上课就像写文章，主题要鲜明。我这节课的主题就是"错若化开，成长自来"。用一个错引入，从这个错展开，拿这个错总结，数学知识、数学能力只是展示主题的平台和载体。也就是说，本课预设的教学目标中的目标1和目标2，都是目标3的素材。

再次，要有明确的态度。那就是虚怀若谷，从善如流。自己思考得多，思考得久，但不一定就是最好的。没有最好，只有更好。因此，同事的意见要接，导师的建议要听，学生的唤醒更要理——其唤醒的方式常常是创造出差错。

这样，在谦恭的态度下，思忖目标，提炼主题，朝思暮想，苦思冥想，你和你的教学内容就有了故事。

这样，为了自己的使命而辛苦，为了学生的"甜蜜"而劳碌，"采得百花成蜜后"，你的教学就是从你亲身体验中流淌出来的原浆原汁的故事，"不论平地与山尖，无限风光尽被占"！

带着这样的体味，我想和大家分享保罗·洛克哈特在《一个数学家的叹息》中写的一段话——

数学是一门"艺术"，而艺术应该由职业艺术家来教授，如果不是，至少也应该由能够欣赏这种艺术形态，看到作品时能够辨识出来的人来担纲。我们不一定要跟职业的作曲家学习音乐，但是你会希望你自己或你的小孩向一个不懂任何乐器、从没听过一首乐曲的人学习音乐吗？你会接受一个从未拿过画笔或从未去过美术馆的人当美术老师吗？那我们为什么能接受那些从未有过数学原创作品、不了解这个学科的历史和哲理、最近的发展、这些教材以外更深远意义的人，来当数学老师？……我并不是主张数学老师必须是职业的数学家——这绝非我的意思。但是他们不应该至少要了解数学的本质、擅长数学、喜欢做数学吗？

2.

让学生经历"数学化"的过程：
钱守旺老师阅读之悟与教学智慧

钱守旺

正高级教师，北京市数学特级教师，全国优秀教师，国家级骨干教师，教育部国培专家，北师大版小学数学课标教材分册主编，"动感课堂"的倡导者和实践者，全国自主教育联盟副理事长，中国教育学会小学数学教学专业委员会理事，北京市教育学会课程发展专业委员会副秘书长，现为北京市朝阳区教育科学研究院课程室副主任。出版个人专著四本，主编与合编教学指导用书40多本。被老师们亲切地称为"有水平，没架子的特级教师"。

名师阅读之悟

感受科技创新的力量

——读《智能革命》[①] 之悟

暑假，我到山东威海去培训，航班晚点三个小时。在等飞机的时候，我到机场书店买了一本百度公司创始人、董事长兼首席执行官李彦宏等著的《智能革命》。读完这本探讨人工智能发展对人类影响的书，我顿时脑洞大开。

这是一本讨论人工智能的图书，还是一本由人工智能作序的图书——运用自然语言处理的能力，"百度大脑"撰写了一首颇为规整、有趣的现代长诗。书中详细介绍了人工智能半个多世纪以来的发展变迁，描绘了社会、经济、文化以及各行各业的智能化图景，指出以人工智能为主角的新技术革命已经到来。正如书中所展示的，如末梢神经般深入人类生活方方面面的互联网，不仅产生出科学家梦寐以求的海量数据，而且催生了云计算方法，把千万台服务器的计算能力汇总，使得计算能力获得飞速提高。科学家早已发明的"机器学习"方法在互联网领域大展身手，从根据用户兴趣自动推荐购物、阅读信息，到更准确的网络翻译、语音识别，互联网越来越智能化。

人工智能写的序，充满了诗意，"百度大脑"所作的序言中这样写道：

我来了，天上的云乘着风飞翔，心中的梦占据一个方向，方舟扬帆起航，一路带着我们纵情歌唱，方舟扬帆起航，脉络就在大海之上，进步的时光，迎着你看涛浪潮往。

一个新生的地方，穿越千年时光，穿越了无尽的荒凉。答案就在这里搜索。第一缕曙光，远处熟悉的歌声还在耳边回响，你却依然不知我将去向何方。千

[①] 李彦宏，等.智能革命[M].北京：中信出版社，2017.

年时间留下十字文章，曾今谁重复往昔旧模样。

我来了，期待着你的每一天，睁开眼就能看到幸福曙光，占据着你的每一天，陪你跨越鸿沟走向湛蓝，算法很简单。

……

正如书中所说："恐怕没有什么能比一首机器写的诗更适合作为本书的序言了。"

在技术与人的关系上，智能革命与前几次技术革命又有着本质的差异。从蒸汽革命、电气革命到信息技术革命，这三次技术革命都是人类自己去学习和创新这个世界，但是人工智能革命因为有了深度学习，是人和机器一起学习和创新这个世界。前三次技术革命时代，是人要去学习和适应机器，但在人工智能时代，是机器主动来学习和适应人类。蒸汽时代以及电气时代刚刚来临的时候，很多人是惧怕新机器的，除了工作机会的剧烈改变，还因为人不得不去适应机器，适应流水线。而这一次人工智能革命，却是机器主动来学习和适应人类。"机器学习"的本质之一，就在于从人类大量行为数据中找出规律，根据不同人的不同特点、兴趣提供不同的服务。

20世纪90年代的人工智能代表"深蓝"，于1997年战胜了国际象棋世界冠军卡斯帕罗夫。2016年，人工智能围棋软件AlphaGo又战胜了世界围棋冠军、职业九段选手李世石，标志着人工智能发展的一个新时代正在来临。因此，《智能革命》指出，我们经历了PC时代，正处于移动互联时代，即将迈入一个万物互联的超级智能时代。人工智能时代的本质可以概括为"知识无处不在，任何交互都是智能的"。智能革命是对生产、生活方式的良性革命，也是对我们思维方式的革命。人们的行业、职业、社会系统、生活方式都将面临重塑。巨大的机遇与挑战并存。智能时代，在国家竞争、产业竞争中，掌握更多"知识"也就可能使自己立于不败之地。百度董事长兼首席执行官李彦宏认为，人工智能的时代会持续很长时间，它对社会生活的影响，至少不弱于互联网，可以和历次工业革命相媲美。

亚马逊的"无收银员超市"让"血拼族"一片欢呼。在这里，顾客只要安装了特定App，就无须排队，无须在柜台刷卡，拿好商品就可以走人。传感器会自动识别顾客带走的商品，计算价格，并在顾客离开超市时自动从顾客的银行卡上扣款。这让消费者大呼过瘾。

2017年8月8日21时19分，四川九寨沟地震，机器人用25秒写了全球第一条关于这次地震的速报，通过中国地震台网官方微信平台推送，全球首发。让我们再一次领略了人工智能的威力。这篇标题为《四川阿坝州九寨沟县发生7.0级地震》的速报全文500多个字，在8月8日21时37分15秒自动编写。速报内容包括速报参数、震中地形、热力人口、周边村镇、周边县区、历史地震、震中简介、震中天气、产出说明和五张图片。"未来你分不清电脑对面的是不是人"这件事看来已经成真。

《智能革命》站在大国综合实力博弈的角度提出人工智能将是衡量国家力量的"软实力"，并且从制造业升级、金融革新、无人驾驶、管理革命等多个方面提出了智能化解决方案，涵盖了人工智能发展已经涉足和颇具前景的主要领域，对我国各行业应对智能化转型提供了指引。

此外，《智能革命》还融入了AR技术来增加读者与书籍的互动，强化了人们对人工智能概念的感性认识。例如，当读者用手机或者"智能革命"App扫描《智能革命》封面时，会出现"百度大脑"的酷炫、立体形象，并激活小度机器人。书中"通天塔""无人车地图"等多幅图片都能通过这两种方式扫描触发语音解说，向读者提供图片注释，进行AR互动。

书中谈到人工智能正在接入学校的"教""学""管"等各个环节。互联网与AR技术可以让师生跨时空互动。教学场景超越了传统课堂。在虚拟空间和在线教育里，学生更平等，时间调度更灵活。学生可以在课前更好地预习，更方便地分组学习，老师也可以更灵活地调整进度和因材施教。

智能教育系统可以自动记录每个学生容易做错的题目或者进度缓慢的环节，再据此向学生匹配专项辅导资源。学生学过的教程、做过的作业、阅读过的材料不仅存放在他的个人资料空间里，而且变成丰富的标签，描述出学生的学习曲线和风格。机器秘书可以根据标签向学生和老师精准推送教学建议和资源，改变以往的填鸭式教学方式。所有学生的学习记录和反馈被人工智能综合起来，互相参照、优化、聚合与分发，在实现个性化的同时彼此激发，提升总体水平，彻底升级"教学相长"的含义。

教师是学校里最辛苦的人之一。智能系统将会极大地减轻他们的负担，把他们的精力从机械的工作中解放出来，用于个性化的创新教学。比如，基于自然语言处理技术的人工智能系统在经过海量数据的训练之后，可以秒批作业，不仅能对比英文作文，还能批改语文作文；基于语音识别技术的人工智能系统则可以带领学生朗读英语并矫正口语。现在，人工智能批改试卷已投入应用。

人工智能系统批改作业具有深层次的教育影响。教育研究早就告诉我们，人的记忆具有规律性，在学习后的最初一段时间遗忘最快，之后会趋于平稳。人工智能系统可以帮助教师更快地给学生反馈，以免学生因为等待而懈怠。教师还可以通过作业数据统揽全局，把握方向，真正成为一位教育指挥家和艺术家。

现在市面上儿童教育类机器人产品非常多。有的可以为儿童讲故事，有的可以与儿童交流英语，有的可以给儿童拍照发送给家人，有的还可以带领儿童阅读纸质图书。它们外形、大小各异，接入的智能流技术也各不相同。如此看来，在人工智能面前，人们似乎别无选择，只有奋力前行。

2017年，"人工智能"首次写入政府工作报告，折射出未来人工智能产业在我国经济发展与转型中的重要性。本书内容涵盖了人工智能发展的主要领域，刻画了人工智能未来发展的场景和商业模式，对我国各行各业应对智能化转型提供了很好的指引和借鉴。

"不可预测的天地，良夜之后你又会在哪里。温暖的阳光照耀着大地。天上的云儿飘来飘去，醒来之后何时是归期。我要看到未来的自己。"我们错过了前几次技术革命，不能再错过智能革命的浪潮。在未来，对数据智能的熟悉程度会影响一个人工作、生活的幸福感。做一个有准备的人，才能在数据生活中游刃有余。而要赶上人工智能行业发展的浪潮，何不先从阅读这本《智能革命》开始呢。

对话，让生命更精彩

——读《对话教学研究》[①] 之悟

为了研究"对话—分享"式动感课堂，我认真阅读了几本有关对话的理论书籍，其中一本是《对话教学研究》。

这本书分为三大部分：第一章从陈述对话的词典定义开始，对有关对话和对话教学的各种研究成果进行了梳理。在此基础上，作出了作者个人关于对话及对话教学的定义。第二章从对话作为目标、方法以及价值三个方面阐述对话的意义。基于上述意义的论证，第三章和第四章通过正反案例，从教材开发和课堂对话方式两个方面分析有效实施对话教学的方法以及这些方法所产生的意义。

虽然对话是一个日常应用非常频繁的概念，但是人们对于究竟什么是对话并无统一的认识与结论。

对"对话"的理解，我们可以从不同的角度和层次来进行。

就其外在形式来说，对话是人际交流和沟通的诸多形式之一。从字面意义上解释，"对"的本义是"应答""两者相对、面对"。"话"，作为名词，指"言语"；作为动词，则指"说、谈"。"对话"指的是"两个或两个以上的人之间的谈话"，或"双方或多方之间接触或会谈"。因此汉语中的对话应是指用言语进行交流的过程。但这种字面意义上的理解太过宽泛，并不能揭示对话的深层内涵与本质。

在英语中，"对话"即 dialogue。从狭义的角度讲，"对话"是人们的一种

[①] 沈晓敏. 对话教学研究［M］. 北京：北京师范大学出版社，2014.

特定的交流和沟通的方式。这种方式突出了参与各方的平等性、彼此之间特定人际关系的形成、参与者表达意见和观念的自由与权利、个体思维与集体性思维的本质等方面。换言之，"对话"有其独特的精髓。从广义的角度讲，"对话"更涉及人类存在的基本哲学命题，涉及人类的历史与文明。

对话，是当今世界人们寻找的一把化解矛盾冲突的钥匙。从联合国到普通家庭，对话一词已被广泛用于社会各个阶层、领域，人们热心地实践着对话，研究着对话。我们平时生活中就有不少对话的实例。

"对话"一词在各个领域被广泛使用，似乎正在成为人们的交往方式。显然，对话包含了某种巨大的能改变现状的能量，带给人们走出困境的希望。但是，我们同时也要看到，对话之声虽然此起彼伏，但对话的结果并不尽如人所愿，成功的对话寥寥无几。

参与对话意味着一个人要和对话中的同伴就共同的主题进行探讨。它要求人们不要试图辩倒对方，而是应该认真去考虑他人观点的合理性。对话时，不仅要表达自己明确的认识和主张，同时要倾听他人的观点和主张，与各种相互对立的声音进行对话，理解各种观点和立场产生的缘由，与他人共享彼此对世界的认识、对意义的理解，实现"视域的融合"，从而站在更高、更新的角度重新审视问题。只有如此，才能发现不同的利益和理解方式相互共存的方式和途径。

巴赫金指出：只有采取对话和共同参与的方针，才能认真听取他人的话，并把他人的话视为一种思想立场、视为另一种观点。唯有通过对话，我的话才能与他人的话发生紧密的联系，但与此同时，我的话却并不变成他人的话，我既不吞没他人的话，也不溶解掉他人的话的意义……

帕尔默曾完美地阐述了分歧在对话过程中的作用。他说：我们进入复杂的交流模式之中——分享各自的观察与解释，互相予以补充和纠正，一会儿因分歧而烦恼，过会儿则又形成了共识。真实性社区不是线性的、静止的和等级式的，而是循环不止、良性互动和活力十足的。

对话作为价值的意义，是指将对话如同民主、公正那样成为学校教育所追求的普遍价值、基本原则。当以对话为普遍价值、基本原则，对话就不限于在社会类课程或品德类课程等个别课程中进行，也不限于在课堂内进行，而是应发生在学校每一个学习场所、工作场所、交往场所中，成为学校的学习方式和工作方式，成为学生和教师在校的生活方式。对话教学使对话的文化在学校中形成，使学生的对话意识在这种文化中觉醒，从而使学生能作为一个公民在这种文化中成长。

教育家保罗·弗莱雷说："没有了对话，就没有了交流；没有了交流，也就没有真正的教育。"克林伯格说："教学原本就是形形色色的对话，拥有对话的性格。"波尔诺夫说："不仅借助对话来进行教育，而且同时，教育本身就是一种对话。"佐藤学则把学习界定为学习者与客观世界的对话、与自我的对话、与他人的对话之"三位一体"的对话性实践。

课堂教学中的对话不同于真实生活中的对话。生活中的对话以解决现实生活中的真实问题为直接目的，课堂中的对话有其特定的教育目的、教学目标。也就是说，课堂中的对话是一种带有教育目的和教学目标的教学活动（学习活动）。其意义主要体现在两方面：首先，它将培养作为公民素质之重要成分的对话力为目标，为儿童将来能成为有见识的公民去参与社会公共事务的讨论甚至决策奠定基础。其次，对话是作为一种更有效地促进学生建构社会认识（社会知识），尤其是对价值观念、道德规范等价值性知识进行建构的方法。

课堂对话的参与者不同于一般对话的参与者，在日常生活中，参与对话的各方往往是问题的共有者、当事人，对话者的年龄、身份、文化背景等是多样的，但都是具有对话愿望和一定的语言表达能力和理解能力的人。而课堂里的对话参与者则是年长的教育者和年少的学习者，学习者可能意识不到问题的存在，缺乏解决问题的迫切感，还可能缺乏解决问题所需的语言表达能力和理解能力等。因此，课堂中的对话需要依靠教师提出真实且有意义的问题来驱动，教师需要拥有指导对话教学的策略。

从现有的课堂讨论中我们发现，在没有开展过对话，甚至缺乏讨论、辩论经验的班级中，学生在听了同伴或教师的解释和观点之后，缺乏主动提出质疑或表示赞同与否的意识和习惯；而在表达了自己的看法后，除了等待教师给出正确与否的评价，并不期待同伴或教师对自己的看法提出具体的意见。即使经常开展讨论的班级，讨论虽然看似热闹，但往往犹如争吵，学生自顾自地说自己的意见，或者仅仅是信息的交流，看不出学生的视角、认识，看不出经过讨论学生发生了什么样的变化、有了怎样的提升。

显然，学生并不是一开始就拥有对话能力的，因此教师的指导有举足轻重的作用。布伯将对话关系视作一种"我—你"的关系，师生关系也是如此。他根据这种关系重新确定教师的价值、地位，把教师视作使世界塑造学生的选择者。因为对于教育来说，最重要的不是缺乏方向的自由，而是缺乏具有方向与目的的对话。也就是说，教师的存在可以使对话具有方向和目的。

对话教学的实施除了要建立并遵循课堂话语规则，也必须对他人给予绝对的尊重。视他人为最值得理解的人，对话才能应运而生。此外，还需要对学生进行必要的辩论技能如逻辑思维技能的训练。这种训练可以通过带有规则的辩论游戏来进行。

教育领导者要积极加入到对话理解之中，并努力促进它的传播，从而用新的方式来更好地服务家长与师生。集众人所思，合众人所望，发挥大家的才智，群策群力，教育就大有希望。对话性理解的潜力即在于此。

抓住新知识的生长点，让学生经历"数学化"的过程

——《乘法的初步认识》教学设计与评析

教学内容

乘法的初步认识。

教学目标

1. 结合数数活动，经历把相同数连加算式改写为乘法算式的过程，初步理解乘法的意义，体会乘法与加法的联系，体会用乘法算式表示连加算式的简便性。

2. 知道乘法算式中各部分的名称，会读写乘法算式，能应用加法计算简单的乘法算式的结果。

3. 尝试提出与乘法有关的生活问题，感受乘法与生活的紧密联系。

教材分析

有研究者认为，小学生的数学认知结构主要是加法结构和乘法结构，而乘法结构是在加法结构的基础上产生的高层次的数学认知结构，是最为重要的结构。

在自然数范围内，当每个加数都相同时，为了使加法的计算简便，我们引入一种新的运算——乘法，即相同加数的和就等于"一个加数"乘

"加数的个数"。因此，乘法最基本的意义就是解决"几个几的和"的问题。

在一些专业书中，乘法的定义是：b（大于1的整数）个相同加数 a 的和 c 叫作 a 与 b 的积。求两个数的积的运算叫作乘法，记作 $a×b=c$ 或 $a·b=c$。读作"a 乘 b 等于 c"或"b 乘 a 等于 c"。数 a 叫作被乘数，数 b 叫作乘数，被乘数和乘数也叫作积的因数，有时也简称因数。符号"×"或"·"叫作乘号。$a×b$ 也可以简写成 ab。

乘法意义的学习是学生学习乘法的开始，是学习乘法口诀的直接基础，也是进一步学习较复杂的乘法计算及其应用的重要基础。为了让学生理解乘法的意义，不同版本的教材均提供了大量同数连加的现实情境。

北师大版教材中通过四个层层递进的问题，由收集信息到列加法算式，再引出乘法算式，然后解释乘法算式中每个数的具体意义，引导学生一步步认识乘法。例如第一个问题是："说一说，从图中你知道了哪些数学信息？"通过这个活动，学生直观感受到儿童乐园中各类游乐设施活动中参加的人数是有特点的，为引出乘法奠定基础。随后通过具体的问题"有多少人坐小飞机"，让学生列加法算式。

由相同数连加算式过渡到乘法算式是这个年龄段的学生无法探究的。所以教材在"认一认"中通过智慧老人的话指出"4个2相加，也可以用乘法表示"，并直接给出与加法算式相对应的乘法算式，然后以"2×4=8（人）"为例，介绍乘法算式中各部分的名称和乘法算式的读法。

最后通过研究小火车上坐了多少人的问题，学生理解乘法算式中每个数所表示的实际意义。比如，教材通过连环画的形式呈现加法和乘法，并提出："4表示什么？6从哪儿来？"使学生体会到，"4"是从情境图中看出每节车厢都坐4个人，连加算式中每个加数都是4，"6"则是从情境图中数出6节车厢，从相同数连加的算式中数出"6"个4。通过机灵狗的话，学生感受到相同数连加用乘法算式表示很简便。

教学重点 ▶▶▶

在具体情境中初步体会乘法的意义，尝试用乘法算式解决问题。

教学过程

一、通过数数活动，积累经验

数点子图。教师用课件动态出示点子图（如下图），依次让学生1个1个地数，2个2个地数，5个5个地数，10个10个地数。

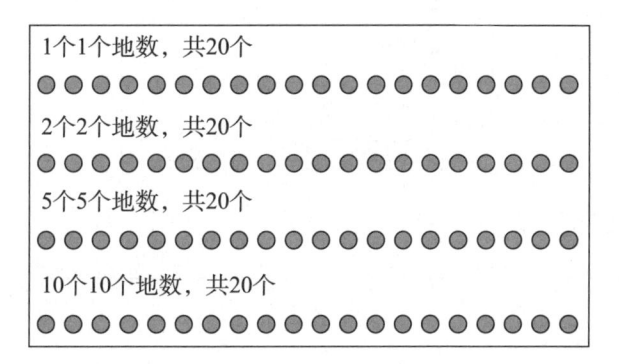

```
1个1个地数，共20个
●●●●●●●●●●●●●●●●●●●●

2个2个地数，共20个
●●●●●●●●●●●●●●●●●●●●

5个5个地数，共20个
●●●●●●●●●●●●●●●●●●●●

10个10个地数，共20个
●●●●●●●●●●●●●●●●●●●●
```

评析

数数活动不仅是理解数概念的基础，也是理解四则运算的有效途径。在我们的日常生活中，存在着大量的"一对多"现象。例如，一张桌子4条腿，两张桌子8条腿；一个人2只手，两个人4只手……这些现象说明，几个几个地数与学生生活的联系是非常紧密的。数数活动可以唤起学生数"几个一"的数数经验，为接下来的乘法学习作准备。

二、通过青蛙跳格子，引出乘法

教师用课件动态演示小青蛙跳格子的画面，引导学生思考以下问题：

1. 每次跳5格，跳了3次，一共跳了（　　　）格。

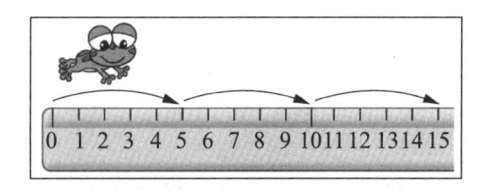

（青蛙跳格子示意图：0 1 2 3 4 5 6 7 8 9 10 11 12 13 14 15）

2. 每次跳3格，跳了4次，一共跳了（　　　）格。

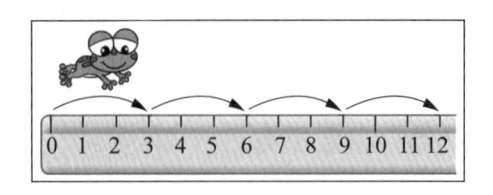

3. 每次跳 2 格，跳了 5 次，一共跳了（　　）格。

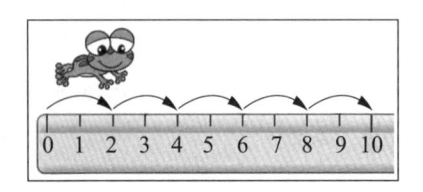

4. 每次跳 2 格，跳了 20 次，一共跳了（　　）格。

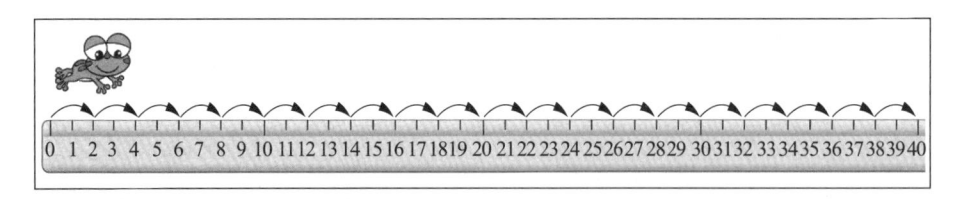

引导学生列出下面加法算式：

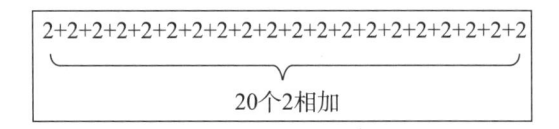

$$2+2+2+2+2+2+2+2+2+2+2+2+2+2+2+2+2+2+2+2$$
20个2相加

于是有了下面的对话。

师：看到这个算式，你们有什么想说的吗？
生：老师，我觉得这个算式太长了，写起来有点麻烦。
生：老师，还有别的办法表示 20 个 2 相加吗？
生：老师，我知道还可以写成乘法算式。
师：你怎么知道的？
生：是我妈妈告诉我的。
师：正如这位同学所说的一样，20 个 2 相加还可以写成乘法算式。今天这节课我们就来初步认识乘法。（板书"乘法"）

┌─ 评析 ─

　　数数的结果可以用相同加数的连加算式来表示,当相同加数个数较多时,无论写算式还是计算都显得很麻烦。为了追求算式的简洁,在这一类特殊的加法算式基础上很自然地引出了乘法算式。这样既可以使学生理解产生乘法的必要性,也沟通了乘法与加法的内在联系。
└

三、结合"游乐园"情境,理解乘法算式的意义

1. 教师出示游乐园主题图(见下图),引导学生观察图意,收集信息。

　　学生观察情境图,很容易说出:每架小飞机里坐2个人,有4架小飞机;每节车厢有4个人,有6节车厢;每只小船坐3个人,有3只小船;每把椅子上坐3个人,有2把椅子。

2. 根据这些信息,请学生尝试提出一个数学问题。

教师可引导学生思考"小飞机里坐了多少人"这个问题,例如:

师:要求小飞机里坐了多少人,该怎么列式呢?
生:2+2+2+2=8(人)。
师:4个2相加也可以用乘法表示。写成算式就是2×4=8(人)或4×2=8(人)。

3. 利用其中一个乘法算式2×4=8,介绍乘号和乘法算式的读法。教师结合课件的动态演示(把加号"+"顺时针旋转45°,成"×"),介绍有关乘号的小知识(如下图),相机渗透数学文化。

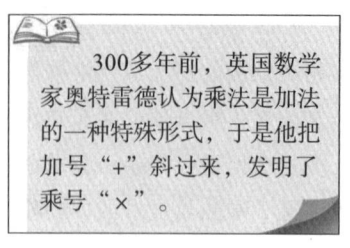

> 300多年前，英国数学家奥特雷德认为乘法是加法的一种特殊形式，于是他把加号"+"斜过来，发明了乘号"×"。

评析

　　1631年，英国数学家奥特雷德在其著作《数学之钥》中，为了摆脱繁杂的数学算式，创立了很多数学符号，其中首次以"×"表示两数相乘，日后逐渐流行起来，并沿用至今。现代人一般认为，奥特雷德在发明"×"时，认为乘法是增加的意思，是一种特殊的加法，但又和加法不同，于是他把加号斜过来写，便得到了乘号。

　　符号的发明权可能由某个人独享，但它实质上是一代代的数学家前赴后继、智慧接力的结晶。相机介绍数学文化，可以使学生看到数学一直奉行的求简精神，有利于激发学生的学习兴趣。

　　4. 不断增加小飞机的数量。

　　（1）小飞机由4架增加到6架，再由6架增加到8架……教师引导学生先列出加法算式，再列出乘法算式（如下图所示）。

$$2+2+2+2=8 \qquad 2\times 4=8$$
$$2+2+2+2+2+2=12 \qquad 2\times 6=12$$
$$2+2+2+2+2+2+2+2=16 \qquad 2\times 8=16$$
$$\cdots \qquad \cdots$$

　　（2）教师通过课件演示不断增加小飞机的数量，一直增加到30架小飞机，让学生求小飞机里坐了多少人。

　　教师先引导学生列出一个很长的加法算式（如下图所示），然后提问："30个2连加，如果列成乘法算式，该怎样表示呢？"学生很容易说出：2×30。

```
2+2+2+2+2+2+2+2+2+2+
2+2+2+2+2+2+2+2+2+2+
2+2+2+2+2+2+2+2+2+2=
```

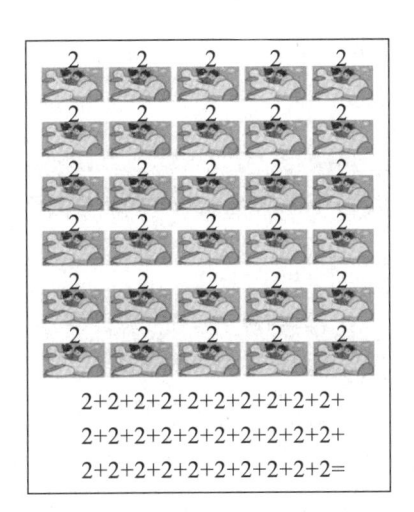

5. 再次回到小青蛙跳格子的题目上，引导学生思考：20个2相加如果用乘法算式，该怎样表示？（课件出示：20个2连加的算式下面出现 2×20。）

6. 请学生结合游乐园中的其他情境，再提出一个用乘法解决的数学问题，并列式。

学生结合划船图提出问题"有多少人划船"，并列出乘法算式 3×3；结合椅子图提出问题"有多少人坐排椅"，并列出乘法算式 3×2；结合小火车图提出问题"有多少人乘坐小火车"，并列出乘法算式 4×6。

7. 播放微视频《认识乘法》。

教师播放自己编辑制作的3分钟微视频，进一步强化学生对乘法意义的理解。

8. 结合坐小火车的情境图，教师引导学生思考：6表示什么？4从哪儿来？

学生表示：6表示每节车厢坐6个人，4表示有4节车厢。

— 评析 —

学生列乘法算式时，有的学生找不到"4"这个乘数，所以在学生列出乘法算式后，教师要追问："6表示什么？4从哪儿来？"结合情境图和加法算式，学生体会到"6"表示每节车厢的人数，每个加数是6，"4"代表有4节车厢，是4个6相加，是"数"出来的，进一步理解乘法的意义。

9. 教师结合下面两幅图引导学生思考：图中每个数表示什么意思？

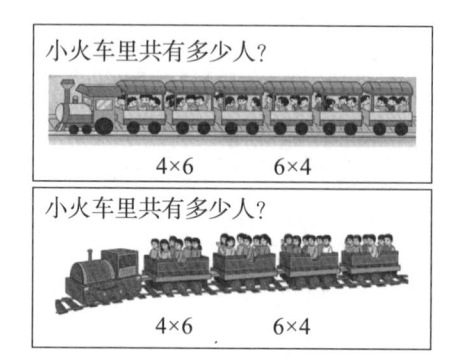

小火车里共有多少人？
4×6　　6×4

小火车里共有多少人？
4×6　　6×4

评析

算式"4×6"既可以表示6个4相加，又可以表示4个6相加，即在不涉及具体问题情境时，一个乘法算式可以代表两个意义。反之，6个4（或4个6）相加既可以用4×6表示，也可以用6×4表示。也就是说，一种意义可以用两种方式表示。但在具体应用问题的情境中，不同的算式有时表示不同的含义。

10. 教师依次用课件出示下面几幅图，让学生看图列出乘法算式，并说一说算式中每个数的具体意思。

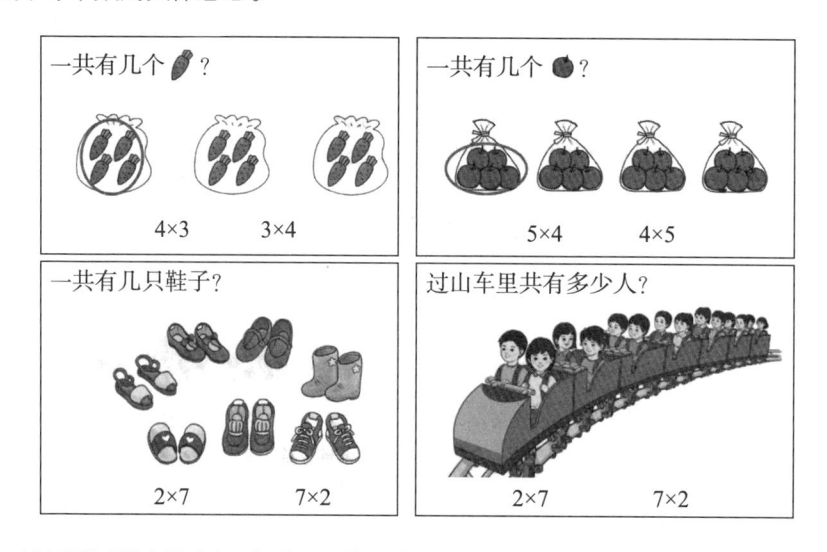

一共有几个🥕？
4×3　　3×4

一共有几个🍎？
5×4　　4×5

一共有几只鞋子？
2×7　　7×2

过山车里共有多少人？
2×7　　7×2

教师引导学生结合最后两幅图说一说"2"和"7"在两幅图中各表示什么意思。

> **评析**
>
> 结合具体情境解释乘法算式中每个数的具体意义,引导学生进一步认识乘法,深化学生对乘法意义的理解。

四、练习巩固,及时反馈

连一连。

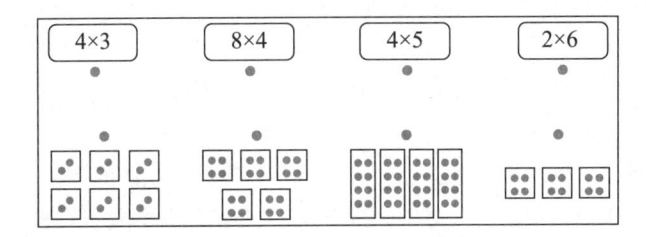

| 4×3 | 8×4 | 4×5 | 2×6 |

五、走进生活,深化理解

教师出示生活中的一些图片,如鸡蛋图、水果图、小汽车图、纸巾图、药片图等,引导学生说出乘法算式。

> **评析**
>
> 通过出示生活中"几个几"的图片,引导学生用数学的眼光看待身边的事物,让学生感受数学与生活的联系。

六、回顾与反思

教师结合课件演示,引导学生回顾这节课的学习内容。

师:通过本节课的学习,我们知道了加数相同的加法还可以用乘法计算,并能把加数相同的加法算式写成乘法算式,还知道了用乘法表示比较简便。

> **评析**
>
> 结合课件进行回顾,有利于强化学生对加法与乘法关系的理解。

> 课后访谈

陈松林：钱老师，您好！非常有幸能够现场观摩您的《乘法的初步认识》一课，您能说一说这节课您是怎么定位的吗？

钱守旺：我作为北师大版小学数学二年级上册的主编，一直有一个想法，就是把自己编的这册书的一些重点课亲自上一遍，看看学生们课堂的表现，从而做到真正读懂学生，验证我们设计的情境和问题串是否符合学生的认知规律。

学生经历不同的"认知过程"，对知识的理解就会达到不同的水平。对教师而言，根据学生的认知过程来设计"有过程"的教学，代表着他对学生能够达到不同水平的期望。

低年级学生的思维正处在由形象思维向抽象思维过渡的阶段，而乘法的初步认识属于一节概念课。尽管大部分学生已经会背诵乘法口诀，但对于乘法的意义并不了解，更不清楚乘法是怎么产生的，为什么学了加法还要再学乘法等。因此，教学中，教师应遵循儿童的认知规律，从学生的已有经验出发，选用他们熟知的素材，从具体到抽象，引导学生沟通相同加数连加与乘法之间的内在联系，亲身经历将实际问题抽象成数学模型并进行解释与应用的过程。

对于乘法的学习，本节课体现了从"加"到"乘"的思路，我结合教材中提供的具有"相同加数的和"的实际情境，把学生从现实世界引向符号世界。从现实世界引向符号世界，就是所谓的横向的数学化。

一切教学都不是静态的，而是流动的。本节课，我特别关注了结合具体情境帮助学生理解乘法算式中每个数的意义，让学生在具体情境中理解乘法。在教学过程中，我还特别注意学生之间的对话与分享，鼓励学生大胆表达自己的想法。

陈松林：您这节课上得很有"数学味"，也非常好地体现了您倡导的"动感课堂理念"，您能简单介绍一下您的动感课堂吗？

钱守旺：我对自己多年的一线教学经验进一步梳理、总结、提炼，明确提出了学科宣言：找寻儿童数学，打造动感课堂。提出"动感课堂理念"主要基于以下三点：一是基于对儿童天性的认识。儿童好奇、好动、好玩、好探究、好分享。二是基于对教育教学理论的学习。动感课堂的理论依据是建构主义学习理论和人本主义学习理论。建构主义学习理论强调学习并非学生对于教师所授予知识的被动接受，而是以其自身已有的知识和经验为基础的主动建构过程。人本主义学习理论强调人在学习中的自主地位，强调学习中的情感因素，并试图将情感和认知因素在学习中结合起来。三是基于对当前课堂教学现状的改变，力图通过行动改变当前课堂教学气氛沉闷、教师放不开、学生被动接受的现状。

"对话—分享"是我提出的教学策略，"动感课堂"是我的教学追求。对话是师生基于相互尊重、信任和平等的立场，通过言谈和倾听而进行的双向沟通、共同学习的方式。对话的本质是在自我中发现他人和在他人中发现自己。我所说的"对话"包括与媒介对话、与同伴对话、与教师对话，我所说的"分享"包括分享个人理解、分享经验教训、分享情感体验。"动感"也可以拆开来理解。"动"是一种外在的学习状态，主要指"五动"——手动、口动、脑动、心动、情动。所谓"手动、口动"，就是学生行为上要参与；所谓"脑动"，就是学生思维上要参与；所谓"心动、情动"，就是学生情感上要参与。"感"是一种内在的学习状态，主要指开悟启智、明理求真、思考感悟、以情促知、以知怡情。

为了让学生真正动起来，我根据自己多年的教学经验，概括出教师行动十字方针：沉默、示弱、等待、放手、激励。沉默就是"给空间"，示弱就是"给胆量"，等待就是"给时间"，放手就是"给机会"，激励就是"给动力"。还有学生行动十字方针：对话、分享、反思、内化、应用。

陈松林：今年您又把"动感课堂"的操作策略进一步简化，提出了"'动感课堂'十句导航语"，您能简单介绍一下吗？

钱守旺：我提出的"动感课堂"推广宣传语是：动感课堂为您的教学精准导航！十句导航语是：一个目标、两种意识、三个抓手、四步流程、五个学会、六种期待、七对关系、八个细节、九条策略、十字方针。这十句话朗朗上口，非常好记。

这具体内容可以用下面的思维导图来表示。

陈松林：我觉得在您的这节课上，学生真正做到了"手动、口动、脑动、心动、情动"，对话和分享意识也非常强。"三个抓手"非常好，情境真实，学材丰富，问题给力。整节课学生的表现非常精彩，跟您的"六种期待"也非常吻合。整节课做到了"经历过程，自主建构""植入文化，增加浓度""反馈及时，调控到位"。

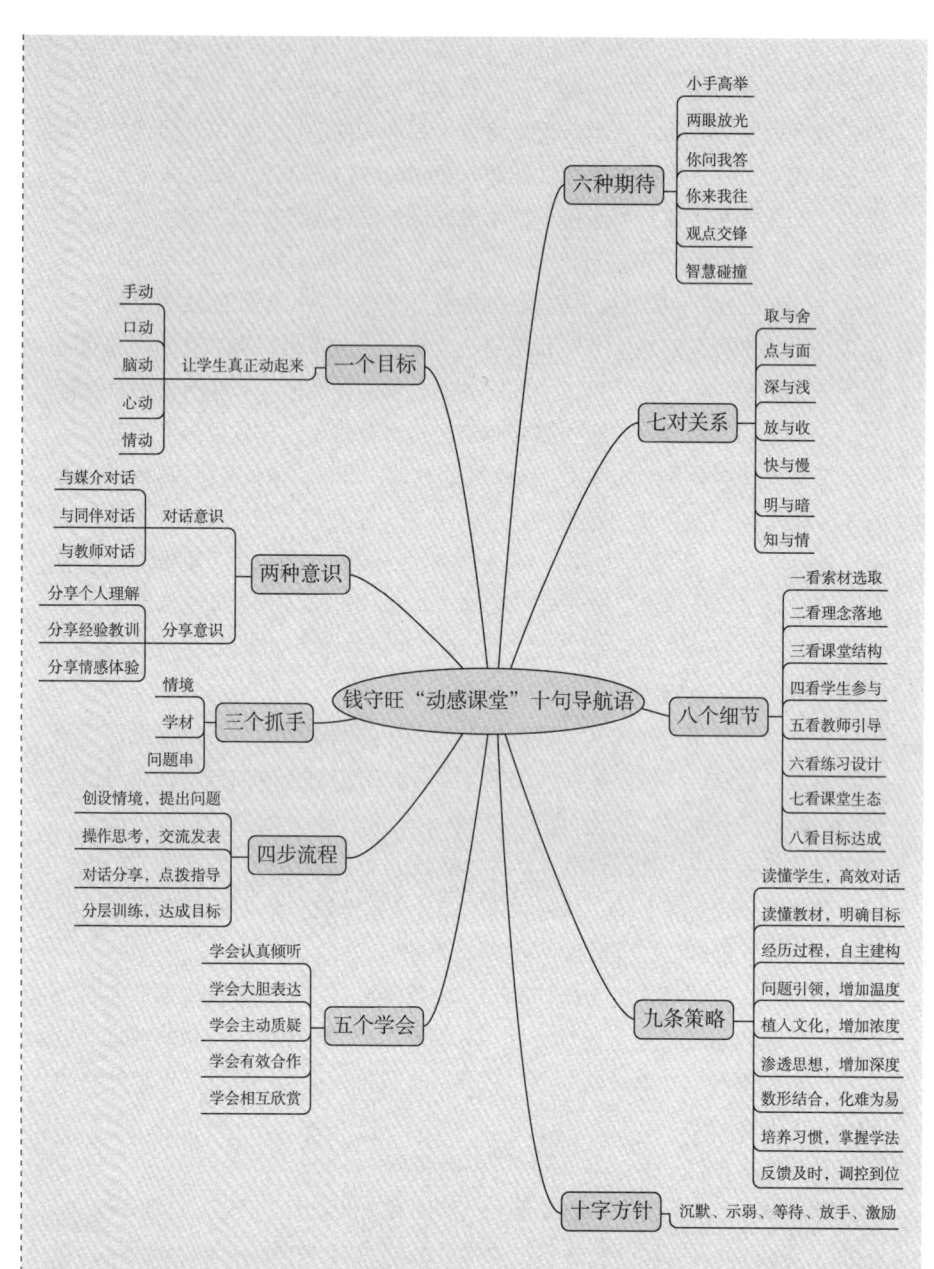

钱守旺"动感课堂"十句导航语

一个目标：让学生真正动起来
- 手动
- 口动
- 脑动
- 心动
- 情动

两种意识
- 对话意识
  - 与媒介对话
  - 与同伴对话
  - 与教师对话
- 分享意识
  - 分享个人理解
  - 分享经验教训
  - 分享情感体验

三个抓手
- 情境
- 学材
- 问题串

四步流程
- 创设情境，提出问题
- 操作思考，交流发表
- 对话分享，点拨指导
- 分层训练，达成目标

五个学会
- 学会认真倾听
- 学会大胆表达
- 学会主动质疑
- 学会有效合作
- 学会相互欣赏

六种期待
- 小手高举
- 两眼放光
- 你问我答
- 你来我往
- 观点交锋
- 智慧碰撞

七对关系
- 取与舍
- 点与面
- 深与浅
- 放与收
- 快与慢
- 明与暗
- 知与情

八个细节
- 一看素材选取
- 二看理念落地
- 三看课堂结构
- 四看学生参与
- 五看教师引导
- 六看练习设计
- 七看课堂生态
- 八看目标达成

九条策略
- 读懂学生，高效对话
- 读懂教材，明确目标
- 经历过程，自主建构
- 问题引领，增加温度
- 植入文化，增加浓度
- 渗透思想，增加深度
- 数形结合，化难为易
- 培养习惯，掌握学法
- 反馈及时，调控到位

十字方针：沉默、示弱、等待、放手、激励

注：本课的"评析"和"课后访谈"均由陈松林撰写。陈松本，河北省唐山市路北区光明实验小学校长。

3.

问题驱动学习：
储冬生老师阅读之悟与教学智慧

储冬生

南京市瑞金路小学校长，江苏省特级教师，正高级教师，江苏省首批"苏教名家"培养对象，江苏省名师工作室（小学数学）主持人，南京市小学数学储冬生名师工作室主持人，江苏省"333高层次人才培养工程"中青年科学技术带头人。教育部教育帮扶重点项目小学数学学科首席专家，首届江苏省乡村骨干教师培育站主持人、优秀指导教师。全国优课评比一等奖获得者。主持江苏省教育科学规划重点资助课题，积极倡导问题驱动式数学教学，相关成果获江苏省基础教育教学成果奖一次，南通市教育科研成果奖两次。《小学数学教师》《小学教学》《小学教学参考》《中小学教师培训》等杂志封面人物。在《人民教育》《中小学管理》《上海教育科研》《基础教育》《教学与管理》《小学数学教与学》等刊物发表文章200多篇。

名师阅读之悟

阅读，带上自己的"取景框"

——从"问题驱动式教学"的视角重读《致青年教师》[①]

吴非老师的力作《致青年教师》我在很多年前就读过，那时还很年轻。最近一次重读是在2022年，学校的青年教师研修营要确定一本共读图书，大家征求我的意见，我一下子就想到了先生的《致青年教师》。为了更好地与老师们一起交流这本书中的智慧，我再次捧起这本书读了起来。本想挑几篇读，谁知一读起来就停不下来，又完整地读了一遍。

整本书通俗易懂，又耐人寻味，值得我们反复咀嚼。这次重读，给我感触最深的是这本书的名字——"致青年教师"。在我看来，这本书不仅是一本写给青年教师的书，更是一本写给所有教育工作者的书。

前段时间，我和团队的一位青年教师聊读书的问题。他说，自己喜欢阅读，但是读了总是记不住，总感觉没有发挥阅读应有的作用。这不是我第一次听到这样的困惑，对此，我的体会是，如果能带着自己的问题（包括自己研究的专题、工作中的困惑等）去阅读，往往会更有获得感。同一本书，带着不同的问题去读，也常常会有不一样的发现。也许，这就是我们常说一些经典的书值得反复咀嚼的重要原因之一。

我从2010年前后尝试提出小学数学问题驱动式教学的主张，并开展了一系列有益的尝试。下面，我将从一位工作20多年的非青年教师的视角来谈谈这次重读《致青年教师》的感受，重点阐述这次重读为我进一步理解问题驱动式教

[①] 吴非. 致青年教师［M］. 北京：中国人民大学出版社，2015.
本文系江苏省教育科学"十三五"规划重点资助课题"指向教师专业发展的小学数学问题驱动式教学的实践研究"（J-a/2020/01）阶段研究成果之一。

学带来的启迪和滋养。

一、为什么要实施问题驱动式教学

吴非老师在书中提到，孔子的问题意识非常强，一部《论语》，几乎全是师生之间的启思与导疑，而专制制度逐渐发展完善后，怀疑和批判精神就逐渐淡化了！

吴非老师认为，过去的教育强调"不懂就问"，然而正确的方法应当是"多思"。当思考的问题超出自己的积累领域，就可以通过相互切磋的方式去研讨，解决不了的再向老师请教。学生向老师提问，老师不一定非要"告诉"。吴非老师认为，最好的方法是"启思"，让学生自己"悟"出来；退让求其次，被老师"点"出来。这些都比老师的"告诉"有用。早些年，吴非老师辅导一些学习能力较差的学生，不得不用"告诉"的方法，但是他也会要求他们把思路复述一遍。

为什么要倡导问题驱动的理念？就是要改变"告诉"过多的现状，要引导学生勤"思"、多"悟"！问题驱动将知识视为探究、协作与自我实现的工具、媒介和资源，从而落实素养导向的教学追求。实施问题驱动式教学，对于"问题"的关注首先在于"启思"，以问题为抓手引导学生去思考、体悟。"问"只是策略，"思"才是重点，关键是让学生学会思考，学会独立思考，学会深入思考，学会用数学的思维方式去思考。

二、怎样实施问题驱动式教学

吴非老师讲了这样一则小故事：一位母亲说，她的孩子从小就懂事，三岁时就会说出让人想不到的话。有一回，客人问："如果你有两个苹果，一大一小，你把哪一个给妈妈？"孩子回答："我在两个苹果上都咬一口……"客人惊愕地叫了一声："这孩子……"她可能想说：这孩子心眼儿太坏了。没想到孩子慢吞吞地说："然后我把那个甜的给妈妈吃。"客人很惭愧地对孩子妈妈说："我差一点儿认为……"母亲笑着说："我的习惯是让他把话讲完，同时等一等，让他把没讲清楚的话重讲一遍。"

实施问题驱动式教学的要点有很多，其中一个关键点就是要准确把握学生的真实想法，让学生真切地表达自己的观点。教师不能"自以为"，否则容易误判。教师要了解学生现实的起点、认识的误区和理解的障碍，尊重儿童、理解儿童、支持儿童。倘若误读了孩子的观点，我们的教学就可能偏离要点、迷失方向。

记得佐藤学先生在一次研讨活动中曾引导现场的教师思考：走进课堂，我们首先要解决的问题是什么？大家来自不同的地区，任教不同的学科，在不同的学段，有什么问题是所有教师都要解决的吗？佐藤学先生给出的建议是：首先要让学生在课上"能够坦然地说出他们哪儿不懂"，这时候"学习才可能真正发生"！

三、什么样的问题才是"好问题"

在谈读书的时候，吴非老师认为，"懂"与"不懂"之间，是读书最有意思的境界。

全都读懂了，一览无遗，也许只能说明这本书的内容浅薄；完全不懂，则可能是选错了书，或者是把今后才能读懂的书搬到今天提前读了。唯有"懂"与"不懂"之间最合适，有学习的空间与动力。无论是在阅读中一点点地感悟，抑或是如梦方醒地顿悟，都是一种乐趣。

这一点，恰好启迪我们在教学中如何设置"好问题"。倘若学生都知道答案，这样的问题对学生而言就是"走过场"，仅仅就是个形式而已，学生会感到无聊；倘若学生完全陌生，这样的问题往往带来的是挫败感，学生会感到焦虑，很难引发真正的探究。所以，好的问题恰恰发生在学生的"知"与"不知"、"懂"与"不懂"之间，即好问题的难度要适切，这是问题设计的第一要义。

另外，还有两点也是需要关注的：第一，好问题要尽可能简洁明了，不需要耗费过多时间进行冗长解释，学生一看就能大致明白；第二，好问题能够让大家都自然"卷入"，不同水平的学生都能积极投入，但是不同水平的学生会有不同层次的回答。

四、如何看待学生提问题

吴非老师在书中提出这样一个观点：鼓励学生发现问题，是正确的教学方法，但是一旦变成硬性规定，便十分荒谬了。他说，自己曾经遇到过这样一个学生，一节课上向老师提出十多个问题。这个学生只想在很短的时间内得到答案，显然缺乏自主的思维意识，同时他把老师当成无所不知的人。吴非老师觉得，如果老师回答了他那些不经思考的问题，有可能就毁了这个学生。

实施问题驱动式教学，我们一直倡导学生自主提问，因为"提问是创新的起点"。但是，吴非老师的论述又让我们产生了更深层次的思考：倡导学生自主提问是对的，如何指导学生学会提出更高品质的问题，更是问题的关键。不能让自主提问变成随便乱问，甚至演变成不求深究、等拿靠要，形成思维惰性。倘若这样，就与我们的初衷背道而驰了。

我以为，学生能够自主提出问题是主动学习的开始，学生能够发现关键问题是学会学习的标志，学生能够持续追问是深度学习的彰显，学生能够在看似无疑处生疑则是创新学习的萌发。如何指导学生学会提问，让提问成为高品质学习的重要路径和抓手，是我们今后要进一步关注的问题。

五、如何平衡"有意思"和"有意义"的关系

在谈到学习的苦与乐的时候，吴非老师说，如果把读书学习当作一件苦事，肯定学不好。这里他引用了钱理群教授在回忆自己读书生活时的一句话——做任何事，刻苦的结语常常是两个字：及格；兴趣的结语常常也是两个字：出色。这，也是我们每位教师应当记住的教育常识。

我们实施问题驱动式教学，之所以要不遗余力地强调"驱动"，而不能停留在外在的"推动"，就是希望能够激发学生的好奇心、探究欲，让学习变成一种内在需求，从而激发兴趣，形成持久的学习动力。我们既要保证教学的"有意义"，也要力争让学习更"有意思"一些，尤其是小学阶段的教学对象都是心智尚不健全的孩子。

游泳运动员张雨霏面对记者提问的"训练苦吗"，她的回答是：训练是苦的，但不只是苦！道理都是相通的，倘若只有苦，就很难支撑起长久的动力。在小学阶段，数学学习应当努力追寻一种生动且深刻的境界！当"有意思"和"有意义"两者难以两全的时候，在小学阶段的教学中，我以为"有意义"要为"有意思"让一些步。因为兴趣是最好的老师，也是最可持续的动力源。

六、实施问题驱动式教学对教师有什么要求

吴非老师说，教育凭借的是人的爱心和智慧。电视剧《人世间》中有这样一段台词给我留下极深刻的印象："当老师跟当医生一样，都需要天赋，爱的天赋。"这与吴非老师的观念不谋而合。爱心是教育者的天性，而他们也需要运用智慧教会学生如何传递爱。传承爱心和智慧，几乎就是教育的全部。

吴非老师认为，合格的教师既是思想者、学习者，也应该是实践者，还应

该是写作者。一个人的阅读积累越丰富，他的人生感悟力就越强，他的发现就越多，他对世界的关注和思考也就越有价值。教师的阅读经验也往往是学生的精神资源，教师的人生情感体验，对学生会有很强的启示作用。

于永正先生曾说：教师有什么样的素质，就会有什么样的教育。所以，实施问题驱动式教学的研究和探索，教师是第一要素。教师的师德修养是前提和基础，教师的理念转变则是关键中的关键。师德与师能这两翼要相得益彰。实施问题驱动式教学需要建构模式，但更重要的是理念的更新。我们不必过分追求形式上的统一，而应着力寻求观念上的同频，我们更期待一种"和而不同，美美与共"的境界。

七、怎样说明问题驱动式教学的实施效果

效果评价一直是问题驱动式教学项目研究中的难点，我们也一直希望能够用更充分的数据来说明项目实施的效果，但是一直没有产生有说服力的成果。为此，我们有些焦虑，甚至是急躁。吴非老师却说，我们所做的工作必然在一个漫长的岁月之后才能显现出效果，教育工作的一个重要特征是"慢"，我们不可为一时的成功而狂喜。教育不是体育比赛，我们不需要战胜谁。好的教育除了有智慧，还要有耐心。一个孩子的成长要好多年，家长和教师要有种树一般的耐心，在平静中等待。教育是"慢"的事业，教育的"慢"是客观规律，必须遵守，不能绕过去。看到这段论述，我不禁开始反思我们前期关于评价的思考：我们不能期望教育的效果立竿见影，要有守望的心态。

吴非老师还引用了苏霍姆林斯基的一段话："我一千次地确信，没有诗意的、感情的和审美的源泉，就不可能有学生全面的智力发展。"他是想告诉我们：学习评价不能仅仅局限于认知，还要关注思维、情感、态度、审美等，我们要建构起更加全面、长远的教育价值评判系统。实施问题驱动式教学，将效果评价的目光聚焦在学生身上是对的，我们要努力将"最好的文章写在孩子们身上"。但是不能急于出成果，更不能做揠苗助长的事情，而应该努力当好"麦田里的守望者"。

八、如何看待问题驱动式教学的前期研究

吴非老师认为，在中国近百年的教育史上，很多东西连昙花一现的资格都没有，不管如何吹嘘，早晚都会灰飞烟灭。他说，理论家已经够多了，我们就

不必去冒充了。我们最重要的工作价值在于实践，教育工作也不是单纯地为了验证理论。同时，教育理论也是在教育实践的基础上逐渐向前发展的。他认为，对教师而言，其工作的最高境界就是在实践中创新。

我们对于问题驱动式教学的研究持续了十多年，也取得了阶段性成果，但是一直有人在提醒我们：你们的这个选题似乎不够新颖，有些老套。现在我想说的是，我们做的并不是理论上的创新。问题驱动的相关观点、理论，早有人提及，但是，在教学现场的落地依然存在很多不足，我们就是努力让理念真正落地，在课堂开花结果！

我也不认为问题驱动是走向高品质教学的唯一路径。教学永远都是"一法为主，多法为辅"的！只有更加客观地定位我们的相关研究，更加冷静地看待我们的前期研究成果，我们才可能更科学地做好后期的研究规划。只有踏踏实实地研究、点点滴滴地优化，我们才可能提升项目研究的整体品质，既不能好高骛远，也不必妄自菲薄，必须在实践的土壤中深耕、发芽、开花、结果……

吴非老师说，教育的目的在于培育有智慧的人，尊重常识是最重要的智慧，而发现这一点，却往往是中年之后的事了。书中重申了很多常识，表述得都特别浅显易懂，我们不妨一起温习：

教育者的胸襟，是学生的天地。
教师可以惩罚学生，但不要戏弄学生。
教师在黑板上写字，是一种文化熏陶。
想想人生的大目标，去寻找真正的快乐去吧。
孩子本当有正常的童年，最好不要惊醒他们的梦想。
人如果过于现实了，也就很容易走向猥琐。
如果上课可以不用课件，尽量不要用。
做过梦的孩子是幸福的，珍惜梦想的孩子也会永远幸福。
如果学生总是说"没有问题"，可能恰恰是我们的教学出了大问题。
我们的教育失败之处很多，没能把保护和发展学生的个性作为教育的重要任务，也是其一。

当然，尊重常识、遵守常识，不仅需要认知，有时还需要勇气，甚至需要抗争，需要付出一些代价。让我们一起跟随吴非老师的引领，努力捍卫常识。

北京大学教授、诗人林庚先生说："诗的本质就是发现。诗人要永远像婴儿一样，睁大好奇的眼睛，去看周围的世界，去发现世界的新的美。"我是从问题驱动式教学的研究出发，去阅读、思考和发现这本书的。当您站在自己的视角，带上一双好奇的眼睛，用自己的"取景框"去发现，相信也一定会有不一样的收获。

数学教育那些事

——读《我亲历的数学教育（1938—2008）》[①] 之悟

《我亲历的数学教育（1938—2008）》是张奠宙教授回顾自己所亲历的数学教育的一本带有传记性质的专著。张教授是我国数学教育界的权威专家，书中先生回顾了从 1938 年入学接受小学数学教育，到 2008 年整整 70 年的数学学习与数学教育的经历。我看过各种各样的传记，但是以数学教育为主线的传记，在国内似乎还不多见。

全书一共分为四篇：第一篇"学算春秋"，回溯了先生从幼年开始接受数学教育的情景，记述了其所经历的数学学习和数学研究的状况；第二篇"数教经纬"，着重谈先生在数学教育界接触过的人和事；第三篇"国门内外"，涉及先生参与国际数学教育活动的一些情况；第四篇"数海钩沉"，回顾了先生在现代数学史方面的工作经历。

作为张教授的忠实"粉丝"，我想摘取书中几个片段谈谈自己的学习体会，兼与大家交流。

一、"差不多先生传"

张教授在书中记录了自己在 20 世纪 30 年代接受小学教育时的不少案例，朴实却让人很受启发。书中提到这样一个例子：一次有位同学在黑板上演算，后边少写了一个 0，老师很严肃地指出："说起来差一个 0，其实是差很多，而不是差不多。数学上很多时候差一点都不行。"说完老师还把胡适先生的《差不

[①] 张奠宙. 我亲历的数学教育（1938—2008）[M]. 南京：江苏教育出版社，2009.

多先生传》给大家读了一遍，大家都哈哈大笑……

张教授在书中多次提到，其实师生间的交流不能只是从知识到知识，数学老师讲点做人处世的道理，即便一两分钟离题万里，如果有教育意义，未尝不可。其实，这样的"废话"学生很喜欢。这也是教师组织教学的一种手段。我们现在的数学课堂中似乎就只见知识了，功利色彩太重，而忽视了对于全人的关注。我们一直强调数学教学中德育的渗透，其实圆周率、勾股定理是德育，在解题中培养学生克服困难、实事求是、一丝不苟的精神，也是德育。

这种做法在我们今天的课堂上是不多见的，因为从形式上看，这与我们现在所倡导的狭义的"有效教学"（有些地方甚至提出"高效教学"）的要求并不一致，但这却彰显出一种对于学生习惯养成教育、品德教育的真切关注。今天的孩子学习数学在分数之外还可能收获些什么呢？这个问题值得所有的数学老师去思考……正如人们所说的，教育应该是"慢的艺术"，有时候可能不必过于追求所谓的"高效"。

二、细节彰显品质

在回忆自己的研究生学习生活时，张教授用这样一段文字描述了他的导师李锐夫先生（华东师范大学原副教务长）：

他仪表整洁，待人接物彬彬有礼，一见面就给人亲切的印象。有一次对我说："你改好习题本，要亲手交到学生手里，不能一抛了事。英国的售货员找零的时候，一定要把钱放到顾客的手里，不可以摆在柜台上，更不可以丢下拉倒。这是对人的尊重。"

老师应该尊重学生，我从上师范的时候就开始接受这方面的教育，在教育学等课程的学习以及职后的各种培训中都频繁接触过，但是这段看似平淡的描述却给我留下了极为深刻的印象！尊重其实很简单，它是发自内心的，它是彰显在细节当中的，一点儿也不深奥，一点儿也不晦涩。有些人把"尊重孩子"当作一个标签，仅仅停留在口头上，而在实践当中一个不经意的细节也许就能够将他真实的、最本源的、最本真的观念"暴露"出来。细想一下，这个细节的描述之所以引起我的震撼，也许还有一个原因——作为一名置身校园十多年的老师，我已经太多次看到老师将作业本扔给学生的场景了。有时候也许不是"扔"，而是"砸"。

"尊重孩子"是最重要的教育理念，没有爱就没有教育，而没有尊重就不可能有真正的"爱"和"教育"。如何尊重孩子呢？重要的不是我们怎样说，而是我们怎样做。让我们像李锐夫先生那样从小事做起，从细节做起。

三、学会欣赏数学

张教授在谈到自己对中学数学教育的研究时，深感语文教学和数学教学的不同。他说，语文教学重欣赏，但不一定会做。例如，大家都能欣赏唐诗，自己却大半不会做。数学教学则相反，每道题目都会做，可是却不懂得欣赏这些数学题好在哪里。学会欣赏数学，欣赏数学的真、善、美，是我们应该努力的方向。

欣赏数学的意识在大多数数学老师的心中都很淡漠。想想自己做学生的经历，似乎从来没有老师引导我去用欣赏的目光看过数学，数学似乎就是解题，仅此而已。而当我自己成为一名数学老师后，似乎也很少引导孩子从真正意义上去欣赏数学。著名拓扑学家哈斯勒·惠特尼晚年也关注数学教育，他说数学当然应该重视逻辑，可是如果把数学等同于逻辑，就把光彩照人的数学女王只看作 X 光下的一副骨架了。为什么不少人感觉数学枯燥、无趣？也许就是因为他们从来没有用欣赏的眼光去看过数学。

如何引导学生学会欣赏数学，我个人以为，可以从问题解决后的反思做起。现在我们在数学教学中对于学生解题之后的反思仍然关注不够，许多老师在教学中只满足将问题解决了，似乎这样任务就完成了。事实绝非如此！反思和梳理，在某种意义上，比再练几道题更重要！著名翻译家杨宪益先生说"教育没有反思就没有进步"，我们的数学学习又何尝不是如此呢？如果教师不善于反思，学生也就缺少了真正学好数学的基础。华罗庚先生曾经说："学数学不做题等于入宝山而空返。"那么，做了数学题不反思，就等于"拿到宝物又放下了"。学会欣赏数学，让我们从反思起步。

四、有指导的再创造

在记录邀请弗赖登塔尔访华这一事件的时候，张教授提到弗赖登塔尔主张的一个重要的教学原理：有指导的再创造。弗赖登塔尔认为，通过数学化过程产生的数学是由通过教学产生的数学反映出来的，因此他认为，如果给予一定的指导，每个普通的孩子也许都有能力再创造出他在将来的生活中所需要的数学。"有指导的再创造"意味着在创造的自由和指导的约束之间，以及在学生取得自己的乐趣和满足教师的要求之间达到一种微妙的平衡，学生可以创造出一些对他来说是新的，而对指导者来说却是熟知的东西。根据这个观点分析一下我们现在的数学教学现状，有两种观点可能是要不得的。

一是过于轻视学生的创造。学生很多有意义的发现都可以看作一种创造，但是这些创造在某些老师的眼中可能是司空见惯的，因为在成人眼中也许本就该如此，谈不上什么创造。

二是忽视老师的适度指导。有些人总认为，弘扬创新精神就是"放手"，其实老师的适时指导对学生的创造还是有价值的。学生在数学探索活动中遇到障碍的时候老师不实施"适度的积极干预"，教学还需要老师干什么呢？当然，在什么时机介入，用什么方式介入，是值得研究的，这其实也是老师个人教学艺术性的体现。

五、寻找中间地带

在谈及世纪之交的那次课程改革的时候，张教授对于课程改革的成果是充分肯定的。他说：我们欣喜地看到概率统计以单独的学习领域大步进入课程，计算器也高调进入课堂，数学文化提到了议事日程，3乘5写成5乘3，终于不算错了……在充分肯定的前提下，张教授也充分表达了自己的意见，他觉得《全日制义务教育数学课程标准（实验稿）》的大方向是正确的，但是有点矫枉过正。例如，"启发式教学""'双基'数学教学""教师主导作用"等优良传统被舍弃了；对于建构主义、联系学生的日常生活实际、数感、符号感等口号，吸收得比较生硬，对数学本质的呈现关注不够；实践中过分借助行政手段超速推广，显得操之过急。他也坦言出现一些问题是正常的，因为一场改革，进两步、退一步，最终仍然进了一步，所以适当的调整是完全合乎规律的。

在张教授的论述中，我感触最深的是，如何正视中国的数学教学传统。这在课改进入深度反思期的今天显得尤为重要！现在的情况是，大家一提到教育，便是改革，年年改、月月改、天天改。至于传统，几乎成了改革的对象。常常听到有的老师说，传统的数学教学如何，新课程如何，将传统和努力的目标对立起来。西方的数学教育鼓励个性发展，创新求变，主动合作，这些当然是对的，但中国传统的数学教育也有很多自己的独到之处（如"双基"训练、问题情景、启发式讲解、熟能生巧、解题变式训练……），也需要发扬光大。其实，我们在学习西方教育理念的同时，西方也在借鉴我们的一些做法，所以数学教育的理想状态也许正如顾泠沅先生所说，应该寻找东西方教育教学的"中间地带"。

张教授的阅历中有太多值得我们学习的宝贵经验，他对纯粹数学、现代数学史、数学教育都有深入研究，所以人们尊称他为"三栖学者"。张教授在这本书中对这三个方面都有较全面的关注。整本书一共记录了80多段人和事，再加上书中所诠释的"亲历感"，给我们留下极其深刻的印象。用心阅读，相信每个人都能收获自己所需要的。

问题驱动学习，探究生成智慧

——以《用数对确定位置》教学设计为例

关键概念和设计理念 ▶▶▶

一、问题驱动式教学的关键概念

1. 问题。

一个好的问题应该包括学生学习的信息、期待的学习结果，以及需要学生通过自身努力去克服的障碍等要素。问题是推动学生思维发展的关键，也是进行数学教学的基本载体。问题必须与目标建立对应关系，用问题（或问题系统）的指向保证教学目标的顺利达成，从而提高教学的有效性。

2. 问题驱动。

问题驱动是指通过系列化问题引发学生持续性的学习行为活动，把学生的思维引向深入，从而最大限度地激发他们体悟和理解数学学习内容的本质，培育良好的数学素养。在学习活动中以"有层次、结构化、可扩展、能持续"的问题（或问题系统）贯穿整个学习过程。低年级（或者研究刚刚起步）时，这些关键问题可以由教师提出，但是到了高年级（或者研究到一定阶段），问题则应该尽量通过学生的反思、追问获得。教师要引导学生通过系列问题的解决，实现知识的连续建构、学习的有效迁移、学力的真切提升。

3. 问题驱动式教学。

问题驱动式教学指教师通过巧妙设计数学教学任务，紧扣学科课程核心问题，启发学生开展数学学习活动，引导学生利用必要的课程资源，通过自主、合作、探究学习获得知识建构和能力提升。它应当是一种聚焦探究主题，以主探究问题为抓手，阶段关键问题为支撑的最大限度促进学生优质化发展的相对稳定的教学策略。学习归根到底是学生自己的事情，并不是所有的教学行为都能促进学生的学习。问题驱动式教学着力倡导学生自主学习和探究，留给学生尽可能大的探索空间，努力"让学习真正发生"。

二、"用数对确定位置"的主要设计理念

"用数对确定位置"这一教学内容很多名师都有过精彩演绎，每一种设计都彰显着教者的教学追求。我在设计这一课的教学时主要基于以下三点思考：

第一，从数学学科的角度看，不仅仅是教会学生规定性的数学知识，更要着力揭示规定性背后的合理性，让学生明白"为什么需要这样规定"，从而让学生掌握规则制定的注意点。这些都是指向学生终身发展的一般素养和能力。

第二，从学生学习的角度看，努力让学生经历数学史上那些"关键的步子"。在"再创造"的过程中让学生收获一种"生长"的力量，引导学生学会用数学的方式思考问题，不仅让学生收获"记得住的知识"，更获得"带得走的能力"。

第三，从教学设计的角度看，着力体现问题驱动的理念，让学生在关键问题的引领下展开深度的数学思考。整节课给学生留足探索的空间，让学生的探究成为一种基于内驱的自主行为，教师仅在关键处进行适当的点醒，给予必要的支持。

教学过程 ▶▶▶

一、游戏引入

师：通过课前一段交流，现在老师和大家也算朋友了。今天这节课，我们就从"找朋友"的游戏开始。

（出示课件）

我的朋友坐在_____，他（她）是_____。

（学生在作业纸上填写，教师提醒"注意填写的内容不要给别人看"）

师：填好的同学请看黑板，我在这里"转播"了几位同学填写的内容。如果让你选一个来猜一猜他（她）的好朋友，你最愿意选哪一个来猜？（板书"1. 北边，2. 旁边，3. 第2排，4. 第6排第2个"）

生：我最愿意猜第 4 位同学的，因为前面三个都只能知道一个大致的范围。

师：你能猜出第 4 位同学的好朋友是谁吗？

生：我觉得应该是张亚敏。

师：想知道这位同学写的是谁吗？她写的是许小娟。为什么会不一样呢？

生：我的"第 6 排"是从左往右数的，她是从右往左数的，所以就不一样。

师：第 4 位同学的表达思路是对的。如果我们表达得再清楚一些，写清楚是从哪边数起的，是横排还是竖排等关键信息，就能够表达得更准确了。今天这节课，我们就一起来研究如何确定位置。（板书课题名"确定位置"）

设计意图

同样是表达好朋友的位置，但是表达的水平却不一样。通过比较使得学生初步感知可以用行列结合的办法确定一个人的位置，为接下来的探究作铺垫，很自然地引入主题。

二、确定位置

师：为了研究的便利，我们可以先选择一部分同学的座位。

（出示课件）

师：你能确定小军的位置吗？我们从简单的情况开始思考，假如只有一竖排，你会表示吗？

生：小军在从前往后数第 3 个，或者从后往前数第 3 个。

师：假如只有一横排呢？

生：小军在从左往右数第 4 个，也可以说从右往左数第 3 个。

师：只有一排的时候，用一年级学过的"第几"便能解决了。在这幅图中，小军的位置又该怎样描述呢？

（学生自由表达，教师相机板书"左起第4竖排前起第3个""前起第3横排左起第4个""右起第3竖排前起第3个"……）

师：同学们已经能够准确地表示出小军的位置了。（板书"准确"）

师：回顾刚才交流的过程，由于表达方式的不一致，交流起来很不方便。为了交流的便利，数学上通常规定像这样的竖排叫作列，横排叫作行。确定列，一般从左往右，依次是第1列，第2列，第3列……确定行，一般从前往后，图中就是从下往上，依次是第1行，第2行，第3行……

（出示课件）

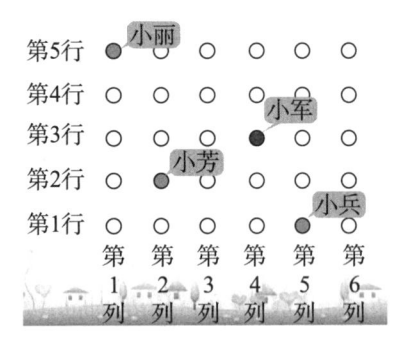

师：现在你能清楚地说出小军的位置吗？

生：第4列第3行或第3行第4列。

师：为了保证表达的唯一性，我们再增加一条规定，通常先说"列"，再说"行"。（板书"规范"，同时，擦去"第3行第4列"。）

（学生练习：用列与行相结合的办法表示图中其他几位同学的位置。）

师：现在你能用这种列与行相结合的办法准确、规范地表示出你的好朋友的位置吗？

（学生试着写一写。）

师：有一个同学他的好朋友在"第3列第2行"，你们知道他的好朋友是谁吗？

生：应该是张勇。

师：一定是他吗？

生：我觉得也可能是李晓霞。

师：每一种说法都与一位同学对应，怎么现在有两种不同的可能了？

生：因为他们两个人在看列数的时候，都是从左往右数的，但是一个是以我们自己的左起为第 1 列，另一个是以观察者也就是老师的左起为第 1 列，两个方向是相反的。

师：那到底该以谁的左起为标准呢？

（有的学生认为应该以自己为标准，有的认为应该以观察者为标准。）

师：大家都在一起的时候，我们可以现场统一说明一下，就不会误会了，但是在书面表达的时候还是应该有一个统一的标准更便于交流。数学上规定，通常以观察者的左边作为左起第 1 列。为什么要这样规定呢？请大家看一张照片。（出示课件：一张站在教室前方拍摄的室内全景照片。图略。）这样就保证了我们的表达与平面图上看到的完全一致。现在请大家检查一下自己写的好朋友的位置，有问题的可以调整一下。

［教师报几位同学写的好朋友的位置，学生猜他（她）的好朋友是谁。］

— 设 计 意 图 —

引领学生经历"准确表达"到"规范表达"的过程，揭示规定性背后的必要性。再次表达好朋友的位置，通过一张照片直观地突破了如何确定"观察视角"这一教学难点。

三、数对表示

师：大家已经能用列与行相结合的办法准确、规范地表示好朋友的位置了，但数学中的表达不但要求准确、规范，往往还需要尽可能简洁。怎样表达得更简洁一些呢？请大家以小军的位置"第 4 列第 3 行"为例，自己在作业纸上试一试。

（教师请几位同学在黑板上写，学生写出：4 列 3 行、4L3H、4.3、4，3、43……通过讨论学生明白：像"4 列 3 行"和"4L3H"的写法可以进一步简洁，因为规定了列在前、行在后，所以不必表示行与列；而像"4.3"与"43"的写法容易与小数"4.3"、整数"43"误会，所以"4，3"的写法更合理。）

师："4，3"这种写法已经与数学家的规定很接近了，但数学家在它的外面又加了一个小括号，数学家为什么要这样做呢？［板书"（4，3）"］

生：这样它们就成为一个整体，就不会把逗号前后变成两部分看了。

师：在表示列数与行数的数字之间用逗号隔开，又在外面加上一个小括号表示一个整体，（4，3）就是我们今天新学习的数对。（补全课题名："用数对确定位置"）

师：谁来读一读这个数对？

生：数对括号四逗号三括号。

师：写的时候我们要写括号、逗号，但读的时候可以读作"数对四三"。

（学生练习：用数对表示图中其他几位同学的位置。）

师：（5，1）和（1，5）都是数字1和5，但表示的位置不一样，所以在用数对确定位置的时候要特别注意一下两个数的顺序。现在你能再用数对准确、规范、简洁地表示你的好朋友的位置吗？请大家写下来。

［教师报几位同学写的数对，学生猜他（她）的好朋友是谁。］

设 计 意 图

　　数对的产生从儿童的"再创造"开始。在比较中使学生体悟数学所追求的简洁是准确、清楚基础上的合理优化。对于数对的读法，教师先让学生在"试误"中反思，再确认正确的读法。

四、生活应用

师：现在大家觉得用数对确定位置好吗？

生：好。

师：生活中，你在哪儿见到过用数对确定位置？

（大部分学生面露难色。）

生：电影院里的座位几排几座就是。

师：电影票上写的是数对吗？

生：这个几排几座其实就是数对的意思。

师：让我们把最热烈的掌声献给这位同学，因为他透过形式看到了更本质的东西。我们学习用数对确定位置不能仅仅满足于掌握了这个形式，更重要的是要掌握这种用列与行相结合的方法确定位置的原理。（补全课题名："用数对确定位置的原理"）

师：现在大家再想一想：生活中，我们还在哪里用到过这种用数对确定位置的原理？

生：动车上的座位用的是字母和数字，但是表示的也是行与列。

生：地球仪上用经纬度确定位置。

……

师：带上一双数学的眼睛去观察，我们就会发现这种原理在生活中有着广泛的应用。最后我们再一起来玩一个拼图游戏，具体要求请看大屏幕。

（出示课件）

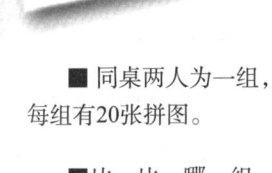

■ 同桌两人为一组，每组有20张拼图。

■ 比一比，哪一组同学拼得又快又好。

（学生先分组活动，再大组交流。）

师：他们是第一个完成任务的小组。谁做代表向大家介绍一下小组的宝贵经验？

生：可以先摆第1列，也就是数对中的第1个数字都是1的拼图，分别是（1，1），（1，2），（1，3），（1，4）……也可以先摆第1行，即数对中第2个数字都是1的拼图，分别为（1，1），(2，1），（3，1），（4，1）……

师：同样是玩，但是玩的水平更高了！大家发现拼好的图片是什么？

生：是一所学校。

（出示课件）

师：这就是储老师所在的学校，欢迎大家到我们学校做客！

> **设计意图**
>
> 教师通过追问将学生的认识引向更深处，先理解数对的形式意义，再挖掘其背后的数学本质和原理。最后的拼图游戏，不但要求学生能够根据数对来拼，而且引导学生思考数对的规律，发现拼得快的诀窍。

教学反思与说明

对照问题驱动式教学的教学设计要求，本课的探究主题是"如何用列与行相结合的办法确定位置"，主探究问题为"如何确定好朋友的位置"（学生经历了"不能确定""能准确确定""懂规范表达""会用数对表示"的完整过程），阶段关键问题则包括"如何准确确定位置""如何用规范、统一的办法来确定位置""如何表达更简洁"等，整体设计体现了问题驱动式教学的基本要求。整节课的设计（尤其是几个重要问题的设置），在学科基本问题的观照下，充分考虑了学生的起点（生活经验、知识基础、认知冲突、学习动机等），体现了"以学科知识为基础、学生困惑为起点、教学意图为导向"的设计理念。课的最后，通过追问"用数对确定位置好吗""生活中，你在哪儿见到过用数对确定位置"，将学生的思维引向更深处。"追问"也是问题驱动式教学在实施过程中经常使用的重要策略。

4.

阅读是一场美好的遇见：
李培芳老师阅读之悟与教学智慧

李培芳

福建省特级教师，全国第六届全人教育奖提名奖获得者，华应龙名师工作室核心成员，泉州师范学院兼职教授，新世纪小学数学教材培训高级讲师，厦门市湖里区李培芳名师工作室领衔名师。曾获全国十城市课堂教学一等奖，华东六省一市课堂观摩评比一等奖，第十八届全国教育教学信息化大奖赛微课一等奖，全国基础教育成果奖二等奖。在《小学数学教与学》《小学数学教师》《小学教学》等刊物上发表文章100多篇。被《小学教学》《江苏教育》《当代教育家》等杂志推介、《教育家》"寻找大国良师"专栏介绍、《中国教育报》"良师密码"专栏介绍。

名师阅读之悟

遇见数学教育的美好

——读《我就是数学》[①] 之悟

常有年轻的老师让我为他们推荐小学数学教育方面的书,遇到这样的询问,我总会毫不犹豫地介绍《我就是数学》这本书。

华应龙老师以"我就是数学"为题,彰显的绝不仅仅是专业的底气与豪气,更多的还是将教师与学科融为一体,将专业理想与追求作为教育人生的自我期许。"现象学教育学"的开创者之一马克斯·范梅南提出过类似观点。马克斯·范梅南在其著作《教学机智——教育智慧的意蕴》中谈到:一位科学课教师不只是一个碰巧讲授科学课的人而已。一位真正的科学课教师是一位反思着科学,探索着科学的自然属性和自然界的科学的人——一个真正的科学课教师是一个体现了科学,身体力行的人,从一个强烈意义上说他就是科学。

读《我就是数学》,能感受到数学教育的美好。有时,甚至美好得让人感到绝望。一位朋友要上《圆的认识》一课,我赶紧把《我就是数学》中《圆的认识》的"课前慎思"拍照发给他。朋友看完后告诉我,看完这个课例,有一种绝望的感觉,因为我们能想到的,华老师比我们想得深刻,我们没想到的,华老师也想到了。我回复他:绝望是很美好的体验,我也常常有这种体验,不过我以此为乐。绝望至少说明我们看到了一件艺术品,一件我们无法超越的艺术品。能看到这样的艺术品,本身就是一件幸福和幸运的事情。试想,有这样一件艺术品,能帮助我们对照出差距,岂不很好?业务精进贵在知不足,"知不足,然后能自反也"。看华应龙老师的书,我常常身处"知不足"的状态中,身处绝

[①] 华应龙. 我就是数学[M]. 上海:华东师范大学出版社,2009.

望的体验里。我想，我能坚持不懈地在教学艺术的道路上不断探索，与这样的体验是分不开的。

读《我就是数学》，能感受到课堂教学的美好。书里有一篇题为《细节成就完美》的文章。文中，华老师提到，课堂上一个个细节，见理念、见功夫、见协力、见精神、见境界、见文化、见魅力……细节决定成败，细节成就完美。一个优秀的老师必定是追求课堂完美的老师，完美恐无法达到，因为"遗憾是课堂真实的指标"，然"虽不能至，心向往之"。有所向往又是教学精进的另一动力。阅读华应龙老师的这本书，时时可以感受到课堂的美好，这样的美好便是由一个又一个精巧、精妙、精到的细节建造起来的。"天下大事，必作于细。"生活或可以不拘小节，专业却不可不重视细节。华老师在上完《游戏公平》后反思："今天一个孩子说6反4正，说明抛瓶盖不公平，我应该追问一句：'6反4正说明不公平，有没有不同意见？'并说出一番道理。"一堂课下来，只有一个问题忘了追问，华老师都不放过自己，这种对专业近乎苛刻、洁癖的态度，或许是华老师"课课都成为经典"的原因所在。

读《我就是数学》，能感受到教育思索的美好。从书中我们可以知道华老师写的文章、对课堂的思考，有的是在飞机上写成的，有的是在车站里写成的。机场、会场、宾馆都是华老师写作、思考的场所。华老师在书中也谈到，他的床头总要放一个笔记本，一有想法赶紧记上——有时是在半夜，有时是在凌晨。备《角的度量》一课时，华老师展示了一份写得歪歪扭扭的笔记本，里面的字都是在不同时间、不同地点写下的，想到了就写。那本笔记本的存在其实是不断提醒华老师的"思考提示器"。"没有人能随随便便成功。"华老师常说，成功在于"痴"而非"智"。痴迷不悔，痴心不改方能有所悟。国家图书馆馆长韩永进先生曾说："在专业上只有下苦功夫、死功夫、硬功夫，才可能有所成就。这是最大的捷径。"阅读华应龙老师的书，我们不仅看到了怎样做学问，还看到了什么是真正的"业精于勤"，更看到了什么是真正的教育思索。"没有人可以绕开思考实现成长。"华老师是以自己为范例在诠释这句话。

读《我就是数学》，能感受到教学追求的美好。人贵有自知之明、自胜之强，明就明在"知不足"，强就强在"不知足"。唯有"不知足"，才能在业务上精益求精。华应龙老师就是一个"不知足"的范例，书中也不乏这样的例子。而让我印象深刻的则是与华老师的一次对话，那是我第一次听华老师上《找次品》一课。课上完，华老师问我："培芳，你有没有觉得哪里不好？"我掩饰不住心中的喜爱，说："您那个'天平有三个盘子'的说法太精妙了。"华老师又问："有没有觉得哪里不好？"我说："还有一句也太妙了——'看到第三个盘子是高明，用上第三个盘子就是高手了'。看到是高明，用上是高手，太贴切了！"华老师换了一个问法："培芳，我上完觉得有一个地方不舒服，你知道是哪个地方吗？"我赶紧说："您别说，让我想想。"我想了好一会儿，说："一分为三，学生理解已经很深刻了，是不是在尽量均分为三份那个地方？"华老师听后哈哈大笑，说："真的是心有灵犀，不点都通啊。"我们觉得已然是艺术品了，然而，作品创作者还千方百计地寻找不足，想将其完善到极致。"不知足"是艺术精进的动力，最好的作品永远是下一件，只有保持这种心态的人，才能不断超越自我。艺无止境，精益求精，"精"的背后一定还有更上一层的"精"。跟着华老师学习的这几年，如果说我有点进步，可能便是在这"知不足"与"不知足"中获得的吧。

读《我就是数学》吧！哪怕只因为可以遇见的这些美好，那也是足够的。如果还能读出一种活泼泼的希望，那就更好了，因为这代表您读出了教师另一种生活的可能，那是有别于大部分教师所体验到的教育生活。

数学是一个神奇的玩具

——读《神奇的数学：牛津教授给青少年的讲座》[1] 之悟

《神奇的数学：牛津教授给青少年的讲座》是一本数学科普读物，作者是马库斯·杜·索托伊。书中讲述了一些数学中极具神秘色彩的知识，包括永不终止的质数、不可捉摸的形状之谜、连胜秘诀、不可破解之密码、预测未来等五大内容。同时还介绍了五个价值百万美元的谜题，这些问题无疑都十分复杂。不过，诚如作者所言："人们应该多接触这些伟大的数学思想。……就算是经验丰富的读者也会觉得莎翁的作品很难读，但这并不表示我们因此就可以将这些伟大思想家的作品束之高阁。"

阅读这本书的体验极为美妙，为此，我想与大家分享自己的美妙体验。

"悠然心会，妙处难与君说。"这是南宋词人张孝祥的名句，出自《念奴娇·过洞庭》。与人交流时，往往有"妙处难与君说"的情景出现，但我还是想通过书中的一个数学游戏与大家分享一句话："数学是和自己想象力玩耍的玩具。"当人们认同这句话时，他们对数学的情感是不一样的。

先理解半句："数学是一个玩具"。

数学是玩具，怎么玩呢？比如，我们可以"玩"质数。

公元前3世纪，图书管理员埃拉托斯特尼发明了一种方法来寻找质数，它就像一个筛子，因此被称为埃拉托斯特尼筛法。下图中，没有被划去的数都是质数。我们玩的游戏就需要这张图。

---

[1] 马库斯·杜·索托伊. 神奇的数学：牛津教授给青少年的讲座[M]. 程玺, 译. 北京：人民邮电出版社，2013.

1	2	3	4	5	6	7	8	9	10
11	12	13	14	15	16	17	18	19	20
21	22	23	24	25	26	27	28	29	30
31	32	33	34	35	36	37	38	39	40
41	42	43	44	45	46	47	48	49	50
51	52	53	54	55	56	57	58	59	60
61	62	63	64	65	66	67	68	69	70
71	72	73	74	75	76	77	78	79	80
81	82	83	84	85	86	87	88	89	90
91	92	93	94	95	96	97	98	99	100

书中将这个游戏称为"质数跳房子",是个两人游戏。具体规则是:(1)确定谁先谁后;(2)甲在距离数字 1 不超过 3 步的地方选定一个质数;(3)乙在距离甲不超过 3 步的地方选定一个质数;(4)甲继续往前跳到更大的质数上,每次最多只能跳 3 步;(5)不能往反方向跳;(6)无法根据规则跳到下一步的便要认输。

这个游戏并不好玩。因为如果先选的一方选质数 3,对方就只能选 5,先选方再选 7,对方就输了。玩两下游戏就结束了,不好玩!

能让这个游戏好玩起来吗?

很简单,只要将 3 步改成 5 步,就好玩一点了。

玩多了,我们会思考这样一个问题:先选的一方有没有一种必胜的策略?

当我们这样想的时候,只要自己进行思考就够了,此时我们就不再需要游戏对手。这个时候,数学还是一个玩具,不过,它是一个和自己玩的玩具。

必胜的策略是什么?可以这样想:

每次最多走 5 步,游戏将结束在 23 这个质数上。因为,23 后面连续 5 个都不是质数。倒推,只有让对方走到 19,先选的一方才能走到 23。

往前想,往前 5 步只有 17,先选的一方选 17,才能把 19 留给对方。

再往前,先选的一方选 11,把 13 留给对方。

再往前,也就是一开始,先选的一方要选 5,将 7 留给对方。

这样,一切都在掌控之中了。

回头看一下关键的节点:5,11,17,23。只要先选的一方选在这几个质数上,准能赢。

带着必胜策略去玩，我们就会发现这个游戏变得更好玩了。此时还可以增加难度：玩 7 步，玩 8 步……玩 100 步、1000 步，甚至更多。

当我们这样想的时候，玩法就高级了，此时我们会发现——

如果要跳 100 步、1000 步，甚至更多，至少会遇到下面两个问题：

问题一：有得跳吗？有那么多的质数让我们不断地往下跳吗？

问题二：游戏会结束吗？比如，跳 100 步，游戏要结束，这就意味着，有连着 100 个数都不是质数的情况。有这样的情况吗？

对于问题一，数学家欧几里得证明了"质数是无穷无尽的"。他的证明方法被称为"天才之举"。这么看，对这个问题的思考，已经是数学家的水平了。

对于问题二，可以证明这个游戏是会结束的。也就是说，存在连续 1000 个、10000 个数都不是质数的情况。对这个问题的证明也很美妙。想知道吗？到这本书中寻找答案吧！

最后，希望每一个数学老师都能对"数学是和自己想象力玩耍的玩具"这句话有更深的体会。

名师教学智慧

在阅读数学中感悟数学的"统一之美"

——《风马牛相及》的教学实践与思考

课前慎思 ▶▶▶

2019年,在朱永新教授的信任和指导下,在新教育研究院书目研发团队的协助下,全国著名特级教师、北京第二实验小学副校长华应龙老师组建团队开始了小学数学阅读书目的研制工作。我有幸参与其中,做一些文稿收集整理的案头工作,虽然贡献不多,但是收获不少。

朱永新教授认为:"一个人的精神发育史就是他的阅读史""阅读改变我们的一切"。阅读对一个人成长的意义可能是超乎想象的。改变一个人的未必是课堂,但很可能是阅读。华应龙老师提出"最好的教育是自我教育"。成长与成功往往与主动阅读有关,与自我教育有关。很多大数学家只在业余时间从事数学研究,他们有其他工作,如费马是一名大法官,笛卡尔主要从事哲学研究,韦达的主要职业是律师和政客,欧拉为政府工作,高斯做过天文台的台长,大部分工作是大地测量,柯西做过工程师……诚如美国诗人艾米莉·狄金森所写:"没有一艘船能像一本书 / 也没有一匹骏马能像 / 一页跳跃的诗行那样——/ 把人带向远方"。真正将一个人带向远方的是阅读。

回到教育的场域,苏霍姆林斯基发人深省地指出:"一个不阅读的孩子就是学习上的潜在差生。"在长期的教学实践中,我们不难发现,学习有困难的孩子,阅读方面往往存在障碍。当下,在"双减"政策下,孩子的课余时间得到了一定程度的保障。以前阅读方面存在的"乡村孩子没书读,城里孩子没时间读"的问题得到缓解。然而,儿童富余出来的时间很可能被电子产品、网络游戏吸引。此时，倡导阅读，推广阅读，引导孩子走进阅读尤为重要。

阅读是重要的，阅读什么更重要。关于阅读推荐，人们往往将兴趣放在重要位置，但尊重兴趣不能走向迎合兴趣的极端，特别是孩子的阅读，需要从兴趣出发，更需要成人有目的、有意识地引导。简言之，既要尊重兴趣，也要引导审美，让孩子对阅读的书有全面、丰富的选择。

在书目研制中，新阅读研究所副所长丁筱青老师的一句话引起我们的共鸣："人一生中，最初遇见的书对他的一生可能有很大的影响。"从这个角度看，让孩子尽早接触更多元的读物是重要的。数学阅读就是一个重要却被忽视的存在。

数学阅读是通过数学知识中露出的"冰山一角"去体悟水面之下数学智慧的无穷魅力。"数学学科并不是一系列技巧，这些技巧只不过是微不足道的方面：它们远不能代表数学。"儿童的数学阅读非常重要，既能激发数学兴趣，又能开拓数学视野，是促进儿童数学学习、发展儿童数学素养的重要资源。

开发《风马牛相及》一课，是我对数学阅读帮助儿童数学学习与发展的思考的结果。其中，我思考了下面一些内容。

首先，在数学阅读中，应当激发儿童对数学阅读的兴趣。数学阅读与数学兴趣的连接有很多，其中最主要的连接是神奇、美妙的数学思维，这种思维往往伴随着问题解决的过程。因此，从广泛的数学读物中挑选充满数学智慧的问题是至关重要的。这样的资源很多，不过还要兼顾学生的接受能力和数学鉴赏水平。

其次，在数学阅读中，应当引领学生发现数学美，感悟数学美，领略数学课堂学习中不曾见过的数学图景。数学爱好者之所以痴迷于数学，往往是被数学美吸引。著名数学家普洛克拉斯说："那里有数，那里就有美。"华罗庚说："就数学本身而言，是壮丽多彩、千姿百态、引人入胜的……认为数学枯燥乏味的人，只是看到了数学的严谨性，而没有体会出数学的内在美。"英国著名数理逻辑学家罗素说："数学，如果正确地看它，不但拥有真理，而且也具有至高的美，正像雕塑的美，是一种冷而严肃的美"。数学的美是丰富的，有对称美、统一美、简洁美、奇异美、语言美、抽象美、自由美、辩证美等。如果只有一节课的机会，应该和学生分享数学哪一方面的美呢？

再次，在数学阅读中，应当引领学生走向数学课外阅读。一节数学阅读课显然只是一次引发、一次唤醒，学生要从数学阅读中获得持久的影响，归根到底，需要他们真正沉浸到阅读中去。那么，如何通过一节课唤醒一个人，甚至一群人的数学阅读意愿呢？获得良好的数学阅读体验应该是一种选择，还有更好的选择吗？

然后，数学课堂上的数学交流实质上也是一种广义的数学阅读，如果以这样的视野来看数学阅读，或许我们对数学阅读课的课堂实践便有更包容的心态。另外，如果数学教师均将数学课堂里的数学交流作为学生数学阅读的机会，数学课堂里的交流会不会得到更高度的重视呢？

最后，当我们强调数学阅读的时候，我们到底在强调什么？我们强调的不只是数学阅读，而且是大阅读。这样看来，当我们推广数学阅读时，我们可能会更重视学生全学科的阅读。在这种无意识的影响下，数学阅读课应当更有跨学科阅读的味道，而不只是数学学科阅读的味道。

基于上述思考，我确定了本课的学习目标：

1. 经历数学问题解决的过程，体会"退"的数学思想方法，理解从简单情况入手找规律解决问题的策略，形成初步的模型意识。

2. 在解决问题的过程中，体悟数学灵巧的思维方式，增进数学智慧，发展数学素养。

3. 经历独立思考、主动尝试的思维活动过程，感悟数学的"统一之美"。

4. 在解决问题与数学阅读中，体验数学的别样风景，增进数学阅读的兴趣。

教学过程

一、课前谈话

师：昨天给了大家一份"骗人的套路贷"的数学阅读材料，大家读完后，觉得数学阅读和语文阅读有什么不同？

生：语文语言比较优美，数学语言非常严谨。

师：是啊，语言不一样，各有各的美。

生：读数学要从每句话中提取出有用的信息。

师：是的，数学阅读要善于提取有用的数学信息。

生：数学阅读要仔细地琢磨。

师：这个观点老师特别有同感，数学阅读不是看故事，而是想问题。

师：今天的数学课，课题很特别，一起读！

生：（齐）风马牛不相及。

师：这是一个成语，怎么会有这样奇怪的课题呢？要从一本书说起。一个偶然的机会，李老师从一本数学课外书上看到三个问题，这三个问题分别是：（1）沿直线切比萨问题；（2）外星人的翻译问题；（3）骗人的套路贷问题。当时，李老师脑中飘过五个字——

生：风马牛不相及。

师：完全不相干的三个问题。不过，随着进一步阅读，我发现我错了。我们先来看第一个问题。

二、探索

问题一：沿直线切比萨问题。

（出示问题）

沿直线将一个比萨切100刀，最多能切成几份？

1. 提取信息。

师：请大家仔细阅读，读三遍。

师：通过阅读，你觉得哪些信息是重要的？

生：100刀。

生：最多能切成几份。

生：沿直线切。

生：切的是圆形的比萨，不是三角形、正方形的。

师：数学的阅读就是这样的，要提取重要的数学信息。

2. 大胆猜想。

师：大胆地猜一猜，100刀，最多能切成几份？

生：2的100次方。

生：我觉得肯定不是"2的100次方"。

生1：我觉得可能是200份。

3. 外化差错。

师：能说说"200份"是怎么想的吗？

生1：因为切1刀就切成了2份，2刀是4份，3刀是6份，所以100刀是200份。

师：方法真好，不过，结果对吗？同桌讨论一下。

生：我觉得结果是不对的，因为3刀最多不是切成6份。

师：请同学们切切看（用铅笔在圆上画）。

生1：我发现3刀最多可以切成7份。这样，我这个"200"就是错的。

4. 引导比较。

师：观察这两种切法，为什么会多出一份来？

（出示课件）

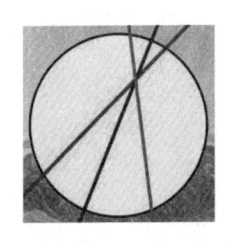

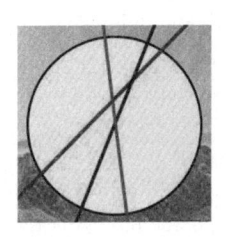

生：第2种切法没有经过交点。

生：第2种切法切到了更多的区域。

生：第2种切法和两条线都有相交。

师：在三位同学的启发下，我们发现，经过的区域越多，就能分出更多份。这又是一个很重要的发现，真是实践出真知啊！

5. 深入探究。

师：这样看来，规律真不是"切成的份数是刀数的2倍"。怎么办？

生：再找，看规律到底是什么。

生：继续切，看看是什么规律。

师：这正是李老师要给大家的建议——"谋定而后动，三思而后行。"继续切，想清楚了再切。先看看4刀能切成几份？

（生操作）

生：（上台演示）可以切成11份。（如下图）

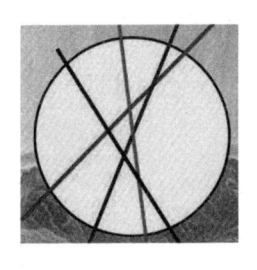

师：请问，你这个第 4 刀有没有经过交点？

生：没有。

师：为什么不经过交点？

生：因为不经过交点才能经过更多的区域。

师：说得真好。大家观察一下，这一刀穿过几条线？经过几个区域？多出几份？

生：和 3 条线相交，经过 4 个区域，多了 4 份。

师：是这样的吗？我们一起看，果然！穿过 3 条线，就经过 4 个区域，经过 4 个区域，每个区域都被分割开了，就多出了 4 份，这都是有联系的啊。

6. 寻找规律。

师：接下来还要切吗？（生：不切了。）接下来做什么？

生：应该找规律。

师：是啊，大家回头看，有规律吗？小组讨论一下。

生：我发现了一个很"恐怖"的规律。一般的等差数列都是差相等，而这个等差数列竟然是"盗版"的，它的差是等差数列。

生：这些份数从 2 到 4 是 +2，从 4 到 7 是 +3，从 7 到 11 是 +4。

（教师根据学生的回答板书。）

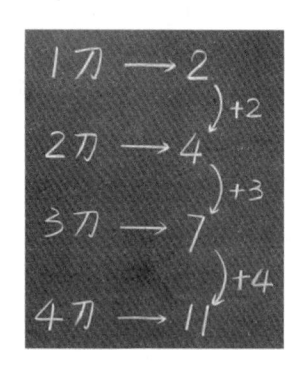

师：你为什么用"恐怖"这个词？

生：我就感觉无意中产生一种很诡异的规律。

师：孩子们，数学阅读往往会给人震撼的感觉，"诡异"这个词不是特别好听，但是这种感受会特别强烈。怎么会这样呢？

7. 应用规律。

师：那么 100 刀到底能切成几份呢？算式该怎么写？四人小组再讨论一下。

生：我觉得应该分两部分算，一部分是多出来的差，另一部分是原来的，再加起来。

生2：2+3+4+5+…+100。

生：应该是2+2+3+4+5+…+100。

师：举手表决一下，到底谁对？（少数学生赞成生2，多数学生没举手。）

师：到底谁对呢？老师教大家一个小妙招，用上这个小妙招，你就能锁定正确答案。就像这样（手指向板书），将这些份数用算式表示出来。

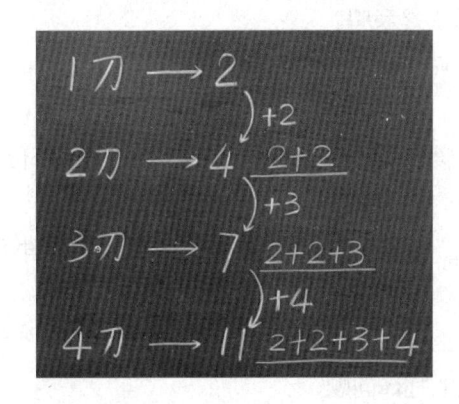

```
1刀 → 2
         ⎞ +2
2刀 → 4  2+2
         ⎞ +3
3刀 → 7  2+2+3
         ⎞ +4
4刀 → 11 2+2+3+4
```

师：当我们把规律用算式表示出来后，大家再看看谁是对的？

生：（齐）2+2+3+4+5+…+100才是对的。

师：老师现在质疑一下，是加到100还是加到99？为什么，谁能解释清楚？

生：（上台指着板书）大家看，2刀是加到2，3刀加到3，4刀加到4，100刀肯定是加到100。

师：这位同学给我们示范了怎样用规律解决问题，那就是要回头看。

8. 回顾反思。

师：这个算式的结果是多少？

生：5051。

师：怎么样，这个问题是不是很有挑战性？（生点头）我们将越有挑战性的问题想出来，就越有成就感。

师：回顾解决问题的过程，有一个同学的思考特别精彩，是谁呢？请看！（出示课件）跟谁的想法是一样的？

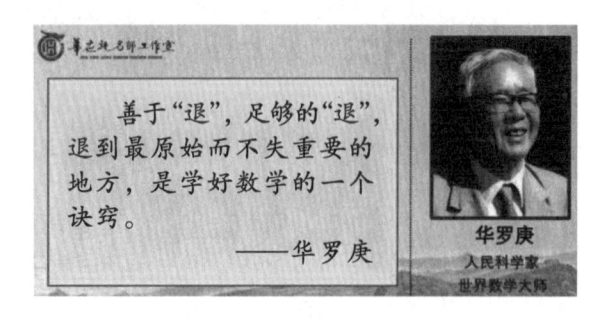

> 善于"退",足够的"退",退到最原始而不失重要的地方,是学好数学的一个诀窍。
> ——华罗庚

华罗庚
人民科学家
世界数学大师

生1:(指着自己)是我吗?

师:就是你啊!来,发表一下获奖感言。

生1:很激动。

师:请你将华罗庚爷爷的这句话读一遍。(生1读)哪位同学帮忙回顾一下,我们是怎么解决问题的?

生:我们是"退",从1刀、2刀、3刀去找规律,再用发现的规律解决问题。

师:这个方法怎么样?(生答"好")那我们就来用一用这个方法。

问题二:外星人的翻译问题。

(出示问题)

100个语言都不相通的外星人,他们的交流需要翻译,如果每个翻译都只懂两种语言,至少需要多少个翻译才能满足任意两个外星人都能交流的需要?

师:默读三遍后想一想,哪些信息是重要的,是需要提取出来分析的?

生:每个翻译都只懂两种语言,他不能懂第三种。

生:100个外星人。

生:至少需要多少个翻译。

生:要满足任意两个外星人都能交流。

师:同学们,正像课前一位同学说的,数学语言非常严谨,好像每一个信息都很重要。接下来,请大家想想,这个问题该怎么解决?

生:2人需要1个翻译,3人需要3个翻译,4人需要6个翻译,5人需要10个翻译,回头找规律,还是+2,+3,+4……这样100人就需要1+2+3+4+…+100。

生:其实就是刚才"切比萨"的那个题减1,需要5050人翻译。

生：我觉得不应该加到 100，应该加到 99。

生：这里的 3 是 1+2，6 是 1+2+3，10 是 1+2+3+4。回头看，3 个人是加到 2，4 个人加到 3，100 个人就应该加到 99。（生点头）

师：（对说"就是刚才'切比萨'的那个题"的学生）说说你的看法。

生：她是对的，我是纯粹地在死搬教条。

师：他的这句话说得很有质量。数学，好玩就好玩在这儿。这两个题好像一模一样，但还是有细微差别。这么看，数学真是有意思！

问题三：骗人的套路贷问题。

（出示问题）

有一种套路贷，月利率是 5 分（也就是 5%）。你贷款 1 万元，每个月的利息是 500 元，一年的利息是 6000 元。实际上，你真正支付的利息比 6000 元多。因为——

第 1 个月产生利息 500 元，这 500 元到了第 2 个月又会产生利息：500×5%=25（元）。到了第 3 个月，第 1 个月的利息 500 元继续产生 25 元的利息，第 2 个月的利息 500 元也将产生 25 元的利息，这样，第 3 个月一共将产生 2 个 25 元的利息。以此类推，一年后，除了支付 6000 元的利息，你还要支付多少个 25 元的利息呢？

师：这个问题课前大家就阅读过了。有什么发现吗？

生：这个问题也是 1+2+3+⋯的问题。

三、感悟——数学的"统一之美"

师：回顾今天我们思考的三个问题，是"风马牛不相及"吗？

生：是风马牛相及。

师：其实，在以前的学习中，我们也见过用这样的模型解决的问题，在哪里见过？

生：几个人之间，每两个人都要打比赛。

生：几个点之间，最多能画几条线段。

生：车站，每两个车站的旅程都不一样，一共需要几种不同的票价。

师：老师也想到了一个，大家看。

（出示课件）

> "风马牛相及"
> 1+2+3+4+…

生：也是 1+2+3+4+…

师：学完这节课，大家有什么感悟吗？

生：表面上看很不一样的问题，可能是一样的。

生：要透过现象看本质。

生：一个算式可以解决很多问题。

生：以前我们学的是一题多解，今天学的是多题一解。

生：解决难题时，可以用"退"的方法去找规律。

师：是啊，很多不同的问题，用数学的眼光看，本质是一样的。数学的美，美在简洁，更美在统一。

5.

让学生最大限度地积累思维经验：衡菊芳老师阅读之悟与教学智慧

衡菊芳

四川省小学数学特级教师，中小学高级教师，四川省教育系统优秀教师，四川省小学数学骨干教师，中国数学学会会员。新世纪小学数学教材讲师团高级讲师，全国分享式教育教学联盟高级培训师。2010—2017年被北京大学聘为全国中小学教师"国培计划"远程培训项目北京大学"小学数学"课程开发及教学指导专家团队成员。曾连续五年为中国数学课程网组建的新世纪小学数学网络教研指导教师核心组成员，连续五年荣获教育部北京师范大学基础教育课程研究中心"优秀网络培训专家"奖。一直关注学生学法，关注小学数学教育对学生的影响。在数学教育过程中着力于学生的"数学素养"的培养，同时也注重学生的品格教育。

名师阅读之悟

在迷茫中，再寻目标

——读《在绝望中寻找希望》[①] 之悟

我很少读纸质书籍，虽然每次外出都拿着一本书，但事实上很少完整地读完。就算读完，也是开书了然，闭书茫然。而在阅读《在绝望中寻找希望》这本书的过程中，我思考了很多。为了避免出现读完书茫然的情况，我决定写下自己的一些思考。

一、读书境界

对俞敏洪来说，大学学习有三重境界：一是找工作，二是兴趣，三是使命。而我在校学习，纯粹是为了找工作，为了避开面朝黄土背朝天的生活环境。

参加工作之后我再读书，则是因为兴趣和需要。因为喜欢，我读过《宋词三百首》《李商隐全传》，也读过《于丹〈庄子〉心得》《水浒传》等，《读者》更是订阅了若干年。雪莱、拜伦曾是我的精神支撑，周国平、余秋雨的散文也曾是我的最爱，《厚黑学》《人性的弱点》等看过、激动过、思考过，最终，淡忘……因为需要，我订阅了《小学数学教育》《新世纪小学数学》《四川教育》等杂志，购买了《父母都是教育家》《优秀语文教师上课实录》等，学习了波利亚的《怎样解题》、弗赖登塔尔的《作为教育任务的数学》……

综观自己所读的书，一是没有系统性，二是没有留下什么收获，很多仅仅是记住了书名。为此，我决定，先自我定位，然后针对这个定位，今后不再只是为了工作、生存而去读书，更多的是为了使命而读书。但是又要在遵循享受

---

① 俞敏洪. 在绝望中寻找希望 [M]. 北京：中信出版社，2014.

工作的同时享受生活，也享受"悦"读。所以我决定先少上网读书，选择购买纸质书。《在绝望中寻找希望》就是我读纸质书时收获的一份小惊喜。

二、教育境界

书中说，新东方对教师的要求有四个方面：教学内容、激情、励志和幽默。这四个方面完美地贴合了学生的心理，让他们在课堂上既收获丰富的知识，又收获生命的力量。

俞敏洪认为："教学内容就是要求老师上课时内容丰富，基础扎实，讲课熟练，切合主题，少讲废话……讲教学内容必须贯穿整个课堂，这是学生之所以来到新东方的最重要的原因；激情必须体现在讲课的每一句话语里，这是学生认同你的最重要的因素；励志必须一两句话就能够打动人心，太啰唆肯定让学生心烦；幽默必须润物细无声地体现，否则就成了平庸的笑话和无聊的打趣。"

而就我自己的理解，数学教学中教学内容是变化的，因为小学数学来源于生活，而生活是变化的，但数学的本质是不变的，这就要求数学老师要做一个有心人，要关注生活、理解生活，更要懂得生活。

激情、励志、幽默是每个人个性化的展示，更是学生个性化的需求，这需要教师有爱心，同时也要有大教育观——关注学生的长远发展，关注学生的终身学习。

对于数学教学，我希望自己有更高的境界，至少我关注的不是分数，而是学生学到了多少。我认为教育不仅仅在于"教"，更在于感悟和体会。

首先，有尊严的生活，是孩子们毕生幸福的保障。这就要求在学校，老师不能体罚或变相体罚学生，尤其是对高年级学生；在家里，家长要认识到孩子不是家长的附属品，而是社会的人。老师和家长一定要认识到，孩子也有自己的"面子"，需要尊严，有喜怒哀乐，有成长与烦恼。

其次，学会选择，是孩子们受益终生的能力。不论是家长还是老师，都没有权利去帮助孩子作出选择。我们可以建议，可以用故事让他们体会选项的优劣，但不能把我们的意识强加给孩子。孩子们要选择，就会有自己的目标，而有目标的生活、工作，这本身又是一种境界。

最后，敢于担当，是孩子们成长为栋梁之才的前提。很多年前，我和家长交流时，总是提醒家长们要注意培养孩子们的责任心，包括做家务。自己的事情自己做，这是培养责任感的基点。例如，在幼儿阶段让他们把玩过的玩具放回原处，培养他们自己收拾玩具的习惯，这既是培养孩子们的责任心，又是培养他们做事的有序性。在学生阶段，让他们养成认真学习、认真完成作业等习惯。责任感的培养会让孩子们受益终生。

我一直认为，学生在成长过程中，知识固然重要，但更重要的是人品。为此，我把学生的品质培养放在首位，教会学生学会学习、学会分享，培养有责任心的人。

三、生活境界

生活要有品质。何谓有品质？我认为，首先要让自己成为一个自信、乐观、豁达、善良、懂得感恩的人。其次，享受自己当下的工作，不是"爱一行，干一行"，而是"干这行，就爱这行"。最后，要热爱自己的职业，因为教师这份职业关乎"人"的教育，只有发自内心地爱孩子，才会从内心深处感受到孩子带给你的快乐，才能体会到自己工作的价值和意义，才能说拥有品质的生活。

当然，人生仅有工作是不够的，这样的品质生活难免有些单一，所以我们还需要有诗意的生活：读书，走进书中人物世界，去感受那里的真善美；观景，走进白云飘过的草坪，去与花草对话，与落叶共舞。

"留白天地宽"，别把自己的时间安排得太满，有品质的诗意生活需要我们留出一些空白，去品味我们的生活、工作，让我们活得更加从容，释放压力，寻求内心安宁的平衡。这就是我们所需要的生活境界！

最后我用一首小诗作为结束语，与大家分享：

要善于发现生活带来的好处

不要在任何一天里留下遗憾

选择了就要竭尽全力

专注于眼前之事

多坚持一下

绝不允许自己消沉

对自己负责

永远保持一份好心态

"参与无错"的课堂，让学生更轻松

——读《分享孩子的智慧——改进教学的建议》[①] 之悟

《分享孩子的智慧——改进教学的建议》一书中提到了分享式教学，其中的一个原则就是无错原则——参与无错。只要老师改变理念，真正让孩子们参与到自己的学习过程中来，真正落实"以生为本"的学生主体观念，学生就会学得轻松，老师也会教得轻松。下面我将从学习环节中如何落实"参与无错"原则，谈谈自己的看法。

一、独立学习，有思即可

在这个环节中，学生是个体行为，他们有自己的思想，有自己的理解，有自己的思维模式。即使他们的理解是错的，他们的思维也活跃起来了，他们在动脑筋，这就是很好的表现。

二、小组分享，有思就说

因为有独立思考，学生就会把自己的发现、收获分享给同伴，期待获得大家的认可和共鸣，给自己增添自信。在独立学习的过程中，学生会遇到困惑，他们会在这个阶段说出自己的困惑，和同伴互帮互学。这些困惑，在成人眼中，可能是最简单不过的，在小组同伴眼里也可能是很简单的问题，但这是学生自己独立思考之后的困惑。参与无错，能说出自己的困惑，这就表明学生在这个过程中有思维活动，在思考，在主动地学习、主动地参与，这是学生自己个人

[①] 任景业. 分享孩子的智慧——改进教学的建议[M]. 长春：东北师范大学出版社，2014.

经验的积累，也是他们自主学习的结果，教师要给予肯定。

三、全班分享，有思会说

在全班分享阶段，学生说的不一定完整，也许不是成人心中的数学本质，但是只要学生用自己的语言在交流，用自己的思维在思考、在互动，就是自主学习。

参与无错，给学生最大的空间，给学生最大的自信，给学生最大的鼓励，让他们真正意识到自己参与了，而且是真正的参与，就没有错。

当然，这需要老师有足够的耐心和爱心。发现学生说得不对的地方，我们要能体谅他们，耐心地等一会儿，让他们在分享的过程中逐步完善自己的思考，同时还要教育我们的学生，要学会等待同学，等待同学把话说完，把意思表达清楚。我们要教育学生站在同伴的立场、同伴的角度去思考问题，要学会欣赏别人的分享，学会赞美别人的分享。

例如，教学 8 加 6 这个算式时，教材上是把 8 拆成 4 和 4，然后用 4 加上 6，凑成 10，或者是把 6 拆成 2 和 4，然后将 8 加 2 凑成 10，或者是用数数的方法来加。不管哪种方式，我们遵循的都是成人眼里的最优原则。在分享式教学的过程中则会发现，有的学生是把 8 拆成 4 和 4，把 6 拆成 6 和 0，他有自己的思考；有的学生把 8 拆成 7 和 1，把 6 拆成 3 和 3，他同样也有自己的思考；还有的学生把 8 拆成 6 和 2，然后用 6 和 6 相加，因为他熟悉 6 加 6 等于 12……学生参与没错，只要他参与，就说明他在思考，这就是我们提倡的灵动的课堂——不但要课堂形式灵动，还要学生思维灵动。有的老师可能会说，这样如何体现学生的优化思想？其实所谓的优化，只是我们成人认为的简便。但孩子不这样认为，有些孩子习惯数指头，就是不愿意用老师教的方法，或者学不会老师教授的方法，不管老师怎么教，他就是要用自己的方法来计算，因为他已经形成了一个规律，也认为自己的方法是最简便的。

又如，有一天晚上我和一位教授一年级的老师聊天，说到现在如果还有孩子用扳手指头的方法来计算该怎么办。我的观点是，学生扳手指头计算，只要他愿意，而且他觉得那样做很轻松，就由他自己吧。他用扳手指头算也有自己的规律，虽然这个规律只有他自己知道。我们现在很少真正走近他们，去了解他们的想法，缺乏沟通。因为我们只是粗鲁地、简单地告诉他不准扳手指头。其实，学生在这个过程中也用到了数与手指一一对应的思想，在数的同时，他们还会找到规律，甚至几加几在哪一个手指关节上，时间长了就会心中有数。

再如，对于高年级数学题，我们知道它有一定的难度，一般课堂上学生是不敢说的，但是在分享式教学的课堂上，很多时候学生会说："我还没有思考成熟，但我又想说说，不知道我说的对不对。"这时候会出现哪几种可能呢？第一，学生在分享的过程中，会越说越明白，会越分享越开心，因为他知道自己的思考是对的。第二，学生在分享的过程中也许知道自己错在哪里。第三，学生在分享的过程中发现自己说不下去了，但是却能给同学和老师提一个醒，让老师和同学顺着他的思路去想，结果发现他的思路是有一定道理的。这样，这个分享的同学就获得了一个让他收获自信的平台，让他展示自己思维的平台，也给全班同学一个读懂他的平台。同时，其他同学还能顺着他的解题思路、分析思路，促动自己的思维动态。这样，不仅参与的同学得到锻炼，听的同学也有一个学习的机会。

参与无错，这对教师来说是一个很有压力的原则。很多教师有以下考虑：第一，面对那么多的学生，教师应该给学生一个准确的知识概念，而不是让他们去磨蹭，去体验不准确的概念；第二，教师需要完成一本厚厚的教材的教学，时间有限，数学课上根本不可能给学生太多时间让他们带着错去参与。事实上，学生参与思考、参与分享，会让思维更清晰，积极性得到充分发挥。教师应鼓励学生把自己的想法讲出来，建立一种无错原则的课堂模式、课堂氛围，从而让学生充分暴露自己的思维过程，再引导学生相互讨论，逐步澄清解决问题的思路。同时，我们还要注意尽量避免教师示范学生模仿的练习模式和形式。这样，在以后的课堂上，学生会更加积极，学得更加轻松，课堂也会更加灵动。

让学生最大限度地积累思维经验

——《5的乘法口诀》教学设计与思考

课前思考 ▶▶▶

北师大版教材对于每一个新知识点的安排，都重视、顺应学生的好奇、好动的天性，让学生在充分的操作中感悟、体验知识点。这个过程更加体现了教材编写者对学生情感、态度和价值观的关注。

本节课的教学内容是"5的乘法口诀"。这也是乘法口诀的第一节课。如果仅从知识点上分析，会发现很多学生在家长的超前意识影响下，已经有了这方面知识的渗透，但是不够系统。为了后续能让学生自主学习，这节课需要扎实地进行。

《5的乘法口诀》应该是一节"种子课"。有了这节"种子课"，再在2、3、4乘法口诀的教学基础上，教师就可以对6、7、8、9乘法口诀的教学做到完全放手。人的天性是"好探究"，教师需要做的就是顺应儿童的天性，放手让他们去做想做的事，相信他们会完成学习任务。

在以上思考的基础上，我将学习目标定为：

1. 经历整理并编制5的乘法口诀的过程，掌握5的乘法口诀，会用5的乘法口诀进行计算，并能解决简单的实际问题。

2. 培养学生阅读理解的意识和能力，在需要帮助的时候学生能主动寻求帮助并合作解决自己的困惑。

基于这样的思考和学习目标，我决定顺应学生"好探究"的天性，给他们探究、验证的时间，让他们最大限度地积累思维经验。而我要做的，就是帮助学生充分理解、读懂 5 的乘法口诀的编排，积累初步的数学活动经验。

课堂实践

一、出示情境

出示情境（见下图）（情境中的"数的旁白"暂时不出现），教师询问学生有什么发现。

学生很容易发现情境中是每 5 个放一堆，从而引发"5 个 5 个地数"。教师放手让学生自己填表格，从而引出"解决问题"和"理解乘法意义"这两个编制口诀的关键。

> **设计意图**
>
> 相信学生能发现情境中的"5"及其意义，培养学生的观察能力以及对"数"的敏感性。在学生对情境图的理解的基础上，渗透"5"的相关计算，同时为后续的教学作铺垫。

二、编制口诀

结合表格和情境中的堆数，教师与学生一起编制口诀。

任务一：阅读教材中的第二个问题，尝试填写相关内容（从观察实物图到获得算式再到得到口诀）。

任务二：引导学生提出问题。

预设学生会遇到的问题：读不懂实物图，想不到"松果的累加"与"5 的乘法口诀"的关系。

预设学生会完成的内容：有一部分学生会结合数松果而计算出乘法算式的结果，同时部分学生能编出口诀。

预设学生可能提的问题："一五得五"是什么意思？"二五一十"为什么不写成"二五得一十"？

教师要让学生像一般人一样去思考，让学生经历"问题—思考—分享"的过程。教师和学生在解决问题的过程中，逐渐理解"图—式—口诀"三者之间的关系，以及对"口诀"的认识。

设计意图

学生通过"阅读"对内容有一个初步了解，同时，教师借助学生的提问，引导学生思考如何编制口诀，共同梳理"实物图—算式—口诀"的流程，让学生理解和掌握"口诀教学"的"术"，便于后续口诀的学习。

三、完成学习单

教师提供学习单（有图、算式和口诀），让学生编制完整的 5 的乘法口诀。

在学生完成学习单的过程中，教师要放手让学生独立去完成；完成后要鼓励学生在全班展示自己的"作品"，并分享自己的思考和做法，同时在同伴的帮助下完善自己的"作品"。

预设学生会出现的问题和教师的介入状况：

1. 所用时间长。因为学生要将加法与乘法联系起来并实现转化，同时要完成相关计算，但这个过程正好是让学生"跳一跳"的过程。他们需要经历这样的"慢思考"，也就是要经历独立思考的过程，这就是"学习"。教师要舍得等待，让学生慢慢思考、慢慢算、慢慢理解。对于已经完成学习的学生，可以引导他们继续思考，如"你想用 5 的乘法口诀解决什么问题？试着编一道题吧"或"你认为同伴会不明白哪个问题？能不能思考一下怎么给对方讲明白"等有思维难度的内容，让他们"吃饱"。

2. 学生会在编口诀时出现了不同的问题。有的学生会正确地编制出来，有的则编不出来，还有的会用自己的语言和文字编写，这都是正常的现象，因为每一朵花都是一种独特，存在即合理。教师需要做的就是建立"参与无错"的课堂文化，建构一个包容、尊重的学习环境和氛围，让学生与学生之间、学生与老师之间形成一个"学习共同体"。"人的能力是有限的，需要群聚合作而生存；人的感官带有局限，需要智慧分享而发展"，这是分享式教学的理论之一。学生在学习的过程中，相互补充、纠错、完善，建构自己的内在知识网。所以，这个环节需要"小组学习"（二年级的学生可以两个人一组，也可以三个人一组，人数不要太多）。在小组学习的过程中，教师除了关注知识点，还要关注学生是否说得清楚、听得明白，培养学生的倾听意识和表达能力。在倾听之后，教师还要引导学生及时反馈，听懂的要修正或自己内化，没有听懂的有权利要求"小老师"再讲一遍，也可以要求更换"小老师"。最后，要在作业本上留下正确的理解。

3. 有的学生在课堂上不听或已经完全掌握这个知识点但不愿意与大家分享。这种现象也是正常的，因为人人都具有自我保护的意识，人人需要理解、认可和欣赏；因为我们已经习惯了"自我中心"，不愿意暴露自己的问题，也不愿意与人分享。然而"问题大王"和"爱分享"本是孩子的天性，孩子之所以"不愿意"，是因为长期被压抑。教师需要做的是鼓励学生提出自己的困惑和问题，只有把问题提出来，与大家一起讨论，才能真正有所收获。还要鼓励学生"输出"，即把自己明白的内容讲给同伴听。"输出"的过程其实也是在锻炼自己，锻炼自己的表达能力、对思维的梳理，并且在与同伴互动的过程中引发深度思考，拓展思维。学生在收获知识的深度与广度的同时，也收获了能力的提升和友谊。

> **设 计 意 图**
>
> 这一环节主要培养学生的阅读意识，让学生在阅读过程中思考"图—式—口诀"之间的关系，进而渗透"口诀"教学的一般流程。就目标来说，教学要有两条主线：一是知识技能目标的达成，二是育人目标的渗透并逐步达成。所以，除了知识技能目标，学生的综合素养也是课堂上的主要任务。知识技能是显性的，在一节课上甚至更短时间内就能凸显出来，而综合素养是隐性的，只有经过长期渗透才能显现出来。

四、理解并记忆口诀

1. 学生记忆口诀的经验。

2. 教师完善。

预设学生的学习情况和教师的介入状况：有的学生在这节课后记住了口诀，有的却没记住，这是正常现象。此时，学生需要同伴之间的经验分享。在经验分享之后，同桌再检测。在经验分享过程中，教师要关注核心问题，如有必要，就逐步完善。

> **设 计 意 图**
>
> 这个环节其实是学生对自己的进一步梳理和完善。学生的学习力不同，对内容的接受力会不同，接受的程度也不同，此时就需要有分享的产生、互动的经历。学生在分享中巩固，在互动中共赢。

五、巩固练习，总结提升

根据学生的学习情况选择练习题来完成，比如下图所示的练习题。

先在图上圈一圈，再数一数，说一说。

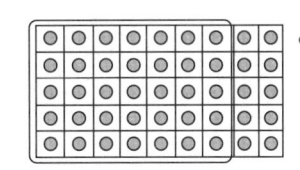

五七三十五。

> **设 计 意 图**
>
> 学习了，不一定融会贯通，互动了，不一定全部记住，此时就需要有一定的练习。练习可以是对基础的加固，也可以是对知识点的拓展。所以，教师对教材中的练习题进行解读很重要，在此基础上，选择性地布置作业就显得重要而且必要。同时，练习题不一定要求学生全部做完，减轻学生的负担。

6.

在活泼与严谨中眺望数学思想：毕波老师阅读之悟与教学智慧

毕 波

江西省小学数学特级教师，广东省深圳市龙岗区名师工作室主持人。获全国新世纪小学数学优秀实验教师，省学科带头人、骨干教师，市义务教育课程改革先进工作者，青年教师岗位能手，十佳少先队辅导员等荣誉。获全国第九届深化小学数学教学改革观摩交流会一等奖。多次受邀在全国小学数学教学观摩活动中上示范课。主持的课题在全国小学数学学术研讨会中交流与展示。指导多名教师在省、市优质课竞赛中获一等奖。在市级以上刊物公开发表论文30余篇。从教28年来，专注数学与教学实践与研究，逐步形成了"严谨而不失活泼、活泼中蕴含数学思想"的教学方法。

名师阅读之悟

用好教育的七分力

——读《好孩子：三分天注定，七分靠教育》[①] 之悟

第一次看到《好孩子：三分天注定，七分靠教育》这本书时，我首先是被书的题目吸引的。它让我想到一首脍炙人口的歌曲《爱拼才会赢》，里面有这样一句歌词：三分天注定，七分靠打拼。歌曲彰显了奋斗对于一个人成功的重要性。而读完这本书，我强烈感受到教育对于一个孩子成长的重要性。

这本书是由我国著名儿童教育学者，也是《好妈妈胜过好老师》的作者尹建莉老师主编，洪兰著。书中收录整理了台湾认知神经科学方面的专家洪兰教授的系列家庭教育类文章。这本书我认为最大的价值在于，书中提到的教育现象、教育观点没有仅仅停留在简单的罗列与表述上，而是借助脑神经科学方面的相关实验数据、研究成果进行了大量正面的论证，这在教育类书中是非常少见的。这使得读者对于孩子的教育问题，不再仅仅停留在经验层面，而是能够从医学的专业角度，得到更加准确和明晰的判断。

书中对于当时流行的一些教育热点，如"右脑开发"、提前入学等观点或现象逐一进行了科学的阐述，掷地有声地对错误的教育论断进行了"回击"："幼儿的脑是同步发展的，没有右脑先启动再带动左脑的任何证据""'右脑开发'是谎言""身材最小、力气最小的孩子在班上常是被人欺负的那一个，太早入学对孩子身心发展都不好""儿时抢一步，长大误一生"……这些"回击"有助于读者去改变一些固有的教育观念。

我曾经一直有这样一个认识：学习是需要天分的。如果一个孩子学习不好，

[①] 洪兰. 好孩子：三分天注定，七分靠教育[M]. 武汉：长江文艺出版社，2012.

和他的智力禀赋肯定有一定的关系，并且这种智力上的差异，也将伴随着孩子终身的发展。优等生和后进生的产生很大程度上是由孩子天生的智力水平决定的。而洪兰教授通过"爱因斯坦脑重数据""婴儿脾气跟踪调查"以及"猴子养育实验"等，向我们证实了：一个人的个性、聪明才智等，都是先天和后天共同的产物。"资质"就像是一块布，料子的好坏只会影响你在缝衣时轻松一点或费力一点，至于要剪裁成什么样子，全靠后天的努力。一个孩子心智的发展，更多是来自他所处的环境和所接收到的教育。原来，一时的学不好并不代表永远不可能成为优等生，如果有好的学习环境和好的教育，后进生也有春天。

对于网游，书中也有提及。现今网游的确让许多孩子沉溺网络虚拟世界无法自拔，严重地影响了他们的学习和生活。许多家长和老师对于孩子玩网游是深恶痛绝的，而洪兰教授从脑神经的研究角度，证明了网游并非人们所想的那样一无是处，如网游可以起到很好的减压作用，可以增强孩子的空间能力和推理能力，会拓展孩子的注意广度、练习拿捏人际关系……

真正让孩子受害的不是游戏本身，而是父母教育的方式。洪兰教授给出了她的建议：训练孩子经营他自己的时间，让他在功课做完之后，可以做自己想做的事，适度地玩一玩，学会自制、自律。让孩子学会经营自己的时间，会使孩子一辈子受用不尽，因为父母不可能永远跟在他后面"严盯死守"。的确如此，我所看到的孩子沉溺网游的情况，几乎都是因为家长对孩子疏于管理和引导。有些家长图轻松、省事，开始是主动将手机、电脑拿给孩子玩，后来发现孩子对网游上瘾后，采用的阻断方式往往又非常粗暴、极端。孩子在成长过程中，缺乏真正意义上的陪伴和引导，最终在网游的世界里越陷越深，好事变坏事。

在这本书中，洪兰教授也为我们提供了一些解决教育"病症"的科学方法。比如，有的孩子很活泼，但注意力不集中，或者患有注意缺陷多动障碍，他们往往对老师的教育"软硬不吃"，让老师身心疲惫。洪兰教授从脑神经学的角度给我们开出了两剂"药方"——运动和阅读。

研究发现，当一个人大量运动，到他心跳最高数字的70%以上时，大脑中就会分泌多巴胺、血清素和正肾上腺素，这些神经传导物质都跟情绪有直接关系。洪兰教授认为，运动对注意力难以集中或患有注意缺陷多动障碍的孩子来说，是自我控制的"良药"。

而对于阅读，书中更是多次、大篇幅摘录了洪兰教授关于阅读的教育意义的论述。阅读不仅打开了一扇通往古今中外的门，而且可以刺激大脑神经的发展。洪兰教授将阅读与看电视进行了对比。她发现，阅读时，神经回路活化的程度比看电视来得深。阅读时，我们会主动搜索信息，遇到语意不明、模棱两可的词语，我们的眼睛会立刻回溯前面读过的句子，去寻找文章意思、脉络，来解读这个词在文中真正的含意。阅读时，我们的大脑其实在不断地进行深层分析，但是看电视、电影则是被动接受信息的历程。所以，阅读能够提高孩子的专注力，更能通过书本学到是非、纪律、礼貌及跟人相处的道理。

《好孩子：三分天注定，七分靠教育》一书，让我仿佛经历了一场引人入胜，同时收获颇丰的教育学和脑科学的学习之旅。在学习过程中，洪兰教授所讲述的每一个故事都离我真实经历的教育生活很近，而所提到的每一个问题都是被教师、家长关注的热点教育话题。洪兰教授另辟蹊径，从脑神经科学的角度来解释教育规律，让我开辟了新的教育视野，开阔了我的教育眼界，也让我对教育有了更科学的认识。这本集科学性与实用性于一体的好书，值得每一位教师和家长反复阅读，认真学习。在教育的过程中，要有科学的认识和平和的心态，要遵循教育的规律和儿童的特性，要学会用儿童的视角与孩子相处，要坚信，良好的后天教育才是促成一个孩子最终成人、成才的关键因素。每一位教育者要用好教育的七分力，"造命者天，立命者我"，孩子的命运，掌握在教育者手中，命里没有的，教育里应有。

做一个有智慧的教师

——读《教育智慧从哪里来》[①] 之悟

曾经有一段时间，我总会产生一个强烈的困惑：为什么现在的孩子越来越难教，老师越当越累？我希望从书中找到答案。幸运的是，我"邂逅"了《教育智慧从哪里来》这本书。它深深吸引了我，让我哪怕熬夜也一定要全部看完。书中没有美丽的辞藻与理想化的语言，甚至缺少所谓的教育成功的激扬与光彩，有的只是一个一个真实的案例，一个个正如自己所经历过的、正发生在自己身边的、活生生的教育故事。书中提到的许多老师，为学生努力过、付出过，但是得到的总是失望与茫然。王晓春老师用他深厚的教育理论功底和丰富的学生问题处理经验，给予每一个案例精辟的点评、实实在在的指导。阅读这些文字，我觉得自己接受了一次教育思想的洗礼。掩卷沉思，我开始重新审视教师这个职业，重新去深入理解教育的意义。

在书中，有三个关键句给我的思想冲击最大：爱不能改变一切，教师的专业技术，家庭教育是学校教育的上游。

一、爱不能改变一切

"爱有魔力，爱能解决一切问题，这种话，我们听得太多太多了。一个赏识的眼神，一句表扬的话语，一记温柔的微笑，或有意为之，或不经意而为，于是乎，原来作业不做的学生做作业了，原来上学迟到的学生再也不迟到了，原来的小霸王变成了'红花少年'……"王老师将这些美好的案例戏称为"阿Q

---

① 王晓春. 教育智慧从哪里来［M］. 上海：华东师范大学出版社，2005.

案例",一针见血地指出,借助一个偶然的契机说了一些表扬的话,然后,一切搞定,无疑是一个美丽的谎言。

爱不能改变一切,这才是教育的真实。把爱的力量吹得离了谱,恰好推动"爱"走向它的反面——"恨"。反思自己的教育工作,我也希望能用爱去感化孩子,但是当付出了爱却看不到成效时,失望甚至愤怒就会占据自己的内心。看来,爱并没有错,但是,老师光有爱是远远不够的。除了爱,还要用科学的教育思路和教育方法解决一个个教育问题,而后者是不会从爱中自然产生的。教师要从事件表面看本质,养成全面了解学生的生活、学习背景以及个性特点的研究习惯,做到不同问题不同对待,找到问题的诱因,对症下药。教师应克服工作方法简单、思维方式单一等问题,以科学的态度从事教育教学工作,用智慧来帮助学生,而非仅仅以指令来干涉和要求学生,要努力做到智慧与爱同行。

二、教师的专业技术

教师是什么,是从事教育工作的专业的人。正如医生、工程师等从事不同职业的专业技术工作者一样,教师必须具备其他人并不具备的专业技术知识。一名教师所应具有的专业技能不仅表现在他的教学组织能力上,更应表现在他对教育规律、学生心理的准确把控上,表现在科学合理地处理学生问题、家庭教育问题等。而现实是,当学生犯了错、出了问题,很多教师往往只能采取任何人都会的批评、处罚、请家长等简单办法,软的不行就来硬的。反观自己的教育行为,我在处理学生问题时,常常也是先给学生扣一顶帽子,再一厢情愿、不厌其烦地反复说教。这种看似苦口婆心的教育方式用多了真的会让学生厌烦,更难触及学生的心灵,很难让学生自发地去修正自己的错误。面对学生,教师不能以自己模式化的思维来要求学生,处理问题不能急,要有冷静的思考和深入的研究,既要"治标",更要努力做到"治本",这样才能有效避免类似问题重复发生,使问题得到根本性解决。

王老师用医生治病作类比,为教师处理学生问题提供了思路。书中说:当你向医生叙述自己的病情时,医生实际上一边听一边在心中作出假设。他心中可能有好几种假设,然后通过检查、化验、分析等方式验证自己的假设。如果发现检查结果与自己的假设比较符合,他就可以开药了。而作为教师,我们遇到学生问题时也应该学会提出多种假说,这是检验一个教师是否是科研型教师的重要标准。

教师作为专门从事教育工作的人，要有科学的精神，要有研究的心态，要用科学的精神来面对问题，才能把问题处理得更好。王老师认为要提高教师的素质，着眼点不是完成眼前的任务，而是"反思自我的工作，学到新的视角和思维方式"。反思型教师才是名副其实的专业人员。"反思"要求我们对自己的教育行为乃至教育细节进行经常性的追问、审视、推敲、质疑、批判、肯定、否定……从中总结出成功的经验和失败的教训，并以批判的眼光深刻审视和剖析自己的问题，在不断的反思中成长和提高，最终再将反思所得运用到教育实践中。

三、家庭教育是学校教育的上游

曾几何时，我坚定地认为好的学校教育一定能塑造出好的学生。当一些学生的家长无奈地对我说："老师，这个孩子我实在没法管了，就拜托你了。"每次听到这样的话，总感觉自己作为教师又多了一份义务和责任。在书中第34个案例"硬是不写作业"中，王老师和子言老师先后进行了两次深度交流。子言老师在处理一个思维敏捷但总是不服气、撒谎、不做作业的孩子时，采取了请家长的办法，在与孩子母亲的对话中，子言老师认为父母其实对孩子的学习都很重视，因为孩子的母亲虽然常上夜班，但只要发现孩子的作业写得不认真，就会让他不停地重写。王老师在对这一案例点评时，指出子言老师对这个孩子的了解，尤其是对他家庭教育的了解，实在太粗糙了。王老师的猜测是，这位母亲可能是一位"批评专业户"，主观而暴躁，刀子嘴豆腐心。孩子不写作业，一是因为懒惰（家长惯的），二是因为没有效益（写了也出不了风头，永远挨批评）。写作业吃两个亏，不写只吃一个亏，所以他就把精力都用来磨炼说谎的本领了。王老师还一针见血地指出，孩子的所有问题，根子几乎都在家庭，因为家庭教育是学校教育的上游。如果上游不停地下着"厌学"的暴雨，教师在下游妄想凭借自己的身躯堵住汹涌的"厌学"洪水，势必会陷入困境，举步维艰。

我想，明确了家庭教育的重要性，教师也不可以心安理得地把所有责任都推到家庭教育的头上。只有学校与家庭双方密切地配合起来，才能使我们的教育真正成为连续性、科学性、有效性的教育。王老师在书中还提到两个"必须"：教师必须学会追根溯源，追根溯源就是研究、探究，就是科研；教师必须学会指导家庭教育，帮助家长成为明白人。教师和家长的每一次对话，不要仅仅是简单的告状或是诉苦。教师应该用自己的专业素养和教育经验去正确地指导家长，使家长更好地与学校配合，共同做好孩子的教育工作。

《教育智慧从哪里来》用教育科学的力量，冷静而理智地剖析了教师经常会遇到的一个个教育难题。原来教育理论的真谛和教育改革的"秘诀"就在我们身边，那就是关注教育现象，反思教育问题，努力去做一个既有爱更有智慧的教师。

数学辩论，让平均数鲜活起来

——《平均数》教学实践与思考

教学内容 ▶▶▶

平均数。

教学目标 ▶▶▶

1. 初步理解平均数的意义，学会平均数的求法，体会平均数在统计学上的作用。

2. 解决问题，积累数据分析的活动经验，发展学生数据分析的观念。

教学重难点 ▶▶▶

平均数的意义。

教学过程 ▶▶▶

一、游戏引入——"记数王"

1. 创设游戏情境。

游戏步骤：记——3 秒钟记忆 10 个数字；写——10 秒钟把记住的数字填在记录表中。

记录表

序号	一	二	三	四	五	六	七	八	九	十
数字										
记住数字的个数										

2. 教师先带领学生试玩一次，然后学生正式玩一次，最后选出班级里的"记数王"。

二、问题引领，自主探究

问题一：如果用一个数表示老师记数字的水平，用几合适？

师："记数王"的游戏老师也玩了，还玩了五次，想不想知道老师的成绩。

（出示课件）

毕老师 5 次记住数字情况的统计

次数	第1次	第2次	第3次	第4次	第5次
记住数字的个数	5	4	7	5	9

师：你们觉得毕老师记数字的水平怎么样？（生交流）如果用一个数表示毕老师记数字的水平，用几合适？

（同桌之间交流看法。）

师：刚才同学们讨论得非常热烈，下面，我们来一场"数学辩论"，如何？大家可以发表自己的观点，也可以对某一个观点表示支持或者反对。让我们来看看，谁的意见最终能够得到大多数人的支持，看看谁是我们班的数学最佳辩论手？

生：我觉得应该是 6。因为我计算了平均数，用 30÷5=6，所以我认为是 6。

生：我同意他的意见，因为 5+4+7+5+9=30，30÷5 就算出了平均数。

（不少学生纷纷点头。看到很多同学认同这个观点，一些刚刚举手的学生想把手放下来，教师示意举手的同学大胆表达自己的观点。）

生：我刚才选的是 5，如果满分是 10 分的话，我觉得老师有两个是 5 分，所以我选 5。

生：我支持 5！因为我觉得这里有两次是 5，第 2 次是 4，我把它约等于 5，第 3 次是 7，也可以约等于 5，这两个数都是离 5 比较近的，这样就有四个 5 了，所以可以选 5。

（教室里出现了片刻安静，不少学生陷入了思考。教师询问"还有其他想法吗"，一位学生举起手。）

生：我觉得是 30。

（不少学生惊呼。教师示意这位学生解释一下自己的想法。）

生：因为老师记了 5 次，加起来一共是 30。

（没等教师说话，又有一位学生迫不及待地举起了手。）

生：不对，这里最好的一次成绩是 10，不是算总分。

生：我想解释一下为什么不用 5。虽然 5 在这里出现了两次，但是还有三次的成绩不是 5，所以应该用 6 来表示它们的平均值。

生：我也不同意选 5，如果用四舍五入来解释，4 和 5 根本就不是同一个等级的。

（学生开始寻找新的角度来辩驳选 5 的合理性，这些想法在最初讨论时是没有的。此时选 6 的呼声再次高涨。）

生：我还有一个想法，是不是可以用 $\frac{3}{5}$ 来表示呢？因为 5 次的总分是 50 分，老师一共得了 30 分，也就是 $\frac{30}{50}$，$\frac{30}{50}$ 就是 $\frac{3}{5}$。

（这个学生的想法很独特，教师也未料想到他居然想到用分数来表示实际得分与总分之间的关系。许多学生都觉得一时很难辩驳。教师再次询问"还有谁想发表观点"，又有学生举手。）

生：我想用 7 来表示。第 3 次正好是 7，第 1 次、第 2 次和第 4 次虽然比 7 少，但是第 5 次是 9，这样大小均衡一下，我觉得就和 7 差不多了。

生：对，我一开始也想的是 7。7 这个成绩在老师五次成绩中，既不是很高，也不是很低，在中间位置，所以我选的是 7。

（一位坚持选 6 的同学急了，把手高高地举了起来。）

生：我觉得还是用 6，因为 9 拿出 2 分给两个 5，7 和 9 各拿出 1 给 4，这样五个数都是 6，这样更平均。

[这个学生讲得太快了（用到了"移多补少"），不少学生似乎没有听懂，但是觉得应该有些道理。教师惊叹于学生的表现。]

师：（总结）其实这个问题没有唯一的答案。看的角度不同，用的数可能会不一样。老师最终选择了用"6"来表示这 5 次记数字的水平。

问题二:"6"是怎么来的?

师:在老师的成绩中,有没有一次记住的是 6 个数字?那么"6"是怎么来的呢?请同学们两人一组,可以用老师发的学具摆一摆,也可以在纸上算一算,弄清楚"6"是怎么来的。

(学具说明:学具中的每一个圆片是可以撕下并重复粘贴的,这样学生可以通过亲身操作感受"移多补少"的过程,真实经历平均数形成的过程。)

学生交流,得到求平均数的两种方法:(1)移多补少;(2)合并均分(见下图)。

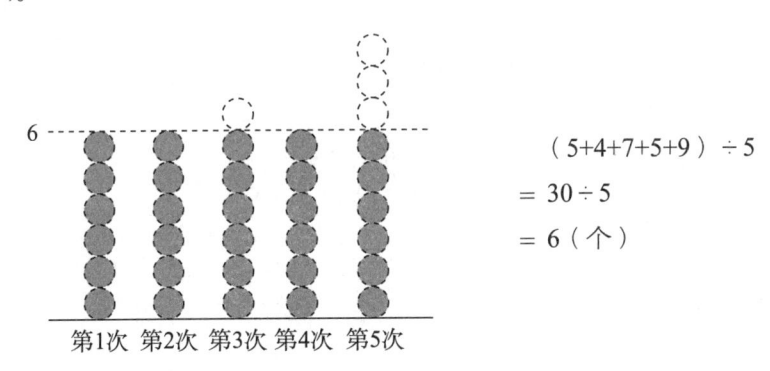

$$(5+4+7+5+9) \div 5$$
$$= 30 \div 5$$
$$= 6(个)$$

三、知识应用,练习提升

(出示课件)

淘气5次记住数字的情况统计

次数	第1次	第2次	第3次	第4次	第5次
记住数字的个数	8	9	6	10	7

笑笑4次记住数字的情况统计

次数	第1次	第2次	第3次	第4次
记住数字的个数	7	6	9	10

师:请同学们分别计算出淘气和笑笑记数字的平均数,比较两人成绩的平均水平。

师：生活中大家在哪里见过平均数？

（生交流）

师：毕老师女儿的英语成绩是多少呢？

（出示课件）

科目	数学	语文	英语	平均分
成绩（分）	89	88		90

生：我是这样算的：先用 90×3=270，这样就算出了这三科的总分，再用 270 减去 89 和 88，这样就算出英语的得分是 93 分。

生：还可以这样算：数学是 89 分，这样就需要 +1 分才能变成平均分 90 分；语文是 88 分，需要 +2 分才能变成平均分，所以英语在 90 分的基础上要多出 3 分，英语的得分应该是 93 分。

（教师通过课件呈现学生的不同思路和计算方法。）

总　结

《平均数》一课最重要的教学意义是什么？平均数是数学中一个重要的统计量，是表示一组数据集中趋势的量数，能刻画、代表一组数据的整体水平。所以《平均数》一课最重要的教学意义在于引导学生从"统计学"的角度理解平均数，感受平均数的统计意义。求平均数的方法只能算作本课教学的一个次重点。上述对《平均数》的教学理解已经得到大多数一线教师的认同，我们看到不少老师在教学平均数时有了教学上的新变化。比如，我们经常会看到这样的教学场景，教师创设情境，男、女生在人数不同的情况下进行比赛，通过"在比较总数不公平的情况下，该如何来评判哪一方获得胜利"，引出平均数，通过"当有新的人员加入或者比赛成绩发生变化时，又会对平均数产生怎样的影响"，探索平均数的特点。这样的教学设计建立在对两组或者多组数据进行分析的前提下。我有时会想，如果只有一组数据，平均数就没有产生的必要了吗？另外，在"比较总数不公平的情况下，该如何来评判哪一方获得胜利"的大背景下，似乎平均数成了顺理成章的选择。教学过程中几乎没有任何争议，平均数就成了学生和老师的首选，于是如何求平均数马上提到了教学的议程。但"平均数"一定是唯一的选择吗？

我认为，即使只有一组数据，平均数依然有产生的意义。比如，即使只有一个班的考试成绩，老师也会计算出该班的平均分以了解这次考试成绩的整体情况。那平均数是唯一的选择吗？显然不是。当数据中出现极端数据时，平均数受其影响，表示数据集中趋势的可靠性就会降低。另外，在某些场景中，人们并不会选择平均数作为水平的体现。比如在跳远比赛中，最终代表运动员水平的往往是他多次成绩中最好的那个成绩，平均数可能只是一个参照数据而已。这些都是平均数作为统计量真实存在的意义，所以学生首次学习《平均数》，我们是否不必那么刻意地去彰显平均数的优势，而是用一种更自然、更真实、更中立的方式来帮助学生认识平均数呢？

我们看到，北师大版教材在情境的创设上与我的想法不约而同（如下图）。在这个关于"记数"的情境中，只有淘气一个人，得到的也只有一组数据。教材希望通过这样的情境来引导学生体会学习平均数的必要性。

每3秒呈现10个数字，看一看每次可以记住几个数字。

淘气5次记住数字的情况统计

次数	第1次	第2次	第3次	第4次	第5次
记住数字的个数	5	4	7	5	9

我们对这个情境进行了适当改编，让它变得更加真实——通过"记数王"的游戏，学生亲身参与两次记数，明白这个游戏是怎么玩的。将数据的主人公换成教师——我，让素材更亲近学生。随着数据的出现（毕老师5次记数的成绩），产生了本课的第一个问题——"如果用一个数表示老师记数字的水平，用几合适？"接下来，学生会如何回答呢？在最初的教学中，我采取的是指名回答的方式。但是因为班级里总会有学习优秀的学生，他们会马上提出平均数的概念并振振有词地将平均数的计算方法表述一番。其他学生往往会盲从于这样的看法，这就无法激起学生间的争辩。如何唤起学生个性的思考，激起学生表达的欲望，从而实现从对平均数计算的关注迁移到对数据特点的关注上来呢？我想到了"辩论"这种形式，即先让学生和同桌进行两人交流，实现一个初步的自我判断，再在学生中开展类似辩论的学习活动。我此时有意退到学习活动的背后，承担一个主持人的角色，把发表观点的机会全部交给学生。在辩论的过程中，我鼓励学生说出自己的想法，敢于求异，敢于质疑。

事实证明，"辩论"真的把学生的思维激活了。一开始，学生还是会一边倒地认为平均数就是最好的选择。第一个不同的声音出现时，不少学生甚至"嬉笑"。但是随着对新答案的阐释，不少学生发现原来这个问题真的还藏着其他"答案"。他们开始反思自己的选择，这个过程非常有趣。不同的声音越来越多，不同的想法也越来越多。更多的学生感到这个问题真的没有他们起初想的那么简单。还继续选择平均数吗？有的学生出现了想法上的摇摆，有的则依然选择坚持。既然选择坚持，又该如何去说服自己和他人呢？其他的想法有什么不好的地方呢？他们开始寻找新的"出路"。随着辩论的逐步深入，我发现学生对平均数算法的关注渐渐淡去。令人欣喜的是，更多的孩子开始关注数据，对数据的特点进行有意义的讨论。学生能够跳出数学技能，开始亲近数据、分析数据，对平均数意义的认识也变得多元、鲜活起来了。

7.

舍得把课堂的时间还给学生：
位惠女老师阅读之悟与教学智慧

位惠女

中小学高级教师，北师大版小学数学教材编委，五年级分册主编。中原名师，河南省名师，河南省教学标兵，河南省教育教学专家，河南省教育厅学术技术带头人。被教育部教材课程基础教育发展中心聘为"义务教育新课程远程研修项目"小学数学课程团队成员。2011—2012学年参加教育部组织的内地与香港教师交流及协作计划，被评为"优秀指导教师"。2014年，经河南省教育厅批准，成立了位惠女数学名师工作室。曾荣获省优质课、示范课一等奖，承担了2项国家级、7项省级课题研究，研究成果被省教育厅评为优秀成果一等奖。发表文章百余篇。

高质量的教学要真正读懂学生

——读《读懂每一个学生：课堂评估的目的、设计、分析和使用策略》[①] 之悟

最初关注《读懂每一个学生：课堂评估的目的、设计、分析和使用策略》，源于其书名中的"读懂每一个学生"。看到书名的一瞬间我就被感动了，细细读来，发现这本书确实是一本"宝藏式"的教育评价手册。

这本书共四个部分，22 章，涉及课堂评估是什么、评什么、怎么做，其操作性和实用性极强，尤其是特别重视基于证据，看见每一位学生，帮扶每一位学生的理念，彰显了本书作者心系学生发展的教育情怀，值得我们一读再读。

本书的作者之一蔡金法老师特别关注证据在日常教学中的作用。在做新世纪小学数学杰出人才发展培养工程高级研修班学员期间，我听的最多的就是教师不能仅凭经验去判断学生是否能学会，哪个知识难，哪个知识容易，而是要基于证据来进行。另一名作者刘启蒙博士关注评价，在中国基础教育质量检测协同创新中心的绿色教育评价中起到了关键作用。两位作者都持久地关注评价，关注教育评价对师生发展的作用，强调教、学、评的一致性。这本书为教师将评价贯穿于课堂教学，如何在课堂教学中落实好新课标的理念，提供了可借鉴的范本。

一、课堂评估：有效教学的重要组成部分

说到评估，估计大多数教师的认知与我是一样的，那就是书面测验，是考

[①] 蔡金法，刘启蒙. 读懂每一个学生：课堂评估的目的、设计、分析和使用策略[M]. 上海：上海教育出版社，2022.

试。《义务教育数学课程标准（2022年版）》在"评价建议"中指出："发挥评价的育人导向作用，坚持以评促学、以评促教。"那么，该如何理解评估呢？书中引用的是"以证据为中心的评估设计"理念，认为评估是一种机制，它能够根据学生在特定环境中的言行或在特定条件下的反应，推断学生知道什么、能做什么以及完成了什么。从中不难发现，评估可以服务多重目标，如帮助诊断学生的困难、学习中的不足，检验教学目标达成的情况，衡量学生发展的水平，预测学生的学习情况等。

那么，如何区分评估、评价与考试呢？书中也给出了一些分析和解释，如评价多数指的是对学校或学校运行系统、政策或项目实施进行的有效检验。首先要有评价的指标，然后对指标进行分类，再按照分类的指标逐一落实和检查，带着比较明显的价值取向。考试更多的是通过一套试卷，以一种统一的方式达成考评的目的。评估注重的是对个体学业是否达成以及学习是否有进步所作出的判断。评估与评价最大的不同在于，评估不需要作出价值判断，主要的作用和价值是为分析学生学习提供信息和证据，辅助教师针对评估的信息作出决策。

课堂评估主要服务于学生和教师。在我看来，课堂评估除了是一种工具，还是连接学生学和教师教的一个纽带。恰当、有效的课堂评估，可以让教师更好地了解学生的学习情况、学习的优势和不足，以及该如何根据学生的学习情况及时改进教学。课堂评估不是评判一个学生，而是激励学生学习，在一定程度上也是帮助教师改善自己课堂教学的一种手段，为学生未来的学习作好准备。

书中提供了一个课堂评估的过程框架（见下图），对我们理解评估的路径有很大的帮助。

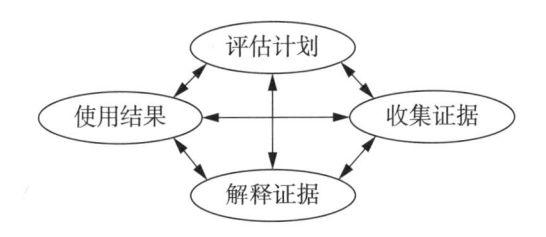

其中，评估计划是起始阶段，主要针对特定的课堂教学，制订实施评估的方案，以达成某种目的。这个目的可以是了解学生的学习情况，也可以是了解

学生的学习动机及改进教学等。

收集证据是在有了评估方案后进行的，要关注五个方面：（1）对一个新概念和任务，教师要让学生明确学习期望及达到的标准是什么；（2）使用课堂讨论、学生回答及完成学习任务所提供的信息，目的是改进和改善教学，鼓励全体学生积极参与，作为评估的证据；（3）及时对收集的数据作出判断；（4）鼓励每个学生对自己的学习负责；（5）鼓励学生也作为教学中的主体部分参与评估。

解释证据是每一位教师面临的挑战，尤其要科学、客观地进行分析。这个过程是对数据背后隐藏的教育问题、学习现象进行分析，并清晰地呈现出来。

使用结果则是对前面数据分析呈现的教育问题和学习现象等及时进行调整，改进学习方式，为学生的学习服务。

可以说，课堂评估是为了更好地促进学生学习，改进教师的教学，为学生未来的发展服务。为此，课堂评估是教学过程中的重要组成部分。

刘坚老师在绿色教育评价中，强调教师要读懂教材、读懂学生和读懂课堂。绿色教育评价与课堂评估有着异曲同工之妙，都强调教师了解学生的重要性。教师了解学生越多，越能和学生进入同呼吸、共命运的状态；越能更好地依据学生的学习基础开展教学；越能提升学生的学习兴趣，提高学生的学业质量。

针对课堂评估的不同类型，书中给出了不同的教学策略，彰显了课堂评估是有效教学的重要组成部分。如诊断性评估是开展教学的前提条件，主要目的是帮助教师了解学生可以做什么及能做什么，以便更好地开展教学活动；形成性评估是改进教学的实施依据，主要目的是服务、改进教学，为学生提供及时的反馈与帮助，激发学生在学习过程中反思；终结性评估则是教学质量的判断依据，主要目的是明确课堂教学的目标，对学生掌握的和没有掌握的作一个整体判断，对教学质量进行判断，以期更好地帮助教师改进教学。

二、课堂评估：解码教师专业成长的关键

书中第二部分是课堂评估的工具研发及评分标准，共六个章节，主要讲述了如何设计开放的评估题，如何判断评估题的质量，如何对学生的表现进行客观评估，以及对学生评估的方式。其中，反思性日记和成长记录袋的方法教师们可以直接拿来使用，这样的方法对一线教师在课堂教学中有效实施评估具有很好的借鉴和指导作用。

首先是如何设计开放的评估题目。书中认为，评估的题目要能够评价重要的内容，要关注学生的数学认知过程，要有有效的引导语。在进行开放式问题设计时，教师要明确测的是什么。例如，在设计三角形内角和的开放式题目时，教师要思考如何通过开放式问题反映学生对课程内容的理解和掌握，如让学生借助三角形内角和来判断下图中的话是否正确，并能进行解释，进一步理解三角形内角和是180°。

它们说得对吗？

我的两个锐角之和大于90°。

我的两个锐角之和正好等于90°。

同时，在设计问题时还要特别关注对学生思维的培养，而非直接给出答案。尝试让学生给出理由，鼓励学生在解题过程中表达自己的观点，尤其是通过已知去推理得到未知，这有助于教师了解学生的学业基础及思维水平，精确评价学生对数学知识的理解。

曾经在对一年级学生的过程性评价中，我们一年级教研组出了一道题：一只小兔、一只小鸡和一条鱼一共有多少条腿？当时我们认为这是一道非常好的题目，有隐含条件。但这道题在一年级中几乎没有学生答出来。后来我们对二年级和三年级的学生进行访谈时发现，学生的困难不是数学知识带来的，而是生活经验带来的。就像上面那道题，大多数学生其实不太清楚小兔、小鸡有几条腿，小鱼是否有腿。这个过程性评价给我们的教学启示是：教师应该关注数学知识的核心是什么，给学生带来认知困难的是什么；给我们的教育启示是：我们的教育该如何与学生的生活经验连接，给予学生更多的学习支持。

因此书中说问题设计要有引导语，我深表同意。恰当的引导语能帮助学生很好地理解问题，更好地调动原有的认知去解决问题，且能吸引学生参与到学习中。为此，我们需要改变一种思维——总是在学生思维的拐点设置一些障碍来考查学生，让学生在"小沟"里翻一下车，给一些警醒。其实学生需要的是支持和鼓励，教师要在思维障碍处给予帮助和提示，更好地协助学生思考问题，这样更能帮助学生成长，否则不仅不能帮助学生学习，还极有可能让学生产生自我否定，不利于学生未来的成长和发展。

《义务教育数学课程标准（2022年版）》强调让学生在真实的问题情境中提出有意义的数学问题，开展有意义的探究活动。这在一定程度上强调了问题设计的真实性。基于学生的学习基础、基于真实的问题情境设计的问题，更能激发学生的参与意识及挑战性。

什么是一道恰当的评估题目呢？作者借助三个案例表述了自己的观点，也给了我们很多启示，首要的一点就是结合学生的实际进行设计。结合真实的问题情境进行设计，符合学生思维发展的历程，能够引发学生思考不同的解题方法，能够激发学生的最好表现，符合学生的认知发展，符合大多数学生的经验和基础。这样的题目就可以说是一个好的问题。在学生完成题目后，教师可以对学生的回答进行分析，作出恰当评判，从学生的发展水平反思自己的日常教学，从而达到改进教学的目标。

书中还介绍了评估的标准及方法，尤其是通过反思性日记对学生进行评估，特别能引发我的共鸣。反思性日记是课堂评估的一种有效途径，主要是帮助学生对过去一段时间内的学习进行反思、回顾，让学生用语言表达自己的想法和学习中的困难及收获等。这种方式不仅能帮助学生对自身的学习过程进行监督和自省，也能帮助教师了解学生学习的思维、路径及情感态度等，从而针对学生的需求进行教学设计，更好地为学生发展服务。

三、课堂评估：连接核心素养发展的纽带

在考虑数学核心素养时，既要考虑人的培养目标，又要考虑数学的特质。《义务教育数学课程标准（2022年版）》提出"三会"，即会用数学的眼光观察现实世界，会用数学的思维思考现实世界，会用数学的语言表达现实世界。从中不难看出，我们希望学生拥有积极的数学情感，做一个会表达、有思维、有思想、和谐的人，凸显了人的教育目标及数学的本质。

书中从四个方面进行阐述，即数学交流、数学建模、智能计算、数学情感。作者认为，数学包括用数学语言与他人和自我的活动过程，会阅读并理解数学事实，能理解他人及各种表征呈现的有数学意义的文本，能反思、精炼、修正自我的观点，这与《义务教育数学课程标准（2022年版）》强调"会用数学的语言表达现实世界"是一致的。

关于数学建模，在《义务教育数学课程标准（2022年版）》中也有提及。书中花了大量的笔墨进行阐述，作者将数学建模能力定义为："能够在给出的现实

世界中识别问题、变量或者提出假设，然后将它们翻译成数学问题加以解决，紧接着联系现实问题解释和检验数学问题解答的有效性。"书中还强调数学建模是建立真实世界与数学世界的可逆关系，关注的是抽象出数学问题与解决现实问题的过程。同时，数学建模关注学生提出问题能力的培养，用数学去认识现实世界。

智能计算思维被很多学者关注。在教材修订的过程中，我们也尝试进行了这方面样张的设计。作者在书中特别注重智能计算思维，用了很长的篇幅来阐释自己的理解。作者认为，随着数字化进程的不断推进，智能计算思维的应用会越来越广泛，在未来，智能计算会像"阅读、写作、算术"一样普及，成为每一个合格公民的必备素质。书中第 10—12 章阐述了智能计算思维的内涵与意义，智能计算思维的课堂教学及评估，让我感触颇深。面对人工智能赋能教育，智能计算思维一定会成为数学课堂教学的常态，它与传统的教学是互补的关系，会让原来不容易理解的概念、知识，通过数学的收集、算法及程序编辑、问题分解和抽象化的过程，更好地促进学生对知识的理解和掌握。

数学情感与我们原有的情感、态度和价值观相关。有研究表明，积极的数学情感有助于学生更从容地面对数学问题带来的挑战，更加专注地进行数学活动，能很好地获得数学成就感。纵观数学界有成就的数学家和数学教育家，他们都具有积极的数学情感。《义务教育数学课程标准（2022 年版）》也非常强调这一点。我们希望学生对数学抱有积极的认同感，具有审美能力，在数学学习中保持好奇心、求知欲和惊奇感，感受数学的亲切和好玩。书中提到用"隐喻法"进行评估，我在蔡金法老师的指导下也做过一次，感觉很奇妙，因为我从学生的描述中感受到了学生学习过程中的情感（如下图），学生也经历了思维过程。

但需要注意的是，用这种方法评估学生情感态度时所获得的定量分数并不代表学生数学能力水平的高低，它只是在客观描述学生的数学情感水平。

本书第四部分是课堂评估的实践，结合案例呈现了课堂评估实践中的教学任务设计，对怎样开展基于学生思维的教学实践进行了分析与解读，对学习结果的课堂评估和为了学习的课堂评估分别进行了阐述。这一部分不仅让课堂评估落在了实处，更重要的是，为教师提供了可供借鉴的案例。这些案例不仅指出了具体可行的方法，还把课堂评估、素养发展、师生成长进行了连接，指明了教师前行努力的方向。

阅读这本书，感触颇多，本书给出了一个完整的课堂评估的方案，并用详实的案例让我们明白在日常教学中该如何做，该如何利用课堂评估促进学生的学，改进教师的教。但具体该如何做呢？我想我们要从以下三个方面下功夫：

一是教学观念的转变。教师要为学生提供学习的机会，要关注学生的思维过程，要激发学生的学习潜能，将学生从知识为本、标准答案中解放出来，成为学生学习伙伴的促进者和指导者。

二是关注学生的认知。教师要关注学生的认知基础，从学生出发设计真实的任务，在具体的教学情境中实现自己的专业发展，要基于学生的表现及时改进学与教的方式。

三是注重知行合一。课堂评估只有真实地在课堂教学中做，方能发挥其作用，知行合一，方能达到促进学生学习的最佳目的。

掩卷深思，思绪飞扬，但心中仍有一些疑问。书中对评估和评价阐述得很清楚，但我们日常的评价不仅仅指向结果，也关注学习过程，该如何进一步界定呢？这还有待进一步探讨。

教学评估的路上，与大家共享、共勉、共进！

如何撰写一个好案例

——读《基于新课程的课堂教学案例》[①] 之悟

在读《基于新课程的课堂教学案例》这本书的时候，我最大的感受是它贴近课堂，符合教师的教学实际，书中的案例仿佛就发生在自己的课堂上，具有可操作性。但是，这本书不仅仅停留在操作层面，还有理论上的指导，读起来也不晦涩，真是让我受益匪浅。

书中描述了怎样的案例是一个好案例。好案例包括以下标准：

（1）一个好案例应讲述一个故事。必须要有有趣的情节、对事件的叙述和评点。

（2）一个好案例要把注意力集中在一个中心论题上，要突出一个主题。

（3）一个好案例描述的是现实生活场景。

（4）一个好案例可以使读者有身临其境的感受，对案例所涉及的人产生移情作用。

（5）一个好案例应包括从案例反映的对象那里引述的材料，增强案例的真实感。

（6）一个好案例需要对面临的疑难问题提出解决方法。

（7）一个好案例需要有对已经作出的解决问题决策的评价。不仅要提供问题及问题解决的方法，而且要有对解决问题方法的评价。

（8）一个好案例要有一个从开始到结束的完整情节，包括有一些戏剧性的冲突。

---

① 郑金洲.基于新课程的课堂教学案例［M］.福州：福建教育出版社，2003.

（9）一个好案例的叙述要具体、特殊。

（10）一个好案例要把事件置于一个时空框架之中。

（11）一个好案例要能反映教师工作的复杂性，揭示出人物的内心世界，如态度、动机、需求等。

对于如何写案例，我原来的印象是比较模糊的，在读这些对好案例的描述时，最深的一个感受是案例要真实。在某一个案例集中，我常常读到这样的文章，大体意思是说一个学生很调皮，但在受到老师某一次教育后，就变得很棒。开始的时候，我很羡慕那些老师，同时也懊恼自己教育无方，于是我尝试模仿，却发现屡试屡败，总也不行。在这样的案例中我总有一处怎么也想不通，因为学生的教育是一个延续的过程，很难通过一件小事就能发生变化，而有一个反复的过程。正好我认识一位做案例研究的老师，跟他说了我的困惑后，他笑了，说这其实是一种文学加工，这样能凸显老师的智慧和聪颖，但是这些案例多半是不真实的，案例不真实就没有研究的价值。现在回想起来，真是这样，案例只有确保真实才有研究的价值。

那么一个相对完整的案例大致涉及几个方面呢？这本书给了一个框架：引言、背景、问题、问题的解决、反思与讨论、附录。其中，"问题的解决"是案例的主题。其实任何写作都要有一个思路，书中给出的这几方面其实就是写案例的大体思路。但是，是不是每一个案例都应有这几个方面呢？这是个值得思考的问题。个人认为，没必要对每一个案例都这样一个方面也不漏地去写，重要的是选题、案例的主题，以及问题、反思与讨论。

在案例写作中，"问题的解决"是主体，要有详尽的描述，还要有展现问题解决的过程、步骤，问题解决中出现的反复、挫折，问题解决的成效。如果当一个案例没有解决问题时，我们就要对事实记叙得详细些，要把对问题的设想和打算罗列出来，供参考和讨论用。可能经过一段时间的磨炼，这样的问题就会迎刃而解。

个人认为，案例中的反思与讨论也很重要。因为撰写案例的过程就是对自己解决问题的心路历程进行再分析的过程，同时也是梳理相关经验和教训的过程。因此，反思与讨论自身的教育、教学行为，对于提升教育智慧，形成自己解决教育、教学问题的独特艺术很重要。

在案例写作的过程中，要注意真实，要有故事情节，要让读案例的人和你同呼吸、共患难，和你一起享受苦恼和欢乐。其实，在案例写作中有很多方法和技巧。这本书最大的特点是，不仅从理论上给了我们指导，更在教学方法与技巧、教学设计与开发、课堂调控与管理、师生沟通与对话等方面给予指导，选取了具有代表性的案例来展示。老师可以通过书中的案例，帮助自己找到写作案例的视角。

在教学方法与技巧方面，这本书从不同的角度给了一些指导性案例。例如，教学如何联系学生的生活经验、如何进行个性化教学、如何在课堂上突出学生的体验等，这些都是我们在课堂上会遇到的问题，案例给了很好的解释。一个一线教师，每天都在上课，生命的历程在课堂中体现。有一个美丽的课堂，积累生命的厚重，对提升教师的生命质量很重要，写案例应该是一个描述自己课堂的很好的脚手架。在这个过程中，找到写作的视角非常重要，这个视角要有新意，要能体现自己的教育特点。书中对此作了很好的指导，让人耳目一新的同时，也有想尝试的冲动。

在教学设计与开发方面，结合不同学科的特点，书中呈现了不同的案例分析，而这些案例分析又有一个共同的特点，那就是结合学生的实际进行教学资源的开发和研究。教学设计是教师上课时的一个依据，通过这个设计，教师要把自己的所学和认知与学生进行交流和融合，然后形成具有自己特色的课堂和教学风格。这个过程需要积累，积累的过程就是记录自己所思所行的过程。不同课型如何进行教学开发，不同设计背后的教学理念是什么，这些都是需要教师思考的问题，是非常重要的课程。这本书在这方面具有指导性，值得一读。

在课堂调控与管理方面，这本书从如何促进学生参与课堂管理、如何组织课堂讨论、如何处理课堂中的突发事件等方面进行了阐述。课堂调控体现的是教师的教育智慧与计谋。面对课堂的突发事件，不同的处理方法会有不同的效果。这方面不仅需要教师有先进的教育理念，以学生发展为本，更需要教师注意积累，在积累中反思自己的教育教学行为，如哪些是适合学生发展的，哪些是阻碍学生发展的。教师在这样的反思中会很快成长起来。

在师生沟通与对话方面，书中主要描述了教师如何与学生相处，怎样走进学生的心理世界，怎样在课堂上营造师生积极互动的氛围。课堂教学是师生共同经历的一个生命历程，师生关系融洽，课堂氛围民主，会启迪学生的思维，帮助学生建立积极的课堂生活。这里不仅需要教师有智慧，更要教师具备一颗爱学生的心。书中的案例不仅能够帮助教师解决相似的问题，更对教师是一种启迪。

案例写作，对教师来说益处多多。它给教师提供了一个实施新课程、记录自己教育教学经历的机会；案例在很大程度上是教师生命历程的一种写照，闪烁着教育的光芒；案例可以促进教师更为深刻地认识自己的工作；案例可以促进教师对自身行为进行反思，提升教育教学专业水平。更重要的是，案例还促进了教师之间的交流。教师在和别人分享案例的同时，也在分享自己的经验和经历。这样的案例写作真的是在帮助教师成长。

面对案例写作，随着时间的推移，我慢慢忘记了曾经的无奈，现在，案例写作给我的课堂带来了生机与活力。在写案例的过程中，我发现每次写作都是一次心与心的交融，这里几乎融入了我所有的感情、教育感悟及对学生的爱，因此每一篇案例都是心灵对话的结晶。

这本书使我对案例有了更深的理解和感悟。怎样写好案例呢？当你在阅读的时候，反思自己的课堂，融进自己的情感，一个真实的案例就会展现在你的面前。案例完成后，与人分享时，阅读的人也会和你一起共呼吸，感受你的快乐与忧伤，这样的案例是活的案例，是心灵的写诗！

阅读这本书，一起分享书中的智慧！

借助点子图促进学生理解算理

——《两、三位数乘一位数（不进位）》教学思考

课前思考 ▶▶▶

本课主要学习两、三位数乘一位数的乘法（不进位），重点是学习用竖式计算乘法，难点是如何理解竖式乘法运算每一步的具体含义。这节课是学生第一次学习乘法的竖式计算，其与加减法竖式不同——不是相同数位上的数相乘，而是用一位数分别去乘另一个乘数的每一位，再把所得的积相加。

这节课我曾在省优质课评比时上过，当时的教学重点是借助学生多样化的算法，加强学生对乘法竖式的理解，包括理解竖式每一步的含义，期望学生能从不同的算法中找到背后共同的算理。现在回想起来，那种教学方式还是很大胆的，放手让学生借助已有的知识基础，尝试在解决问题的过程中理解算理。

七年后，当我再次执教这节课时，使用的是北师大版小学数学第四版教材。在原教材的基础上，第四版教材在鼓励算法多样化的基础上，借助直观模型点子图来帮助学生理解算理。教材中，问题 1 是结合主题情境，要求学生"在点子图上圈一圈，算一算"，回顾乘法口算的各种算法及算理，为引入乘法的竖式计算作铺垫；问题 2 是在问题 1 的基础上，呈现乘法竖式两种类型，一种是乘法竖式的展开形式，并用点子图突出竖式加法里面两个加数的意义，帮助学生理解乘法竖式计算中两个重要的计算步骤与口算的联系，即都是用一位数分别去乘另一个乘数的每一位，再把所得的积相加。在此基础上，得到乘法竖式的另一种类型——简缩形式，也就是标准形式。

面对第四版教材的处理方式，我不由地思考：教材为何会借助点子图来处理学生对竖式每一步具体含义的理解？在理解算理中，点子图的作用何在？

点子图（点阵）作为一种计算模型，相对于情境中的实物模型，具有概括性和抽象性，方便学生动手操作，可以通过圈一圈、画一画等方式完成学习任务。第四版教材在二年级学生学习乘法意义和乘法口诀时，就借助点子图帮助学生直观理解累加和递进的意义，并在三年级上册第四单元"乘与除"中学习两位数乘一位数的口算乘法时，介绍了借助点子图进行口算的方法，如在计算 12×3 时，将 12×3 的点子图平均分成两部分，用学习过的表内乘法和加法获得结果。这些学习经验为后续学生理解乘法竖式的计算道理奠定了基础。

带着这样的思考，结合学生学习情况，我确定了以下学习目标：

1. 在解决问题的过程中，探索并掌握两、三位数乘一位数（不进位）的计算方法，能正确进行计算。

2. 借助点子图这一直观模型，理解乘法竖式每一步的含义，进一步体会算法多样化。

3. 在交流各自算法的过程中，学会表达自己的想法，逐步养成认真倾听、善于思考的好习惯。

课堂实践 ▶▶▶

一、情境导入

课始，我出示了"蚂蚁做操"的情境图，鼓励学生独立观察画面，说一说情境图中有哪些数学信息，并尝试让学生根据信息提出乘法问题。

师：蚂蚁学校的小蚂蚁们在做课间操，请大家仔细观察蚂蚁做操的画面，说一说图中有哪些数学信息？

生：图中每行有12只小蚂蚁，有这样的4行。

师：说得很清楚。那么，请你根据找到的数学信息，提出一个数学问题。

生：（齐）一共有多少只小蚂蚁？

师：请同桌两人小声说一说这个问题，注意把问题描述完整。

生：每行有 12 只小蚂蚁，有 4 行，一共有多少只小蚂蚁？

师：请同桌两人再小声地把这个问题完整地说一遍，并想一想可以用什么方法来解决。

学生问题意识的养成，不是一蹴而就的。每一节数学课进行渗透，不断坚持，意识才能内化为学生自身的一种行为。所以，在与学生一起学习的过程中，我习惯让学生独立观察情境图及问题情境，鼓励他们自己发现数学信息，尝试提出问题，并能结合问题回到情境中寻找合适的条件，从中体会数学问题的完整性。这样做看似简单，其实是培养学生学会审题的重要节点，学生的问题意识也是这样慢慢养成的。

二、多样的点子图

当我将问题抛出来后，同桌两人很自觉地描述问题，并根据先前的学习经验，很快得知可以用乘法来解决问题。据此，我给学生提供了 12×4 的点子图，并提出学习要求：

1. 在点子图上圈一圈，算一算，并尝试写出自己的计算过程。
2. 独立思考后小组交流，并准备全班发言。

因为学生有利用点子图进行计算的经验，当明白了学习要求后，学生开始在点子图上圈一圈，并写出计算步骤，然后进行小组交流与分享。

师：谁先来和大家说一说是怎么算的？

生1：我是这样圈的：我把点子图从中间分成两部分，每一部分都是每行6只小蚂蚁，有4行（如下图）。我先算 $4\times 6=24$，再算 $24\times 2=48$，得出一共有48只小蚂蚁。

师：有和他的方法一样的吗？有没有问题或者要补充的？

生2：我有一个问题，24×2 是怎么算出来的？

生1：我是用 $24+24=48$ 算出来的。

生：我的方法和生1的一样，我是这样算 24×2 的：$20\times 2=40$，$4\times 2=8$，$40+8=48$，这是以前学习的口算方法。

师：非常清楚地说了自己的思路，很好。还有别的方法吗？

生2：我的圈法是把4行平均分成了两部分，每一部分都是一行有12只小蚂蚁，有2行（如下图）。我先算12×2=24，再算24×2=48，这样就得出结果了。

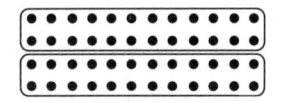

生：我想说的是生2的思路和生1是一样的，都是平均分成两部分，只是第一步不一样，但结果是一样的。

生3：我还有一种圈法呢，（边说边走到实物展台前，展示作品并讲解）我是把点子图分成6份（如下图），先算2×4=8，再算8×6=48。

师：能理解生2和生3的方法吗？

生1：我能看懂，我觉得生3的方法圈得很多，但是计算方便，用乘法口诀计算就可以了。

师：我觉得大家特别会思考问题，都能发现别人方法中的优点，并尝试学习。那么，还有别的思路吗？

生4：我有一种圈法，是把以前口算的方法和点子图联系起来。先圈10个4，再圈2个4（见下图），这样计算也比较方便，就是10×4=40，2×4=8，40+8=48。

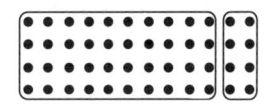

师：你们觉得生4的方法怎么样？说说自己的想法。

生：我觉得生4的方法挺好的，让我清楚了以前口算的道理。

生：生4的方法很清楚，是把12分成了10和2，再分别去乘4，和以前的表格方法是一样的。

生：我觉得圈的方法很多，都能得到48这个结果，很有趣。

……

是直接让学生口算，还是让学生在"点子图"上圈，老师们是有争议的。大家在一起备课时，觉得在点子图上圈，需要给学生时间，而直接口算只要让学生说一说，教师板书就行了，相对节约时间。但是课堂应该尊重学生对问题的理解，课堂的时间要还给学生。经过讨论，我们决定提供 12×4 的点子图，鼓励学生边圈边把自己的思路记录下来，于是就有了上面学生发出的感慨，觉得计算好玩了，数学很有趣。这不正是我们所追求的吗？

在"点子图"上圈算，需要老师有给学生留时间的勇气，老师们要重视，因为这是学生理解乘法算理的抓手，是一个有效模型。交流时，我比较关注学生对每种圈法的合理解释，及所列算式与点子图中相应部分的对应，特别是引发了大家讨论的生4的圈法（也是教材中呈现的第三种圈法），为后续学生学习乘法埋下了伏笔。在此过程中，学生能进一步体会算法的多样化。

三、让道理看得见

在学生能清楚地解释和理解圈点子图的各种方法后，针对班级学生的实际情况，我尝试让学生自己列竖式计算，并解释自己的乘法竖式。

学生大致使用了以下三种方法。

方法①：
```
  12
  12
  12
+ 12
----
  48
```

方法②：
```
   12
 ×  4
----
    8
   40
----
   48
```

方法③：
```
   12
 ×  4
----
   48
```

根据学生使用的三种方法，我们逐一进行了交流。

师：请用方法①计算的同学说说自己的想法。

生5：我是4个12相加得来的，因为每行有12只小蚂蚁，有4行，我就列了一个加法竖式。

生6：我想问一个问题，今天是学习乘法，你怎么用加法竖式来写呢？

生5：计算 12×4 时，我想的就是4个12相加。

师：谢谢生6的问题，为大家提供了另一个思路，我们可以把生5的竖式修改为乘法竖式吗？

生：我觉得可以，修改后就是方法③。

生：我觉得也是，把4个12相加修改为 12×4，也就是方法③。

当生6的问题一出来，教室里就开始窃窃私语了。如何把加法竖式修改为乘法竖式呢？我没有直接进行讲解，而是引导学生讨论，并尝试放手让学生利用数学直觉去判断。从直觉上，不少学生觉得应该是方法③，因为后续的讨论中会交流方法③每一步的含义，所以这里就没有留太多的时间，而是暂时放缓学生思考的步伐，开始组织学生交流方法②。

师：非常好的修改思路，到方法③的时候我们再一起讨论，下面我们请用方法②计算的同学讲讲自己的想法。

生：我是这样想的，在用竖式计算的时候，我想的是以前学习过的乘法口算，先用4乘2得到8，再用10乘4得40，把这两部分加起来就是48。

生：我觉得他的方法与前面生4的方法是一样的。

生：我觉得方法是一样的，就是一个是圈点子，一个是用竖式。

（其他学生点头表示同意。）

在交流讨论中，学生能自觉地把竖式与前面的点子图联系起来，这是一个比较好地借助点子图理解乘法算理的契机。于是，我抛出一个问题："谁能结合生4的方法，说说刚刚这位同学（竖式计算方法②）每一步计算表示什么？"当问题出来后，教室里有片刻的安静，慢慢地，有学生小声交流，不一会儿就有人举手，我们借助实物展台展示作品，开始了交流。

师：谁来说说自己的想法？

生：（手指方法②）我觉得这里的8就是2×4，指的就是圈起来的8个点子，40指的是10×4，就是圈起来的40个点子，再把两部分合起来就是48。

师：说得非常清楚。还有补充吗？

生：开始的时候我不太清楚竖式中的8和40是怎么来的，他一讲，我就明白了。

在学生交流时，为了促进学生的理解，我逐步出示了教材中问题2的每一幅图，并让学生回顾表格的计算方法，尝试让学生体会乘法竖式、点子图、表格方法之间的内在联系，理解8、40、48的含义。

师：请结合下图，同桌两人小声说说竖式中每一步的意思，然后我们进行全班交流。

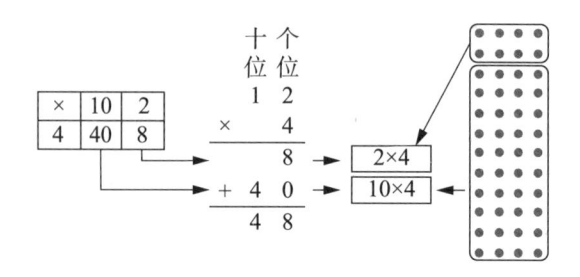

生：8指的就是圈起来的8个点子，也就是表格中的2×4，所以8写在个位上。

生：40指的是4个10，点子图中圈起来的40个点子，就是表格中的10×4，写在第二层，这样就保证相同数位对齐了，最后把8和40加起来是48。

生：我觉得这三种方法是一样的，就是把12分成了10和2，分别去和4乘，再把每次得到的结果相加，就是最后的结果48。

至此，学生已清晰理解乘法竖式中每一步的含义，方法③的写法也就呼之欲出了。

师：请用方法③的同学说说自己的想法。

生：我是把方法②中间相加的部分省去了，也是表示一样的意思。这里的8指的就是2×4，表示点子图中的8个点子，所以写在个位上。

生：（迫不及待）你这个竖式中怎么没有40？4表示什么意思？

生：这里的4是写在十位上，表示的就是4个10，也是点子图中圈起来的40个点子。

（学生点头表示理解。）

结合学生的讨论，我向学生说明了一般乘法竖式的简写形式，并结合前面的学习过程，再次让学生理解8为什么写在个位，表示什么；4为什么写在十位，表示什么。然后带领学生独立书写乘法竖式。同时，我又带领学生练习了如32×3这样的式题，进一步巩固乘法竖式的计算方法。

师：大家的讨论特别好，思路很清晰，你们有什么学习体会？

生：我觉得点子图特别好，让我能看到计算的道理。

生：我觉得方法③比较好，比方法②简单。

生：我觉得乘法计算变得简单了。

在比较、分析、交流中逐步理解乘法计算的算理，并从中体会学习数学的乐趣，这种学习经验和体会对学生而言非常重要，为他们积累了学习数学的勇气和力量，使他们对数学学习有了兴趣。

接下来，我们一起研究了教材中的问题3，让学生独立试做213×3，学生使用了以下几种方法：

1. 口算方法：200×3=600，10×3=30，3×3=9，600+30+9=639。

2. 列表方法：

×	200	10	3
3	600	30	9

600+30+9=639

3. 乘法竖式：

$$\begin{array}{r} 213 \\ \times3 \\ \hline 639 \end{array}$$

我带领学生一起讨论了这几种方法，帮助学生理解每种计算方法的道理。全班总结用竖式计算乘法时需要注意的事项，在此基础上，完成教材中的练习，加深学生对乘法算理的理解，进一步巩固乘法竖式计算方法。

课后思考 ▶▶▶

这节课是学生学习乘法竖式的第一节课，后续学生还要研究两位数、三位数乘一位数的一次进位及连续进位的乘法计算。有了这节课作基础，后续的学习就变得比较容易了，学生只用一个课时就完成了两个课时的学习任务，在综合运用乘法解决实际问题的过程中也比较轻松。

我想，这可能就是所谓的关键课上要舍得下功夫吧！这样的课抓住核心问题进行讨论与研究，舍得把课堂的时间还给学生，让学生的学习有单元化的意识，逐步提高数学思维能力。此外，在促进学生学业发展的同时，教师的专业素养也有所提升，真正实现了教学相长。

8.

点燃热情,让学生在探究中学习:
吴嫦云老师阅读之悟和教学智慧

吴嫦云

福建省特级教师，正高级教师，福建省教学名师、学科带头人，厦门市翔安区教师进修学校附属小学教师。福建教育学院讲学团成员，厦门市吴嫦云名师工作室领衔人，厦门市引进C类人才。致力于小学数学教育教学研究34年，践行"趣智课堂"的教学主张。主动承担市级及以上公开课、讲座30多场，积极传播教学主张和教育心得，指导教师十多人次在区级以上获奖，十多人次成为市、县名师及市学科带头人、骨干教师。先后主持四个省级、两个市级课题，在专业期刊上发表论文20多篇，出版个人专著《走向幸福的趣智数学课堂》，主编《小学数学趣智课堂的创造》。

名师阅读之悟

辛勤耕种，拈花微笑

——读《教师职业幸福的秘密》[①] 之悟

盛夏七月，待在宁静的小家，捧读《教师职业幸福的秘密》一书，吸取杨斌老师的真知灼见，收获多多，也思考深深。这本书直击我的内心，引起了我的诸多共鸣：教育的魅力何在？教师职业幸福的源泉何在？穿梭岁月，走近历史，聆听大师对教育的诠释，缅怀前贤的师表风范，我顿然明白：热爱源于理解，卓越因为执着。幸福，原来可以和教师职业如影相随。教师的劳动虽然琐碎而辛苦，却不是单向的奉献和付出，这种劳动的回馈丰厚而绵长。

"相信种子，相信岁月。"这是一群教育人的信念。种子告诉我们，必须让自己饱满，才有破土而出的机会；岁月告诉我们，穿越需要时间，花开需要等待。职业的历练，其实就是生命的成长！我们不要步履匆匆去赴一场盛宴，一切都是过程，都在路上。倘若老师能在成就孩子的同时，也能通过自觉、内化的行动，提升事业境界和人生品位，成就自己，岂不更加完美！所以，我一直有一个朴素的生命追求：在阅读中明道，在耕耘中养生，过一种简单而幸福的教育生活。

一、读所以明道

"腹有诗书气自华。"虽然是数学老师，但在保持专业发展的同时，我们同样可以喜欢苏格拉底、海明威、徐志摩、舒婷……通过这样的阅读，清新明丽、美韵常在！这种读书的功用自不必说，更重要的是，在阅读中，我们可以静心，

[①] 杨斌. 教师职业幸福的秘密 [M]. 上海：华东师范大学出版社，2012.

可以独处，可以深思，乃至明道！金庸常说："只要有书读，做人就幸福。"我说："书籍是女人最好的美容品。"正是在长期的阅读中，我才能有一个平淡、平静、平和的心态。"夫唯不争，故天下莫能与之争。"我知道，生命的意义，在于在蜿蜒的小路上开辟通向明天的坦途，在于在朔风呜呜吹过的荒漠上植下一片浓郁的绿荫，在于在波涛跌宕的浪尖上点燃永不熄灭的航标灯。

从初为人师，到学科骨干，到市、省级学科教学带头人，市、省级名师，再到特级教师，一路走来，读书始终与我相伴。其间，我阅读过专业书籍，也有喜欢的文学作品，还有形而上的理论著述。读书、思考和写作的过程并不轻松，有灵光乍现、兴奋不已的时候，但更多的时候近乎"案牍劳形"，痛苦与疲惫相交。我曾经以为，人生的某一个阶段只是一个过渡，是为了到达另一个阶段。然而在阅读中，我发觉人生的哪一个阶段不是过渡呢？我不禁恍然，原来人生的每一个阶段都值得我们去珍惜，因为每一个我正在过着的日子，才是最真实的生活。读书，悟道，淡泊明志，宁静致远，我在平凡的教育岗位上坚守着宁静的心田，不断地追求高远的境界！

二、耕所以养生

作为教师，我们的"专业发展"实在是无法穷尽的征途。更何况，身处不断发展变化的信息时代，教师还面临着更多的挑战。加之，我们面对的对象是活生生的人，他们是"一个置身于不断发展过程中的生命体。在生命的每一时刻，他都正在成为却永远尚未成为他能够成为的那个人"。所以，教师应该成为一名农夫，而不是一位工业者。面对这样的生命体，教师需要信任，需要宽容，需要耐心，需要期待，需要守望。要通过虔诚负责的"播种"，去唤醒心灵，塑造灵魂。

有这样一个故事：三个工人在砌一堵墙。有人过来问："你们在干什么？"第一个人没好气地说："没看见吗？砌墙。"第二个人抬头笑了笑，说："我们在盖一幢高楼。"第三个人边干活边哼着歌曲，他的笑容很灿烂："我们正在建设一个新城市。"十年后，第一个人在另一个工地上砌墙；第二个人坐在办公室中画图纸，成了一名工程师；第三个人成了前两个人的老板。

这个故事告诉我们一个浅显而又实用的道理：面对同一个环境，不同的工作心态会造就不同的未来。细细想来，我们要将人生大部分时间献给工作，如果不把工作当成一件快乐的事情，不去从工作中寻找快乐，那我们的一生岂不是注定要悲哀地度过？其实工作带给我们的不仅仅是收入和为谋生而不得不进行的劳动，它带给我们的要多得多。做一颗饱满的种子，土壤中的微生物就会知道你，会感受到你的丰满和润泽，感受到你的质感，感受到你挺立向上的姿态。而这种丰满和润泽、质感和挺立，会影响你自身的工作、精神，乃至生命状态，或者说，决定你的职业幸福感。

基于此，作为数学老师的我们，先要解决数学让孩子学什么、老师教什么的问题。有人说，学好数学，考出好成绩，上一所好大学，就能有一个比较好的工作，改变自己的命运。是的，在基础教育领域，数学是一门重要学科。但考场上的数学与生活中的数学大不一样！"考场状元"不等同于"职场状元"！孩子辛辛苦苦学数学，最终目的是什么？毫无疑问，学习有用的数学。学习有用的数学还需要有趣来支撑。有用的数学与有趣的数学就是为孩子一生奠基的数学基础。

对于"老师教什么"的问题，有人说，教"教材"不就得了吗？不！课改追求的理念是"用教材教"。我们要把握教材、吃透教材、激活教材、重组教材、拓展教材……"教什么？"当然应该教给孩子能够带得走的、相伴终生且能发挥作用的看不见摸不着的能力。这似乎可以归结成两个词：思维与创新。可以说，数学使人聪明，聪明的人善于思考，而善于思考的人的思维与创新能力会比较强。数学思维与创新能力强的人在遇到困难时，能用数学的眼光审视问题，能想出办法破解难题。所以，数学老师完全可以借助数学这个学科，引导学生去感悟世界的奥秘，而不是仅仅传授数学知识。我们必须带着我们所了解的数学世界，而不只是一种数学教材走近学生。也只有这样，我们才会感受到数学教学的生动与多样，孩子的数学学习、数学思考也才能丰富多样。在数学学习中，师生双方均体验着无穷奥妙、无尽乐趣。我想，数学的好玩、有趣，也就在于此。

由此，我们可以冷静地思考一下，我们当老师的快乐真的远去了吗？其实，这份快乐并未远离！每个教师在成长过程中，都有许多艰辛，却也收获了不少欢乐。回顾自己的教书生活，在不断与学生沟通、不断调整自我预期目标与教育教学方法后，我发现自己与孩子们越来越近了。许多时候，我似乎听到了他们内心跳动的声音，那么热烈，那么纯粹。他们需要我的引领，需要与我成为朋友，更需要与我分享所有的知识和智慧。我在分享学生成功的喜悦时，他们也给我信心，给我力量，给我希望。这样的人生方式，不失为一种养生之道。

"耕所以养生，读所以明道。""渔樵耕读"乃农耕社会之四业，今天，它们已然成为现代人向往的诗意田园、淡泊自如的人生境界。在喧闹的日子里，阅尽人间繁华，不妨收拾好心情，在灯下夜读，在读中思索，在工作中寻求快乐，任时光在指间悄悄流淌，这是何等的闲适与惬意！师者如我，能在喧嚣的人群中，辟有一方陋室，在纯真的心灵原野，忙碌而又惬意地耕种着，然后，望着生机勃勃的田园，微微闭眼，拈花微笑！

如我师者，不妨将此作为幸福之道。

他点燃孩子学习热情的火种

——读《罗恩老师的奇迹教育》[①] 之悟

看过影片《热血教师》的人,大都不会忘记这样一个情节:课堂上,30 罐牛奶放在桌子上。罗恩老师跟学生约定,如果能集中听课 15 秒钟,他就喝下一罐。自此,学生开始认真听课。他说:"为了学生我愿意这样去做。"以罗恩·克拉克为原型的电影《热血教师》讲述的是他在纽约哈莱姆区学校的执教经历。罗恩·克拉克是闻名世界的美国明星教师,曾三次受克林顿之邀作客白宫,感动万千父母与教师。他出版了畅销书《优秀是教出来的——创造教育奇迹的 55 个细节》等,用稿费建了一所不同寻常的学校——罗恩·克拉克学校。他希望为全美国乃至世界教育提供一份范本。如今这所学校是全世界孩子和父母梦寐以求的学习胜地,也成为全世界教师的进修圣地。

我借鉴罗恩老师的一些教育方法,以及自己平时的一些感悟,与对孩子寄予厚望的家长和老师们分享。罗恩老师对孩子近乎严苛的课业要求和那些看似不可能完成的学习任务,让父母、同行大呼不可思议,却奇迹般地催生出孩子们的无限可能,那些看似无厘头的教育实践,恰恰是点燃孩子们学习热情的火种。它让我们清醒地认识到:好的教育其实没有国界。我们无力改变教育环境,却能像罗恩老师那样与身边的孩子一起创造奇迹。

一、最特别的"开学日"

每年被克拉克学校录取的孩子都会收到一封特别的信件,信封里面装着一

[①] 罗恩·克拉克. 罗恩老师的奇迹教育[M]. 李文英,等译. 北京:中信出版社,2012.

张闪亮的金色门票——入学通知书。信是这样写的：

　　罗恩·克拉克学校向你——这幸运的金色门票接收者致以亲切的问候！你将会看到，恭喜之声不断传来！你已经被接收为学校的学生！太棒了！奇特惊人、不可思议的事情正等待着你。在每一个转折处都有无数的精彩发现，你的神奇旅程将会开启！

　　还有，请一定携带这张门票前来，这是你开始一生教育旅程的入场券。

　　第一印象太重要了，它往往会深刻而长久地留在人们的记忆里，所以，每次接新班我都独巨匠心地上好第一课，给师生彼此留下美好的第一印象。"同学们对数学课毫无兴趣，有的连作业都不完成，尤其是小 S……"我曾接一个五年级的班，原班老师如是说，言语间露出许多无奈。我开始思考如何给孩子们留下美好的第一印象。开学了，同学们走进教室，发现黑板上除了许多不同形状的几何图形有序地排列着，还有许多有趣的问题："别小看它——小数点。""你知道阿基米德检验金冠的故事吗？"……讲台上摆满了大大小小的立体模型，胖胖的圆柱、尖尖的圆锥……四周挂满了纸条："车轮为什么要制成圆的？""你能把字母变成数字吗？"……我微笑着迎接每一位同学的到来。还没上课，同学们就七嘴八舌地议论开了，饶有兴趣地猜测着，胆大的同学干脆从讲台上取走长方体纸盒向同学们介绍起来。有两位同学竟然为"车轮为什么要制成圆的"而争辩起来。上课了，我看大家已进入状态，便开始了演讲："过去一提起数学，你们马上就联想到艰苦的思索、繁难的演算、复杂的逻辑推理和没完没了的算式。今天的数学课你们亲眼看到和感受到了数学中包含这么多丰富而有趣的内容。刚才同学们说的、想的、做的，都没离开两个字——数学。数学就像一个充满智慧的王国，我愿意和同学们手牵手一起走进这个五彩缤纷的乐园。我相信每个同学只要勤于动脑、积极思考、大胆参与，都会在数学学习的道路上有所进步。如果以前由于这样或那样的原因，同学们对数学的学习还没有入门，没关系，今天你们长大了，我相信在座的每一位同学都能比过去做得更好。"从同学们闪亮的目光中，我感受到他们学习的兴趣已被激起。这个班的学生正是从那一刻起跃入了数学的乐园，开始了艰辛但有趣的探索。让原班老师头疼的小 S 也逐渐喜欢上了数学，并以 95 分的优秀数学成绩升入中学。多年以后，他仍然对那节数学课记忆犹新："我是一个提起数学就头疼的人，但从吴老师接班的第一节课开始就喜欢上了数学，从此数学就像有吸引力一样把我紧紧地吸住了。"

二、让孩子相信自己，别摧毁他们的梦想

作为老师，我们应该激发孩子树立远大的梦想，并且让他们知道我们相信他们能梦想成真。罗恩先生很喜欢听孩子跟他说想成为美国总统。尽管他知道，任何一个孩子将来当上总统的可能性都微乎其微，但这并不重要。正由于我们无法确定将来走上这一职位的是哪个孩子，所以我们要让每个孩子都对此作好准备。作为妈妈，我很喜欢听这个故事：第一个登上月球的宇航员阿姆斯特朗的母亲从小就十分尊重他的理想，懂得呵护孩子纯真、富于幻想的心。有一次正准备开饭时下起了大雨，穿着新衣的小阿姆斯特朗突然跑到外面疯玩起来，转眼间新衣服就沾满了泥巴。他边跳边开心地对妈妈说："妈妈，我要到月球上去。"妈妈笑着说："好啊，只是你别忘了从月球上回来，回家吃晚饭！"当阿姆斯特朗从月球返回地球的那一刻，记者采访他："此时此刻你最想说的话是什么？"阿姆斯特朗似乎想起了当年那个调皮的小男孩，回答道："我想对妈妈说，我从月球上回来了，我想回家吃晚饭！"阿姆斯特朗儿时的梦想变成了现实，与他有这样一位智慧的母亲是分不开的。

三、走进孩子的生活

使孩子用功和表现出敬意的关键是与他们建立正确的关系，可以从以下几方面入手。

1. 向孩子们表达关心。

我曾与很多看似问题丛生的孩子相处过，一旦外在的隔阂被打破，我总会发现，他们本质上都充满激情，富有天赋。与孩子们建立并增进友好关系的方法之一就是给予他们特别待遇，比如我们带孩子出去看电影、春秋游，甚至去实践基地一起生活，这些都是相互了解的最佳机会。

2. 和家长搭一座信任之桥。

我们要和家长分享孩子们做过的好事，向家长们伸出友谊之手，并让他们知道，我们很尊重他们，非常感谢他们在教育孩子方面所做的努力。如果能够营造一种有利于孩子成长的氛围，这种氛围带来的影响将极为深远。

3. 读些孩子喜欢的书。

作为老师和家长，我们应该确保自己了解我们教育和养育的对象，并且要通过他们热爱的东西来与他们建立更加亲密的关系。比如，有孩子喜欢马小

跳，老师和家长就可以看一些杨红樱的作品，来了解孩子。

4. 参加孩子喜欢的活动。

老师和家长有机会的话一定要参加孩子喜欢的活动，如运动、唱歌、画画……也可以带上孩子参加一些适合他的活动，这将成为孩子学习的一次机会。要让孩子养成分享他从课堂上学到的东西的习惯，这对他的人生之路将有极大帮助。

5. 尽可能多地对孩子微笑。

如果孩子认为你乐于见到他们，喜欢跟他们在一起，那他们会更喜欢你，并且会很快以微笑回报。有时候，这种师生关系的付出，对之后引导孩子们获得学业成功来说是必要的前提。

四、要让孩子在你身上看到学习热情

1. 把你希望在孩子们身上看到的那种学习热情，亲自展示出来。

让孩子爱上学习的最佳方法就是，把你希望在孩子们身上看到的那种学习热情和激情，亲自展示出来。当孩子想要知道"天空为什么是蓝的"时，你就该表现出浓厚的兴趣和好奇心，并且调动一切可利用的资源，和孩子一起找出问题的答案。如果孩子问一个问题，而你对答案也不确定，请不要撒谎。没有人是全能的，我们真正应该教给孩子的是让他们知道，真正的天才是那种能够自如地解决自己所面临的问题的人。

2. 要让孩子们看到你是一个终身学习者，对知识有着无限的渴求。

我们必须以强烈的求知欲不断地探索人生，以身作则地让孩子们明白终身学习意味着什么。教育孩子时，请闭上嘴，抬起腿，走你的人生路，演示给孩子看。这就是我们常说的行胜于教。郑渊洁曾经这样说："我原来也不是'郑渊洁'，生儿子时是工人。那时我就想，为了教育他，我要奋斗一回演示给孩子看，让他目睹父亲如何把一贫如洗的家通过正当劳动变得富有。"

3. 高期望带来不可思议的进步。

如果你想从别人那里得到你自己所期望的东西，寄予的期望越高，效果就越好。以最高标准的教学内容要求孩子并绝不降低期望，这种做法造福了每个孩子。回首自己的教学生涯，我发现，在教育孩子上获得的一点点成功在很大程度上得益于这一信念，即教出最优秀的孩子，绝不降低期望。

4. 孩子会努力成为你所期望的样子。

当孩子做出一个你认同的行为，如主动为你开门或在超市帮你拿东西，记得对他说："我总能指望你来做这件事。"当孩子在早晨对着我微笑或乐呵呵地打招呼时，我总会说："你的招呼声总是令我一大早就觉得很精神。"我们一定要看到孩子们身上的闪光点，不要在脑海里给孩子贴上任何负面标签。就像英国教育学家洛克说的："父母越不宣扬子女的过错，则子女对自己的名誉就越看重，因而会更小心地维护别人对自己的好评。若父母当众宣布他们的过失，使他们无地自容，他们越觉得自己的名誉已受到打击，维护自己名誉的心思也就越淡薄。"

5. 尽情向孩子们展示生活中快乐的一面。

我们要向孩子们展示生活中快乐的一面，这一点无论怎么强调都不为过。永远不要低估创造适当的环境和创设美好氛围的价值，它们会鼓舞我们的孩子去学习。我们一直保持着积极和幸福的状态，孩子们就能汲取我们所表现出来的正面活力，他们也会变得更加快乐。

罗恩老师致力于寻找使课程有趣的方法，使课堂活力四射并气氛高涨。复制克拉克学校对我们来说不现实，那也不是我们的使命。我们可以以全新的、创新性的方式来教育孩子，我们复制的是罗恩老师的理念，而不是他的整个模式。

研图"趣"来，融合"智"远

——《梯形的面积》单元整合课的实践与思考

课前思考

本课的教学内容为"梯形的面积"。在教学之前，我对相关内容的编排有以下两方面思考：

1. 本节课应基于任务驱动设计学习路径，让学生感受问题解决之趣。

本节课可由四个任务依次驱动，构成"前测—交流—总结—猜想—证明—拓展"的学习路径。一是研究直角梯形的面积，从学生的前测作品中产生。不少学生能独立用自己的经验和方法将直角梯形转化为长方形来计算面积，教学时可基于学生立场反映认知起点，唤起学生交流和探究的欲望。二是证明直角梯形面积公式对一般梯形也适用，由特殊到一般，让学生在猜想后自主进行证明并分享。三是推导三角形、平行四边形的面积。利用几何画板动态演示梯形变化过程，以梯形面积为知识结，体会梯形面积公式也可以计算、推导三角形和平行四边形的面积。四是计算等高的三种图形的面积，进一步检验梯形与三角形、平行四边形面积公式的关系。四个任务应环环相扣，不断利用已知推动未知，使未知变为已知，最终验证结论。学生经历了"直角梯形——一般梯形——三角形和平行四边形"的思维探究过程，在获得知识的同时，感悟探索数学结论的方法。学生自主探究、勤于思考、乐于分享，获得"柳暗花明又一村"的喜悦和继续学习的志趣。

2. 本节课应聚焦单元内核进行有机整合，发展思维结构之智。

"梯形的面积"是人教版小学数学教材"多边形的面积"单元中的内容。该单元主要的数学思想为转化，安排了平行四边形转化为长方形以及三角形和梯形均利用双拼法转化成平行四边形来推导面积公式的内容，即以长方形为源头，平行四边形为中转，三角形和梯形为流域。在学生已经有一定的图形转化活动经验的情况下，这节课能否整合更多的思想和素养呢？本节课可将"转化"这一单元内核作为基础，在"前测"中收集多种将直角梯形转化为长方形求面积的方法的案例，在合作交流中研究出直角梯形的面积公式，发展几何直观；接着让学生猜想这个面积公式对一般梯形是否也适用并进行证明，再次使用转化思想并经历数学结论的产生过程，渗透推理意识；最后则将梯形的面积公式作为知识中转去推出三角形和平行四边形的面积公式，经历梯形从特殊到一般再到特殊的动态变化过程，进一步发展学生的几何直观、空间观念和推理意识。

课堂实践 ▶▶▶

一、前测驱动，定位思维起点

1. 前测练习：在方格图中画一个你最喜欢的梯形，求出它的面积。把你的想法在图上画一画。（学生课前完成前测作业并上交）

2. 收集信息：重点收集直角梯形的转化作品（如下图所示）。

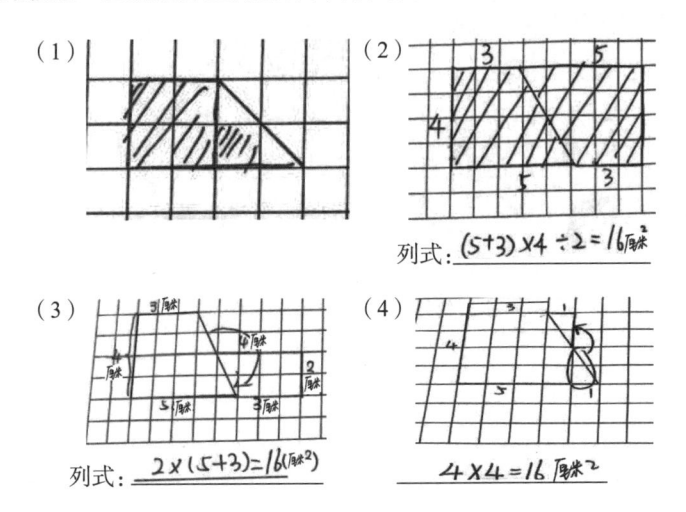

（1）

（2） 列式：(5+3)×4÷2=16厘米²

（3） 列式：2×(5+3)=16(厘米²)

（4） 4×4=16厘米²

3. 将上述四幅作品拍照、扫描并打印出来，形成展示单。

设计意图

受前面知识学习的影响,学生已经具有一定的图形转化经验,能独立想办法把直角梯形转化为长方形求面积。前测作品不仅为课堂教学提供了学生知识与认知背景,而且激发了学生的学习兴趣。

二、交流碰撞,丰盈思维结构

1. 出示前测展示单。

(1) 独立思考,你能看懂几幅作品?

(2) 和同桌说一说,作者是怎么想的?

学生观察前测展示单中的图形和方法,思考它们分别是怎么计算直角梯形的面积的,并列出算式的含义。

2. 交流分享。在交流和思考中,教师让学生厘清展示单中三种方法转化前后的等量关系和算式计算的含义,引导学生总结后三种方法的三个公式:

(1) (上底+下底) × 高 ÷ 2。

(2) (上底+下底) × (高 ÷ 2)。

(3) (上底+下底) ÷ 2 × 高。

3. 总结三种方法的相同点。

(1) 提问:观察示意图,这三种方法有什么共同点?

预设:这三种方法都是把直角梯形转化成长方形。

(2) 提问:这三个公式真的不一样吗?

预设:公式是一样的,改变运算顺序后就可以变成相同公式,运算结果不变。

4. 小结:经研究,直角梯形的面积公式可以用"(上底+下底) × 高 ÷ 2"来计算。

设计意图

本环节通过观察、思考、交流四幅作品,让学生理解如何将直角梯形转化为长方形并化归出一个公式,积累思维活动经验,发展几何直观和推理意识。同时,为进一步验证这一公式对所有梯形适用作铺垫。

三、验证猜想，完善思维成果

1. 引导猜想：是不是所有梯形的面积都可以用"（上底＋下底）× 高 ÷ 2"这个公式来计算？

2. 动手操作，验证猜想。

出示任务单：

1. 我来画：上底（　　　）厘米，下底（　　　）厘米，高是（　　　）厘米的梯形。

假设每个小正方形的面积是1厘米^2

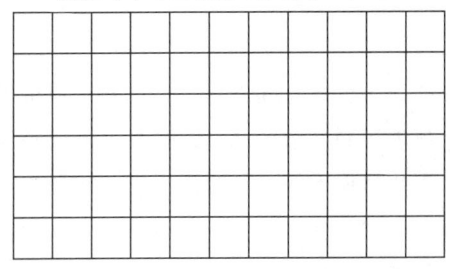

2. 我来算：它的面积是 _____。（根据公式写算式）

3. 我来证：列式 _____。（把方格图中的梯形用转化、割补等方法，计算出它的面积。）

4. 我发现两次结果 _____。（填"相等"或"不相等"）

3. 挑选典型作品（等腰梯形和一般梯形）的验证过程进行展示，引导学生通过合作交流和思考理解验证过程。

4. 小结："（上底＋下底）× 高 ÷ 2"这个公式适用于所有梯形。

设计意图

"（上底＋下底）× 高 ÷ 2"可以计算直角梯形的面积，自然引发学生的猜想：这个公式适用所有梯形吗？任务单要求学生画梯形并通过公式法和割补、转化等方法去求面积。只要运用公式和运用其他方法计算出的面积相等，即可说明这个公式同样适用所有梯形。有猜想就进一步引导学生自行去验证，从而得到结论，深化了探索数学结论的方法。

四、有机融合，扩宽思维广度

运用几何画板出示一个梯形，推导三角形、平行四边形面积公式。（动态演示：拖动上底不断变化，呈现多组数据。）根据数据求面积，但只列式不计算。

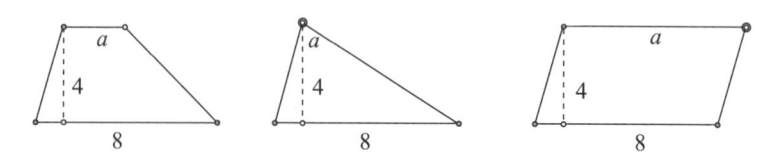

设计意图

本环节以梯形的面积公式为知识结，通过直观演示梯形上底的动态变化，让学生明白上底缩短到 0 就变成了三角形，延长到和下底一样长就变成了平行四边形，强化对图形要素与要素之间、图形与图形之间联系的认识，增强几何直观。同时，在运算中推导出三角形和平行四边形的面积公式，进一步发展运算能力和推理意识。

五、精致练习，延展思维深度

先设法求出下面三个图形的面积，再比较它们的面积。你发现了什么？

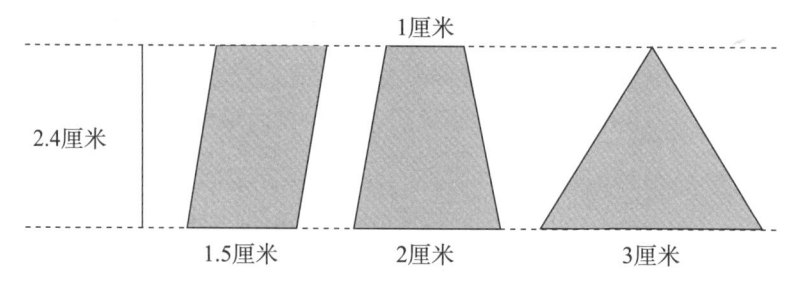

设计意图

练习环节设置了等高的平行四边形、三角形和梯形的面积计算。通过计算，学生会发现三者面积相等，教师再启发引导学生认识到这是"上底＋下底"相等的缘故。在巩固三个图形面积公式的同时，拓展面积公式之间的联系。

9.

走向充满教育智慧的人生：
冯玉新老师阅读之悟与教学智慧

冯玉新

福建省特级教师，中小学高级教师，现任教于福建省厦门市乌石浦小学。福建省优秀青年教师，福建省小学数学学科教学带头人，厦门市湖里区第二届名师工作室领衔人，先后担任宁德师范学院、泉州师范学院兼职教授。执教的多节研讨课在省、市、区获奖，其中《圆的认识》由中央电化教育馆、电化教育电子音像出版社出版。开设省、市、区级讲座30多场。主持或作为核心成员参与研究省、市级课题8项，基础教育研究成果获省级特等奖、国家级二等奖。在《福建教育》等刊物上发表论文20多篇。

名师阅读之悟

用理性的眼光审视新课程改革

——读《国际视角下的小学数学教育》[①] 之悟

犀利、深刻，这是最初从教育期刊上读到郑毓信教授文章的感受，一句话就能说到一线教师的心坎上。他的每一篇文章都犹如一只无形的大手拨开了我心中的重重迷雾，让我豁然开朗。于是我开始读他的专著，读《国际视角下的小学数学教育》。正如作者所说，"放眼世界，立足本土；注重理念，聚焦改革"是本书的基本立场。而我更多的感受是在历经十多年课程改革理念的洗礼后，我们依旧挣扎在理念与现实的夹缝中，缓慢前行。读完这本书，我似乎找到了前进的方向，终于可以理直气壮地用理性的眼光审视新课程改革。

一、"三维目标"与知识技能的教学

面对各类展示课、观摩课，我们都有这样一种感受：听起来，心潮澎湃；用起来，万般无奈。我们都知道这样的课很多中看不中用，学生上完课往往不能很好地掌握基础知识和基本技能。这时我们将更多的批评指向授课的老师，认为他们摆花架子，但我们却没有想过，他们也许只是在无奈地迎合课程改革的一些理念，如果他们的课回归日常的教学，我们又会批评他们的课缺少创意，缺少新理念。我曾听过一位名师在一次全国研讨课上执教《用字母表示数》，他借助几支粉笔让学生探讨一个问题：为什么要用字母表示数？诠释了他所认为的情智的课堂：情指饱含着浓浓的情感去关爱学生，充满着情境，要有情趣；

[①] 郑毓信. 国际视角下的小学数学教育[M]. 北京：人民教育出版社，2004.

智指动手、动脑、动心，生成智慧、拥有智慧。我并不反对情智课堂的合理性，相反，它值得我们提倡和追求。但问题是，这节课结束后学生基本不会用字母表示数，更不会对含有字母的乘法式子进行简写。连基本的作业都不会完成，这样的课堂是有效的吗？《中国教育报》在 2009 年 1 月 9 日发表了李红婷教授的《强化计算训练就背离新课程理念吗？》一文，引发了一场关于计算教学改革方向的争论——计算教学要不要进行必要的训练。这场争论至今没有定论。面对这些尴尬和争论，我们该如何正确看待和处理"三维目标"与知识技能教学之间的关系？郑毓信教授在书中这样写道："尽管我们应当充分肯定'培养学生情感、态度与价值观'的重要性，但这并不意味着我们必须降低前一方面的要求来作为必要的代价，毋宁说，后一方面的进步可以、而且应当促进学生对于数学基本知识与技能的学习。"我们应该重新审视我们的教学行为，在落实"三维目标"的同时，加强对基础知识与技能的教学，促进学生的全面发展。

二、学习兴趣与学习意志力的培养

数学课程改革强调了人的发展，强调了学生情感态度与价值观的培养。正如我们常说的"兴趣是最好的老师"，这是毋庸置疑的。同样，我也不否认"期望效应"的神奇功力。多年前，我曾以自己的经历写过这样一段话："热爱文学的我，师范毕业后却选择了教数学。面对昔日同学不解的神情，我告诉他们，这一切都源于一个小学数学老师对我的偏爱，虽然他只是一名代课教师，但他引领我走进了一个神奇的数学世界，还让我在他面前尽情展示我略显幼稚的奇思妙想。一位优秀的医生，却能写一手漂亮的毛笔字，面对身边朋友羡慕的目光，他告诉我们，这一切都源于一位小学语文老师对他的厚望，这位老师评价他'毛笔字写得好，很有潜力'，就这么一句看似简单而平常的话语，却像一个美丽的光环，引领他走进了书法艺术的神圣殿堂。"事实上，这样的案例不足以成为过分放大兴趣与期望效应作用的理由，正如郑教授说的："我们无疑应当强调通过数学教学帮助学生树立在数学学习上的自信心；但是，后者又并非是指数学学习应当成为一种毫不费劲的'愉快学习'，毋宁说，我们应当努力增强学生对于数学学习过程中艰苦困难的承受能力，从而也就能够通过刻苦学习真切地体会到更高层次上的快乐。"

三、"素质教育"与评价制度的改革

《国际视角下的小学数学教育》一书还从国际视角谈到了对数学教学的"个性化""生活化""活动化"思考、大众数学教育思想、数学教学方法改革的思考等，对重新审视我们的课程改革具有很好的借鉴意义。但非常遗憾的是，书中并没有谈及评价制度的改革。"素质教育"一开始就以"应试教育"的对立面而出现。以考试成绩为唯一依据来论"英雄"的时代已一去不复返，这固然值得庆贺，但哪个学生的学习水平更高、学习结果更优秀？哪个班、哪个学校的教育教学质量更高？这些问题的答案在当今教育环境中变得模糊。我们无意回到应试教育，然而理论上的新课程教学评价方案不少，但现实中的问题是，语数老师依旧根据分数划分等级，换汤不换药；而科学、综合实践课的老师呢？唯有依据平时印象评几个良、及格。这样的评判对于孩子来说又怎么能说是公平公正的呢？但这又不能怪老师，因为理论上的评价方案大都是纸上谈兵，操作起来谈何容易。更有甚者，学生考试成绩迅速下降已引起家长的强烈不满。课程改革专家组成员卢咏莉教授早在课改初期就曾指出：不是不要考试，关键是考什么、怎么考以及怎样对待考试的结果。面对这样尴尬的局面，我想最迫切需要解决的问题是建立符合课程改革理念、适应素质教育的现实需要、具有可操作性的教育教学质量评估体系。唯其如此，我们的课程改革才能真正有效地顺利进行。然而，我们该如何建立这样的教育教学质量评估体系？

面对"自上而下"的课程改革，面对纷繁复杂的教育理念，我们难免简单化、片面化地理解课程改革的理念，难免无所适从，甚至迷失方向，不知何去何从。我们唯有潜心读书，读教育经典名著，从书中汲取营养，汲取力量，用理性的眼光审视新课程改革，才能摆正前进的方向，在教育改革的浪潮中勇往直前，不辜负人民教师所肩负的神圣使命。

教育不仅需要爱心，更需要智慧

——读《第 56 号教室的奇迹》[①] 之悟

作为一名老师，在对待学生上我曾毫不避讳地这样半开玩笑地评价自己："一半是魔鬼，一半是天使！"我一直以为，严字当头，管住学生，才能有良好的班级纪律，才能帮助学生形成良好的行为习惯。学生在作文中也这样写道："冯老师生气时，大吼一声，非常吓人，全班同学谁也不敢动！"李镇西老师也曾在《请还班主任以惩罚学生的权利》一文中写道："完整的教育显然不能只是批评，而还应该有惩罚。与其煞有介事地规定'教师有批评学生的权利'，不如理直气壮地写明'教师有惩罚学生的权利'。因此我呼吁，请还班主任以惩罚的权利。"读了这篇文章，我更坚信自己的想法：老师不"坏"，怎能管住学生？当然，也正如李镇西老师在文中谈到的"不管怎样的教育惩罚，都不能是体罚"，我也严守着不能体罚的底线。而我所说的"天使"，自然是在严格管理之下，对学生的学习，我总是耐心地帮助他们，悉心地辅导他们，使每个同学都有所进步。换句话说，在学习不认真的孩子面前我是"魔鬼"，而在学习认真的孩子面前我就是"天使"。

我从教以来这一坚持了 20 多年不曾动摇的想法，却在一本书面前"轰然倒地"，这本书就是《第 56 号教室的奇迹》，它的作者是全美最佳教师雷夫·艾斯奎斯。他在书中这样写道："早年的时候，我也曾计划在开学第一天给孩子来点下马威，让他们清楚我才是老大。有些同事也采取相同的做法，我们曾共享使孩子守规矩的'成功'果实。看到其他班级吵闹失控，我们愚蠢地恭贺彼此的

[①] 雷夫·艾斯奎斯. 第 56 号教室的奇迹 [M]. 卞娜娜，译. 北京：中国城市出版社，2009.

教室有多安静、孩子们多守秩序、每日课程进行得多么顺利。"这不正是写我吗？我陷入深深的沉思。书中继续写道："不管是教导学生还是子女，一定要时时从孩子的角度看事情，不要把害怕当作教育的捷径。我必须痛苦地承认这个事实，班上很多孩子之所以守规矩，是因为他们害怕。"

一语惊醒梦中人！一个深藏于心中的谜团终于解开。有些家长曾对我说自己的孩子有些数学问题不会，却不敢来问我。我听后很是诧异，我不是一直在鼓励孩子不会就问吗？对那些课上或课后提出疑问的孩子，我总是耐心解答并且在班上表扬他们啊！可是，如今我细细思索，才明白，我在那些不认真的孩子面前是"魔鬼"，他们能不怕我吗？更进一步说，对那些有疑问的孩子，我都能做到耐心解答吗？答案是否定的。对有些在上课时思想"云游四海"、左顾右盼、做小动作的孩子，我们心中本来就窝了一团火，下课时，他告诉你，"老师我有点不懂！"这时，我们还有足够耐心去解答吗？也许在许多次的耐心解答里，正是一次的不耐心让我们失去了孩子的信任！而正如雷夫老师说的："破裂的信任是无法修补的。"雷夫老师的一个学生这样对记者说："我去年问老师一个问题，结果她火冒三丈地对我说：'我不是已经讲过了？你根本没在听！'可是我有听啊！就是听不懂嘛！雷夫老师会讲解500遍，一直到我听懂为止。"

我努力地反思自己。我想，与雷夫老师相比，我们缺少什么？缺少对学生的爱吗？事实上，我一直觉得自己很努力地在完成一个教师的使命，用心爱孩子。在我踏上宁德师范学院的课堂，面对大三的学生，讲授《小学数学教学论》时，我第一节课的内容却与数学教学毫无关系，而是"如何爱孩子，让孩子感受并接纳我们的严与爱"。我也深知信任与鼓励的重要，就像师范三年，深深刻在我心中的不是那一节节精彩或不精彩的课堂，而是一位老师写在我毕业纪念册上的一句话："还记得当年的《风》《雨》吗？你的文学才华我是知道的，你能兼程而进吗？"虽然我辜负了他对我的期望，但因为他的信任与鼓励，身为一个数学老师，文学，始终是我心中最美的梦想，萦绕在我的心头。

我们不缺少对学生的爱，我们也明白信任与鼓励的重要性，我们到底缺少什么？细读了《第56号教室的奇迹》，我终于明白，我们缺少智慧！我们需要有秩序的课堂，然而在闹哄哄的课堂面前我们却束手无策，只能采取厉声喝骂的方式维持一时的平静，让学生生活在恐惧之中；我们希望学生亲近我们、信任我们，把我们当作他们的良师益友，却在一次次挫败中失去耐心，让学生与我们不断产生隔阂；我们有爱心，却缺少智慧，所以我们常常在爱的名义下做着一些违背教育规律的事，使学生与我们渐行渐远。

雷夫老师是怎么做的呢？为了在不诉诸恐惧手段的前提下让孩子们循规蹈矩，并使全班维持优异的学习表现，他做了四件事：（1）以信任取代恐惧。雷夫老师告诫我们："为人父母、师长的我们，总是对孩子们发火，往往也气得很有理由。然而，遇到学生不懂的时候，绝对不该感到沮丧。我们应该用积极的态度与耐心来面对问题，打造出立即、持久，而且凌驾于恐惧之上的信任。"（2）做孩子们可靠的肩膀。他认为：随时为孩子们挺起可靠的肩膀，是建立信任的最佳方式。我们不需要对孩子们长篇大论地谈我们多么负责任，而是要让他们自己把信任放在我们的肩上。（3）纪律必须合乎逻辑。老师可以严格，但不公平的老师会被学生看不起。比如，我们不能因为某个孩子捣蛋，就决定下午全班同学都不准去打棒球。（4）老师就是榜样。在我的课堂上，其实只有几个同学不认真，而我常常在课堂上发火。雷夫老师认为这是我们"不懂'对小事发火，重要的议题就得不到处理'的道理。身为榜样的我们，应该向学生传达好的构想，而不是当个专制的暴君"。雷夫老师还详述了品格教育发展的六个阶段，认为基于信任，激发孩子对自身的高要求才是根本。

当然，教育的智慧远不止这些。比如我们读李镇西老师的文章，如果只看题目就断章取义，为"还老师以惩罚学生的权利"的呼吁而欣喜若狂，那么就不会想到，在惩罚学生后反而收到良好的教育效果中其实充满了智慧。我们的课堂教学也需要更多的智慧。几年前，我看到一位六年级学生的文章，我的心灵就曾为之震撼。她说："师者当如磁！"试问，我们是一块"磁石"吗？或者，我们其实只是一块毫无吸力的铁块，却还在不断地责骂我们的孩子为何不朝着我们希望的方向聚拢而来？

《第56号教室的奇迹》就是这样一本带给我们教育智慧的书，一本内容丰富的书。当同龄的孩子还在看学校派发的基础读本时，第56号教室的学生已经开始品味经典名著了。他们通过旅游来学习历史，通过亲自动手实践去接触自然科学，通过体育运动了解团队合作的价值；艺术是他们的课余爱好，他们听摇滚乐，看经典电影，甚至表演莎士比亚的戏剧……

教育不仅需要爱心，更需要智慧，教育的智慧从何而来？方法很多。然而，读书，读教育名著是一种很好的方法。我们要多读书，读好书，让书中的智慧拭去我们教育思想上的尘土，引领我们走向充满智慧的教育人生！

多重巧妙对比，探寻概念本质

——《百分数的认识》教学实录

教学内容 ▶▶▶

百分数的认识。

教学目标 ▶▶▶

1. 在现实情境中，理解百分数的意义，会正确读写百分数。

2. 经历百分数意义的探索过程，体会百分数的优越性以及百分数与分数、比的联系与区别，增强学生自主探索与合作交流的意识，培养学生分析、比较、抽象、概括的能力，积累数学活动经验，体会变与不变的数学思想，进一步培养符号意识，发展数感。

3. 会用百分数表述生活中的一些现象，体会百分数与生活的密切联系，增强学生学习的兴趣。

教学重难点 ▶▶▶

理解百分数的意义。

教学准备 ▶▶▶

多媒体教学课件，学生课前收集百分数的材料。

教学过程 ▶▶▶

一、巧借经验，比中感悟本质

（一）分组比赛

师：冯老师把全班同学分成两队，一队是"长江队"，一队是"黄河队"。比赛的内容在你们的"作业单（一）"里，看谁又对又快地写出答案。

（学生填写答案。）

师：大家来看一下答案。

（出示课件）

（小学）阶段的学生体质最好，（高中）阶段的学生体质最差。

师：我发现"长江队"又快又对地做好了。胜利应该属于——

生：长江队。

师：你们有想说的吗？看屏幕。

（出示课件）

作业单（一）A

比一比，看谁最快找到正确答案！

厦门市2013年学生体质测试情况：

小学生合格人数是被测试人数的92.9%。

初中生合格人数是被测试人数的82.9%。

高中生合格人数是被测试人数的81.8%。

（　）阶段的学生体质最好，（　）阶段的学生体质最差。

作业单（一）B

比一比，看谁最快找到正确答案！

厦门市2013年学生体质测试情况：

小学生合格人数是被测试人数的$\frac{13}{14}$。

初中生合格人数是被测试人数的$\frac{29}{35}$。

高中生合格人数是被测试人数的$\frac{9}{11}$。

（　）阶段的学生体质最好，（　）阶段的学生体质最差。

师：其实冯老师给你们的作业单是不一样的，"长江队"是"作业单（一）A"，"黄河队"是"作业单（一）B"。现在你们有没有想说的？

生：百分数比分数更容易看出多少。

生：我觉得我们队的作业单比"黄河队"的作业单简单，所以我们有点胜之不武。

师：怎么简单了？

生：从我们的"作业单（一）A"中能一目了然地看出小学生的合格人数占

总人数的百分之几,而"作业单(一)B"还要进行通分才能比较。

师:"作业单(一)A"中的这些数都是什么数?

生:百分数。

师:从刚才的比较中可以看出,与原来学过的分数相比,百分数有什么优点?

生:容易比较。

师:这节课我们就一起来学习百分数。(板书课题"百分数的认识")

(二)提出问题

师:你想研究百分数的哪些问题?

生:百分数怎么写?

生:百分数怎么读?

生:什么是百分数?

二、主动探究,比中探求本质

(一)阅读课本

师:这些内容要老师教吗?我们可以自学。翻开书,并看屏幕上的阅读要求。

(出示课件)

1. 阅读时,遇到重点词句要画上横线或标上重点号,遇到省略号要补充完整。

2. 阅读过程中遇到困难,自己无法独立解决的,可以随时向邻座同学求助。

(学生自学课本。)

(二)尝试作业

师:如果你认为自学好了,拿出"作业单(二)"填一填。

[教师同时出示阅读要求"3. 尝试独立完成'作业单(二)',完成后和邻座同学交流"和"作业单(二)"。]

作业单（二）

（1）国务院决定于2015年11月1日开展全国1%人口抽样调查。

1%表示_____是_____$\frac{1}{100}$。

（2）我国陆地面积约占世界陆地面积（南极洲除外）的7.1%。

7.1表示_____是_____。

（3）袁隆平杂交水稻每公顷产量是全国水稻平均每公顷产量的185%。

185%表示_____。

（三）汇报交流

1. 适时引导。

师：（手指1%）这个数说明要参加抽样调查的人数是1人吗？（生：不是。）那就是1% 人？（生：也不是。）

生：这里的1% 表示把全国人口数看成100份，抽样调查的人数是其中的1份。

师：我明白了，这里的1% 不是指具体几人，而是抽样调查的人数和谁比？（继续）和全国人数比，是它的$\frac{1}{100}$。比如说，湖里区常住人口100万，这次参加抽样调查的有多少人？

生：1万人。

师：厦门市常住人口381万，抽样调查多少人？

生：3.8万人。

师：我们在座的有50人，可能有多少人成为被抽样调查的对象？

生：0.5人。

师：看来这个1% 不是一个具体的量，而是抽样调查的人口数量和人口总数的比，抽样调查的人口数量是人口总数的$\frac{1}{100}$。

师：7.1% 是谁和谁比？

生：我国陆地面积和世界陆地面积（南极洲除外）比。

师：185% 呢？

生：袁隆平杂交水稻每公顷产量和全国水稻平均每公顷产量比，是全国水稻平均每公顷产量的 $\frac{185}{100}$，是全国水稻平均每公顷产量的将近 2 倍。

2. 学生汇报。

师：现在大家知道"作业单（二）"中应该填什么了吗？

生：1% 表示参加抽样调查的人数是全国人口的 $\frac{1}{100}$；7.1% 表示我国陆地面积约占世界陆地面积（南极洲除外）的 $\frac{71}{1000}$。

师：有不同意见吗？

生：7.1% 表示我国陆地面积约占世界陆地面积（南极洲除外）的 $\frac{7.1}{100}$。

生：分数的分子不能为小数。

生：但这里要说成分母是 100 的分数，分子只能是小数。

师：两种结果是一样的。如果分母一定要是 100，分子只能是小数 7.1。

生：185% 表示袁隆平杂交水稻每公顷产量是全国水稻平均每公顷产量的 $\frac{185}{100}$。

3. 继续深入。

师：课前大家也收集了一些百分数，谁来说说自己收集的百分数表示什么？

生：由病毒引起的感冒人数是总感冒人数的 90%。这个 90% 表示由病毒引起的感冒人数是总感冒人数的 $\frac{90}{100}$。（师板书"90% 表示由病毒引起的感冒人数是总感冒人数的 $\frac{90}{100}$"）

生：空气中氧气约占 21%。这个 21% 表示空气中的氧气含量占空气的 $\frac{21}{100}$。（师板书"21% 表示空气中的氧气含量占空气的 $\frac{21}{100}$"）

生：我国城市人口占全国总人口数的 32%。这个 32% 表示我国城市人口是全国总人口数的$\frac{32}{100}$。

师：你们收集的百分数还有很多，同桌互相说一说各表示什么。

（同桌交流）

（四）适当变式

师：老师也带来了一个百分数，它就藏在这瓶饮料里。

（出示饮料图片，图中有文字"30% 混合果蔬"。图略。）

师：图中的这个 30% 表示什么？

生：混合果蔬是饮料总量的 30%。

（教师拿出一瓶图中的饮料，摇匀，并倒出一杯。）

师：剩下的这瓶饮料里，混合果蔬是饮料的百分之几？

生：混合果蔬依然是饮料总量的 30%。

师：倒出的这一杯饮料里，混合果蔬是这杯饮料的百分之几？

生：依然是 30%。

师：哪个词用得特别好？

生：依然。

师：哪个同学说的？我将这杯饮料奖励给他。

（教师请学生喝一大口。）

师：现在只剩这一点了，你知道我要问什么吗？

生：这杯中剩下的混合果蔬还是剩下饮料的 30% 吗？

师：刚才的果汁不断地慢慢变少了，但是——

生：混合果蔬依然是饮料总量的 30%。

师：刚才在老师倒饮料的过程中，什么变了？什么不变？

生：饮料的总量在变，但混合果蔬的总量是饮料总量的 30% 不变，也就是这两个量之间的关系是不变的。

师：是的，这个 30% 表示这两个量之间的关系。（板书"30% 表示混合果蔬的含量是饮料总量的$\frac{30}{100}$"）

师：如果要使混合果蔬的含量所占的百分比减少，该怎么办？

生：减少果蔬或增加水分。

师：增加百分比呢？

生：增加果蔬或减少水分。

（五）概括小结

1. 归纳百分数的意义。

师：百分数表示什么？

生：百分数表示谁是谁的百分之几。

生：百分数表示一个数是另一个数的百分之几。

（师板书"百分数表示一个数是另一个数的百分之几"，生齐读。）

师：百分数也就是表示一个数和另一个数之间的——关系。（板书"关系"）

2. 百分数的读写法。

师：这节课开始的时候，同学们还提出百分数怎么读、怎么写。大家会读写百分数吗？谁来举个例子。

生：14%。

师：先写什么？

生：先写14，再写百分号。

师：百分号怎么写？

生：左上角画一个圆圈，再画一条斜线，然后在右下角画一个圆圈。

师：大家建议老师画这个圆圈要——小一点。为什么不能写大一点。

生：不然会误以为是0。

师：会读吗？这个读作——

生：（齐）百分之十四。（师板书"百分之十四"）

师：好像丢了一个字。

生：一百的"一"不用写。

师：你看，百分数就是这么任性，就不读这个"一"，读作百分之十四。这样读有什么好处？

生：更简便了。

师：如果我读作百分之十四，代表什么数？

生：百分数。

师：如果读作一百分之十四，代表什么数？

生：分数。

师：看来读法也可以让我们区分读的数是百分数还是一般的分数。

（六）巩固练习

1. 写出下面的百分数。

百分之一　　　　百分之二十八　　　　百分之零点五

＿＿＿＿＿　　　＿＿＿＿＿＿　　　　＿＿＿＿＿＿

2. 读一读下面的百分数。

17%　　　45%　　　99%　　　100%　　　140%

0.6%　　　7.5%　　　33.3%　　　121.7%　　　300%

三、对比分析，比中究其本质

（一）初步比较

师：百分数与分数有什么区别和联系？

生：分数的分数单位可能不同，但百分数的分数单位都一样，都是百分之一。

师：也就是分母都是——100，这样百分数便于比较。分子呢？

生：百分数的分母都是100，分子可以是小数，也可以是整数，可以大于100，也可以小于100或等于100。

生：我不同意他的说法，要0除外。

师：有没有百分之零？

生：有。比如一件衣服是全棉的，聚酯纤维占这件衣服的0%。

（二）深入对比

（出示课件）

下面的分数可以用百分数来表示吗？

1. 弟弟的身高是 $\frac{97}{100}$ 米。

2. 弟弟的身高约是哥哥的 $\frac{67}{100}$。

（学生讨论，汇报。）

生：$\frac{67}{100}$ 可以用百分数表示，$\frac{97}{100}$ 不可以用百分数表示。

师：为什么？

生：分数后面可以加单位，百分数后面不能加单位。

师：为什么百分数后面不能加单位？

生：百分数不能表示具体量，只表示两个量之间的关系。

生：$\frac{97}{100}$ 米是 1 米的 $\frac{97}{100}$，所以 $\frac{97}{100}$ 可以写成百分数。

师：能不能直接说，弟弟的身高是 97% 米？

生：百分数表示一个数和另一个数相比的结果，弟弟的身高没有和一个数比较，不能用百分数表示。

师：我发现林同学（指刚回答的学生）很厉害，$\frac{97}{100}$ 可以写成百分数是他说的，不可以写成百分数也是他说的。怎么回事呢？

生：$\frac{97}{100}$ 米是一个具体的量，不能写成百分数。但是 $\frac{97}{100}$ 可以看成 1 米的 $\frac{97}{100}$，也就是 $\frac{97}{100}$ 米和 1 米比较的结果，这个 $\frac{97}{100}$ 可以写成百分数。

（三）巩固练习

（出示课件）

下面哪几个分数可以用百分数来表示？哪几个不能？为什么？

1. 一堆煤 $\frac{75}{100}$ 吨，运走了它 $\frac{75}{100}$。

2. $\frac{23}{100}$ 米相当于 $\frac{46}{100}$ 米的 $\frac{50}{100}$。

（教师指名学生回答。）

（四）归纳小结

师：分数可以表示什么？也可以表示什么？百分数呢？

生：分数既可以表示具体的量，也可以表示两个量之间相比较的结果，但百分数只表示两个量比较的结果。

（出示课件）

分数	具体数量；两个量相比的结果。
百分数	两个量相比的结果。

师：百分数只表示两个量之间的关系。（板书"关系"）所以百分数又叫百分率或百分比。（板书"百分率或百分比"）

四、应用辨析，比中凸显本质

（出示课件）

1.选择合适的百分数填空。

110%　　　　75%　　　　90%　　　　0%　　　　100%　　　　180%

（1）我国的神舟飞船从神舟一号到神舟十号发射全部成功，发射成功率是（　　）。

（2）某超市"迎国庆"购物抽奖活动中，中奖率可能是（　　）。

（3）水结成冰体积会膨胀。一盆水结成冰的体积是原来水的体积的（　　）。

（4）如果语文老师要求同学们一学年阅读10本书，这学期你可能会完成（　　）。

2. A学校的绿化率是35%，B学校的绿化率是32%。哪个学校的绿化面积比较大？为什么？

（两道题教师均指名学生回答，其中第1题需说明理由，第2题需说出"因为学校的面积不能确定，所以绿化面积也不能确定"。）

五、总结拓展，比中深化本质

师：这节课你学到了什么？

生：分数既可以表示具体的量，也可以表示两个量之间相比较的结果，但百分数只表示两个量相比较的结果，也就是表示两个量之间的关系；百分数后面不能带单位。

生：我学会了百分数的读法和写法。

生：我知道了百分数要怎么运用。

生：百分数在比较大小时比分数更简便。

师：除了百分数，还有哪些类似的"分数"呢？

生：十分数、千分数。

师：课后大家可以继续研究。下课。

10.

抓住根本,掌握规律,建立系统:
夏永立老师阅读之悟与教学智慧

夏永立

现任教于浙江省杭州市临平区吴昌硕实验学校。杭州市临平区"领航名师"班成长导师，临平区小学数学夏永立名师工作室主持人，苏州大学无痕教育研究所副所长，教育部新时代中小学何丽名师工作室实践导师。荣获安徽省特级教师、安徽省基础教育课程改革优秀教师等荣誉称号，并获全国苏教版小学数学优质课评比一等奖。主持了多项省、市级课题，多次在省级教育科研论文评比中获一等奖。多家省级教育媒体报道了其先进教育事迹。应邀赴全国20余个省（市、自治区）作观摩课和教改专题讲座500余场。在《人民教育》《中国教育报》《中国教师报》《小学数学教师》等刊物上发表教学文章500余篇，其中多篇学术论文被人大复印报刊资料全文转载。多家教育杂志专栏作者和签约作者，《小学教学（数学版）》《小学数学教师》《小学教学研究》等杂志封面人物。出版教学专著《数学课堂教学探索》。

名师阅读之悟

拿什么来吸引你，我的学生

——读《我与小学数学》[①] 之悟

在多年的教育教学之路上，我一直在全身心地投入和探索着。我曾天真地以为，只要全身心地投入，勤勤恳恳地工作，就能胜任教师一职。但是终于有一天，我发现自己努力的结果并没有给学生带来飞跃和发展。我常常在思考一个问题：拿什么来吸引你，我的学生？我希望能坚守我的信念——做一名有魅力的老师，构建属于自己的充满活力的数学课堂。当我蹒跚摸索、不知所措的时候，吴正宪老师的《我与小学数学》闯入了我的视线，她那鲜活的教改经验令我眼前一亮，使我跃入一个崭新的教学层面，点燃了我心中那份久违的热情。

在这本书中，吴老师用四点来概括自己对教学经验和教训的最深体会：让学生喜欢我；让学生喜欢数学；在这基础上学生才能学会学习；最后千万不可忽视的是，一定要让学生从小养成良好的学习习惯。正是她的这些观点改变了我的数学教学观，让我坚定地行走在小学数学教学改革之路上。

一、"让学生喜欢我"是我的灵丹

记得初为人师的日子里，我兢兢业业地耕耘着。课堂上我恨不得把教材上的知识复印后粘贴到学生的头脑里，又"爱你没商量"地侵占了本应属于学生的时间，尤其是在向学生大量灌输知识的同时，忘记了学生在想什么、学生喜欢做什么，把成年人的意识不折不扣地强加给学生，变成他们的行

[①] 吴正宪. 我与小学数学 [M]. 北京：北京教育出版社，2001.

为。我在不知不觉中损害了学生的尊严和感情，忽视了教育对象是有思想、充满感情、有着丰富个性的活生生的人。

要想让学生喜欢，教师就要发自内心地尊重孩子：要把学生当人看，把学生当孩子看，把学生当自己的孩子看；要站在学生的角度去体验学生的需要和感受；要努力营造民主、和谐的课堂学习氛围，能够蹲下来和孩子平等地"对话"……只有这样，教师才能真正走进学生的内心世界，和他们手拉手一起跃入丰富多彩的数学大世界。

二、"让学生喜欢数学"是我的招数

有些孩子不喜欢数学的一个重要原因就是觉得数学太难了，加之课堂上教师过高的要求，使孩子们望而生畏。作为教师，我们真的应设身处地为孩子们想一想。数学课在孩子们面前呈现的是枯燥、乏味的符号，数学是陌生、抽象的概念公式，是远离孩子们生活实际的教学内容，再加之一些人为拔高的要求，让小小年纪的他们怎么能承受得了呢？要想让学生喜欢数学，就应该把数学变得容易一些，不要过高地去追求脱离学生实际的"尽善尽美"，要想办法让学生能接受，也乐于接受。

在教学"两位数进位加法"时，我改变了"数位对齐从个位加起，个位满十要向十位进一"这种计算方法，而是让学生在摆小棒的过程中创造自己喜欢的方法。课堂上少一些抽象、枯燥的说理，多一些自由、生动的讨论，不把成年人的意识强加给学生，允许学生用自己的语言去叙述数学现象，哪怕体会是肤浅的，但这毕竟是学生的亲身感受。只有外在的数学知识转化为学生自身的体验，才算完成了知识的内化。

三、"让学生学会学习"是我的法宝

传统的师生关系中，教师以权威的姿态将知识灌输给学生，而学生只是接受知识的容器。这种关系不仅压抑了学生的个性，也扼杀了学生的创造力。新课标把情感态度与价值观这些传统教学中忽视的方面提到了一个重要的高度，一种新型的师生关系应运而生，即教师是学生学习活动的促进者、帮助者、服务者。

在以前的课堂上，我把问题一个接一个地抛出，把任务一个接一个地布置。即便是安排讨论、操作，学生也是在我的指令下进行，几乎每一分钟都被我控制着。学生失去了思维自由的空间和时间，只会模仿，不会创造。现在，我认为在课堂中，教师的作用应该体现在对教学方案的设计上、课堂教学活动的组织上、研究情景的提供上、物质材料的准备上，并根据课堂中学生遇到的困难随时提供可能的帮助。

例如，在教学"认识人民币"时，学生已经有了一定的生活经验。为了让他们把经验充分地表达出来，我不是一开始就规定好"前进的路线"，而是为每个小组准备一个学具袋，让学生自己介绍已经认识的人民币，在相互交流中获取人民币上的信息。

四、"让学生从小养成良好的学习习惯"是我的秘诀

著名教育家乌申斯基曾言："良好的习惯是人在神经系统中存放的道德资本，这个资本会不断地增值，一个人毕生就可以享用它的利息。"小学阶段正是一个人良好学习习惯形成的关键时期，也是一个人成长的奠基时期。因此，在教学中要注重良好学习习惯的培养，根据孩子们可塑性与模仿性较强的特点，采取适当的方法和措施，有意识地进行训练和培养。

例如，现在的一些小学生在家庭生活中缺少与他人相处、交流与合作的机会，这容易造成他们孤僻的性格。加之父母娇惯，一些孩子从小享受着特殊优待，心中无他人，不会友善地与人合作，这样就不利于形成友好合作的品质。因此，在教学中，教师应关注孩子们合作意识的培养，使他们养成合作学习的好习惯，进一步提高合作能力，适应未来社会的发展和需要。

吴正宪老师的这些观点平凡得不能再平凡，简单得不能再简单，这是她对数学教育的真切体会，是从她心底流出的声音。其实，把每一件简单的事做好就是不简单，把每一件平凡的事做好就是不平凡。我愿和吴老师结伴同行，努力走进学生的数学世界，和学生一起享受课堂。

吴正宪老师的这本《我与小学数学》，我不知看了多少遍，它一直伴随着我的成长，影响着我的专业发展。现在，"让学生喜欢我"是我教育追求的目标，"让学生喜欢数学"是我从未动摇的信念，"让学生学会学习"是我教育思想的核心和灵魂，"让学生从小养成良好的学习习惯"已经成为我的行动指南。我将不断研究吴老师的"儿童数学"教育观，践行她的教育思想，努力创造让学生喜欢的数学课堂，和学生一起成长。

那些年，我们一起追过的经典好课

——读《无痕教育数学课堂 18 例》[①] 之悟

一首老歌，一个故事。

一堂好课，一世师表。

每个时代都有属于自己的课堂印记，在匆匆那年的岁月里，人们津津乐道的名师，伴随着那些好课相传。今天，让我们一起细数徐斌老师那些耳熟能详的经典老课，品味好课堂是什么样子的。

徐斌老师采用稳健厚实的"演唱"风格，给人一种舒适感。《无痕教育数学课堂 18 例》集徐斌老师的课之大成，以"教学设计"为曲目，以"教学实录"为主唱，以"教学反思"为曲风，以"教学点评"为伴唱，为我们奉献了一节节经典的好课。那一篇篇案例，就是一个个跳动的音符，奏出无痕教育数学课堂的美丽华章。

那些曾经爱过的经典好课，有没有被你遗忘？阅读徐斌老师的《无痕教育数学课堂 18 例》，记忆他的芳华……

一、好课再现，经典相传

近 30 年，徐斌老师演绎了众多经典好课，契合了一代年轻教师对心中理想课堂的朴素追求，被广大一线教师不断地"翻唱"，从而风靡大江南北。他用自己的方式演绎出另一种好课的味道。

不看别人的课，就上不好自己的课。徐斌老师的课，让人为之一惊，使人眼前一亮，令人回味无穷！他个性质朴，课上思想敏锐，真可谓"人课合一"。

---

① 徐斌.无痕教育数学课堂 18 例［M］.北京：开明出版社，2019.

徐斌老师的课设计精巧、扎实细腻，有大家气象，给了我们很多启示。

（一）成名课

很多歌手一曲成名，成为歌迷心中的偶像。在小学数学界，有些教师在赛课中脱颖而出，成为有影响力的名师。徐斌老师工作刚刚四年，就参加了江苏省的小学数学赛课，获得了一等奖，为他的教育事业打下良好基础。这节参赛课《万以内数的读法》，就是他的成名课。难能可贵的是，当这节成名课在八年后遭遇"尴尬"时，徐斌老师进行了教学的再设计，记录了"冰火两重天"的心路历程。

一课成名，绝非偶然！徐斌老师十年磨一课，在实践和反思中不断超越。那一节节经典好课，可谓千锤百炼，才会独具魅力。

这节在书中需要扫码才能阅读的成名课，在很多人心中如那棵橄榄树，常新常绿，一直散发着活力。

（二）经典课

《无痕教育数学课堂18例》中收集的每一个教学案例，都可谓课课经典，其中有代表性的是《鸡兔同笼》《认识乘法》和《平均数》。

《鸡兔同笼》这节课就像一首经典老歌。徐斌老师通过简单的"数学画"，在"退"中求"进"，将复杂的数学问题变得简单，让二年级小学生也能解决这样的数学难题，堪称经典数学名题创新教学的代表。《认识乘法》这节课就像一首唯美舒缓的轻音乐。课上，他从简单开始，向数学本质迈进：从几道简单的"连加"口算开始，让学生尝试分类，在不知不觉中渗透乘法。这样的处理，在平实中彰显其教学功力；通过现实的具体问题情境引入乘法，在强烈的反差中感知"几个几"用乘法写比较简便；在生活应用中培养学生的乘法意识，丰富学生对乘法的认知。整节课如行云流水般流畅，可谓"不著一字，尽得风流"。《平均数》这节课就像一首安静舒服的纯音乐。徐斌老师在浓墨无痕处"谱曲"、不露痕迹中"和声"、潜移默化中"创作"，让学生了解平均数的统计意义，感受其来源和价值，真正理解而教。

（三）保留课

正如每一位歌手都有自己的保留曲目一样，许多名师也有自己的"保留课"。熟悉徐斌老师的人都知道，他在"计算教学"和"解决问题教学"这两个领域有着深入的研究，上出了许多有代表性的好课。他的课就像一首首通俗歌曲，适合每一位老师"翻唱"，被大家广为传播。

例如，《9加几》是徐斌老师一年级数学课中的保留课。由于低年级学生年龄小，注意力不够集中，课堂很难组织，很少有老师在大型观摩会上展示一年级的数学课。徐斌老师却特立独行，敢于挑战自我，选择难上的数学课。这节数学课，彰显了徐斌老师强韧的课堂教学组织能力。他利用直观教学手段，激发学生的学习兴趣，让学生在扎实的课堂训练中不断探索计算规律，实现了算法的优化。

《9的乘法口诀》是徐斌老师低年级数学课的另一节保留课。乘法口诀是中国小学数学中的瑰宝，徐斌老师也是中国优良数学教育传统的继承者和传播者。他在这节课中注重乘法口诀的来源、含义、内在规律、记忆策略和实际应用，将有效的强化记忆和"无痕"的逻辑推理完美结合，让冰冷的知识转化为火热的思考，给了学生难以忘却的记忆。

《解决问题的策略（画图）》是徐斌老师解决问题策略教学中的一节保留课。解决问题策略是苏教版小学数学教材的特色编排，徐斌老师对其中每一节课都进行了深入研究。在教学中，徐斌老师让学生产生画图的需要、知道画图的方法、感悟画图的策略、体验画图的价值，真正实现了解决问题教学的突破，成为策略教学的"翻唱曲目"。徐斌老师让数学——思维的体操舞出艺术的美感，让学生在潜移默化中发展了策略意识。

书中每一节课后都有徐斌老师的教学反思，记录了他对课堂教学的另类思考，引发我们对无痕教育数学课堂的全新探索。徐斌老师善于进行数学课堂的心理学思考，辅以教学设计的意图，使这本案例研究的专著有了理论深度。他的每一节课，就像一个个绽放的音符，谱写出一曲曲动听的好歌。

二、好课欣赏，余音绕梁

数学课堂是徐斌老师寻找真实自己的渠道。他的课能够触动读者的心，引起共鸣。许多老师虽然没有机会亲临徐斌老师的课堂，但细细品味书中一些特级教师精彩的点评，也会回味无穷。例如，陈惠芳老师有一双智慧的眼睛，用独特的视角观察无痕教育数学课堂，给人耳目一新之感；缪建平老师从"软设计教学、递进式操练、共探式学习"三个维度透视课堂，彰显出无痕教育的核心思想；盛伟华老师从"厚、透、顺"三个角度来解读无痕教育，折射出无痕课堂的艺术魅力；王兆正老师触摸数学学习心理的温度，体现出无痕教育的研究深度……众多名师从不同角度解读徐斌老师的无痕教育数学课堂，为我们打开了一扇扇评课的天窗，看到了更迷人的无痕教育数学天空。

他的课很真，就像汩汩流动的清泉，从纯净的心中悄然流淌，没有丝毫虚情假意；他的课很善，就像禅堂悠扬的经声，从灵魂深处迸发，显示着超凡脱俗的气质；他的课很美，就像一幅隽永的山水画，从明亮的慧眼流泻，让人赏心悦目，驰骋在数学的世界里。

欣赏着这一篇篇精彩的课例点评文章，我们就像沉浸在音乐欣赏的世界里，品味着无痕教育独有的韵味。

三、好课无痕，永远青春

徐斌老师的课十分自然，没有刻意雕琢，具有特有的细腻和柔情，读后如沐春风，给人一种畅快淋漓的感觉。他的课深受老师们喜爱，给我们留下了美好的回忆，伴随我们一起成长。他的 18 节课堪称经典，每一节课都朴实无华，又蕴藏智慧。课堂中流露出来的灵秀，或婉丽纤细，或沉静渺远，无一不是数学课堂无痕的表达。

《无痕教育数学课堂 18 例》就像一张值得珍藏的老唱片，收藏了徐斌老师近 30 年来最经典的 18 节课，每一节课都值得反复品读和回味。阅读那些经典老课，我们以为自己早已遗忘，没想到一下子就被唤醒了记忆。那些陪我们一起走过的老课，是对过往课堂的复刻。一遍遍地翻阅每一节课的课堂实录，沉浸在他的无痕教育世界里，寻找他的成长路径。品那一节节好课，终是我们生命里不可磨灭的时光。

阴阳相生：深度数学课堂的实施策略

——以《分数乘除法和比的应用题练习》为例

《周易·系辞》曰："一阴一阳之谓道。"《周易》用阳与阴象征一刚一柔、一动一静，阐述宇宙万物的一切变化。《周易》中处理问题的方法有三条：抓住根本，掌握规律，建立系统。我认为，这也是实施深度数学课堂的有效策略。在教学《分数乘除法和比的应用题练习》时，我进行了如下探索。

一、抓住根本

根本是什么？在《周易》看来，就是阴阳。这个世界归根结底是由阴与阳构成的。例如，物质有阳性物质和阴性物质，现象有阳性现象和阴性现象。在教学中，抓住根本是关键和核心所在。

"分数乘除法和比的应用题"体现了分数与比之间数量关系的融合，是分数和比的知识在实际生活中的具体应用。分数意义具有高度抽象性，一直是小学阶段解决问题知识体系中的难点，学生不容易理解。因此，其教学的"根本"就是理解分数的意义，通过直观的教学手段，沟通分数和比之间的内在联系，提升学生分析数量关系的能力。在教学中，直观与抽象即是"阴阳"。如何处理好直观与抽象之间的关系呢？我在教学中以线段图为载体，贯穿一节课的始终，让学生在"读线段图、变线段图、画线段图"的过程中，将线段图内化为解决分数乘除法和比的应用题的有效工具，充分利用线段图的优势，培养读图能力，掌握画图方法，养成画图意识，体验画图价值，从而有效突破教学的难点。这样，借助于线段图，就抓住了课堂教学的关键，达到"牵一发而动全身"之效。

二、掌握规律

世界变化的规律就在阴阳的关系之中。阴阳的关系包括相生、相克、转化。说得通俗一点，就是你存在，我也存在；你中有我，我中有你；你变成我，我变成你。分数和比之间就是相生、相克、转化的关系，它们密不可分、水乳交融。

（一）相生——"你也存在，我也存在"

在自然界，天是阳，地是阴，天地同时存在，这就是"你也存在，我也存在"。在数学中，分数和比也是同时存在的，教学时，可让学生在多角度的读图中体验分数和比之间的内在关系。

师：这个线段图表示的是苹果和梨的质量之间的关系，你能联想到什么？（出示线段图）

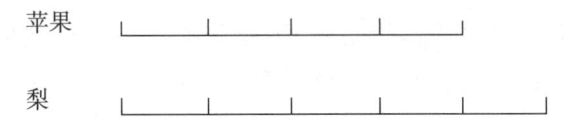

生：苹果的质量是梨的 $\frac{4}{5}$。

生：梨的质量是苹果的 $\frac{5}{4}$。

生：苹果的质量是总质量的 $\frac{4}{9}$。

生：梨的质量是总质量的 $\frac{5}{9}$。

生：梨的质量比苹果重它的 $\frac{1}{4}$。

生：苹果的质量比梨轻它的 $\frac{1}{5}$。

生：苹果与梨的质量比是 4:5。

生：苹果与总质量的比是 4:9。

生：梨与苹果的质量比是5:4。

生：梨与总质量的比是5:9。

……

分数和比并非彼此孤立，而是相互依存，就像天和地一样。在这里，"份"的概念是分数、比和分数应用题的基础，起到决定性作用。通过一个简单的线段图，学生需要调动已有的知识和经验，从简单的"份"的概念理解入手，将数学触角延伸得更远一点，这就实现了课堂教学的"低起点"。学生从分数和比等多角度来读图，感受分数和比之间的内在联系，培养了学生思维的广阔性、灵活性、创造性，克服了思维定式，向数学的本质迈进，真正实现了知识之间的关联。

（二）相克——"你中有我，我中有你"

任何事物中，都有阴有阳。例如，天体有阴有阳，如太阳是阳，月亮是阴；天象有阴有阳，如白天是阳，黑夜是阴；地也有阴有阳，如山是阳，水是阴。这就是"你中有我，我中有你"。在教学中，改画线段图、多角度读图后尝试解决问题，激活学生的思维，彰显数学知识的内涵和魅力。

师：你能说说这个线段图的意思吗？

（出示线段图）

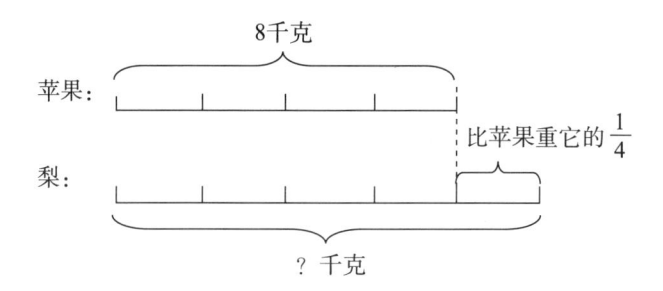

生：苹果8千克，梨比苹果重它的$\frac{1}{4}$，梨多少千克？

生：苹果8千克，苹果比梨轻它的$\frac{1}{5}$，梨多少千克？

生：苹果8千克，苹果与梨的质量比是4:5，梨多少千克？

师：你能列式解决吗？

生：8÷4×5=10（千克）。

生：$8\times(1+\frac{1}{4})=8\times\frac{5}{4}=10$（千克）。

生：$8\div(1-\frac{1}{5})=8\div\frac{4}{5}=10$（千克）。

师：你能够将这个线段图再加工改编吗？先试着画出来，再与你的同伴交流。

师：谁能说一说这个线段图的意思？

（出示线段图）

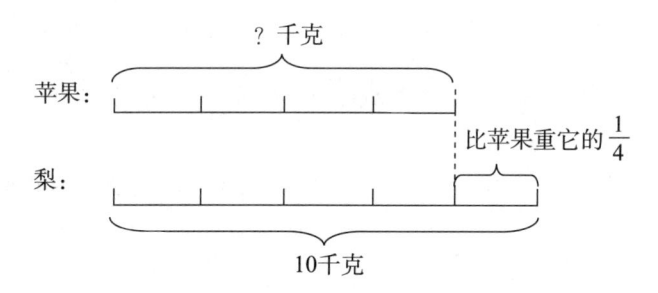

生：梨10千克，梨比苹果重它的$\frac{1}{4}$，苹果多少千克？

生：梨10千克，苹果比梨轻它的$\frac{1}{5}$，苹果多少千克？

生：梨10千克，苹果与梨的质量比是4:5，苹果多少千克？

师：你能列式解决吗？请试一试。

生：10÷5×4=8（千克）。

生：$10\times(1-\frac{1}{5})=10\times\frac{4}{5}=8$（千克）。

生：$10\div(1+\frac{1}{4})=10\div\frac{5}{4}=8$（千克）。

生：还可以列出方程来解决。设苹果x千克，列方程$x+\frac{1}{4}x=10$，解得$x=8$。

师：谁能说一说这个线段图的意思？

（出示线段图）

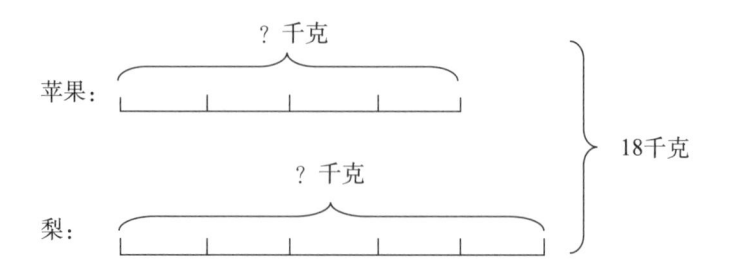

生：苹果和梨共18千克，梨比苹果重它的$\frac{1}{4}$，苹果和梨各多少千克？

生：苹果和梨共18千克，苹果比梨轻它的$\frac{1}{5}$，苹果和梨各多少千克？

生：苹果和梨共18千克，苹果与梨的质量比是4∶5，苹果和梨各多少千克？

生：苹果和梨共18千克，苹果的质量是梨的$\frac{4}{5}$，苹果和梨各多少千克？

生：苹果和梨子共18千克，苹果的$\frac{1}{4}$和梨的$\frac{1}{5}$一样重，苹果和梨各多少千克？

师：你能列式解决吗？请试一试。

生：苹果：18÷9×4=8（千克），梨：18÷9×5=10（千克）。

生：4+5=9，苹果：$18\times\frac{4}{9}$=8（千克），梨：$18\times\frac{5}{9}$=10（千克）。

生：还可以列方程来解。设梨x千克，列方程$x+\frac{4}{5}x=18$，解得$x=10$。所以，苹果为$10\times\frac{4}{5}$=8（千克）。

数和形是"相克"的，采用画线段图的策略能化抽象为具体，帮助学生理解分数乘除法和比的应用题中复杂的数量关系，感受数形的完美结合和相得益彰。分数和比之间也是"相克"的，从分数、比、归一等多角度理解图意，感受数学本质的"相通性"。算术方法和方程解法之间也是"相克"的，在多种解法的共存和比较中，沟通了算法之间的内在联系，实现了从算术思维到代数思维的跨越。可见，教学中的"相克"，是为了达到"你中有我，我中有你"的理想境界。

（三）转化——"你变成我，我变成你"

孤阴不生，独阳不长，单独的阴和单独的阳不可能存在，所以，阴和阳不但共存，还要转化。例如，白天变成夜晚，夜晚变成白天。这就是"你变成我，我变成你"。在教学中，有意识地增加题目的条件，让问题变得更加复杂，此时学生需借助知识之间的巧妙转化来解决问题，从而培养灵活解决复杂数学问题的能力。

（出示题目）

苹果、梨和香蕉共24千克，苹果的$\frac{1}{4}$、梨的$\frac{1}{5}$、香蕉的$\frac{1}{3}$一样重。苹果、梨和香蕉各多少千克？

生：题目太复杂了，可以先画一个线段图。

师：很棒，有主动画图的意识。请你们试着画一画，再一起交流。

（展示学生画的线段图）

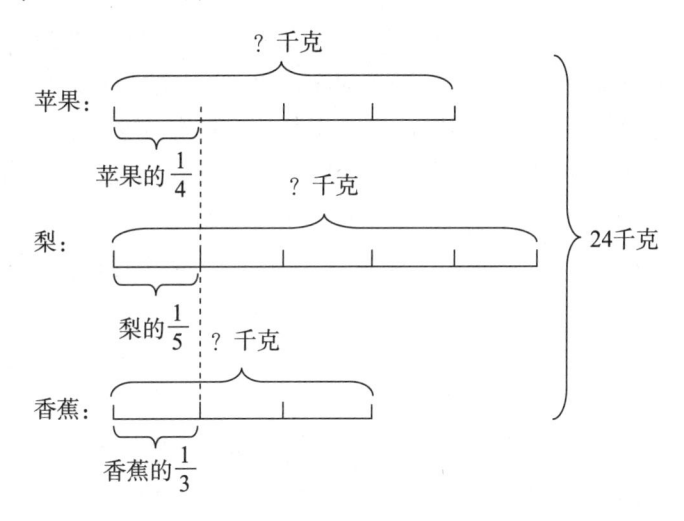

师：谁能根据这个线段图将原来的应用题改编一下？

生：苹果、梨和香蕉共24千克，苹果、梨和香蕉的质量比是4:5:3。苹果、梨和香蕉各多少千克？

生：苹果、梨和香蕉共24千克，梨比苹果重它的$\frac{1}{4}$，香蕉比苹果轻它的$\frac{1}{4}$。

苹果、梨和香蕉各多少千克？

生：苹果、梨和香蕉共24千克，苹果和梨的质量比是4:5，梨比苹果重它的$\frac{1}{4}$，香蕉比梨轻它的$\frac{2}{5}$。苹果、梨和香蕉各多少千克？

师：能列式解决吗？请试一试。

生：苹果：24÷12×4=8（千克），梨：24÷12×5=10（千克），香蕉：24÷12×3=6（千克）。

生：4+5+3=12，苹果：$24\times\frac{4}{12}$=8（千克），梨：$24\times\frac{5}{12}$=10（千克），香蕉：$24\times\frac{3}{12}$=6（千克）。

生：还可以列方程解决。设苹果x千克，列方程$x+\frac{5}{4}x+\frac{3}{4}x=24$，解得$x=8$。所以，梨为$8\times\frac{5}{4}$=10（千克），香蕉为$8\times\frac{3}{4}$=6（千克）。

学生在解决这道比较复杂的数学问题时，有了主动画线段图的意识，从而明确了题目中的数量关系，将复杂的问题转化成简单的问题，真正发挥了线段图的作用。学生在根据线段图改编应用题的过程中，激活了已有的知识经验，巧用"转化"的策略，形成数学思维的序列，真正实现了数学知识的结构化。在多种解题方法的对比中，有效沟通了分数乘除法、比和归一应用题之间的联系，从而构建了解题的模型，达到了举一反三、触类旁通的目的，实现了"转化"。

三、建立系统

《周易·系辞》中认为："易有太极，是生两仪，两仪生四象，四象生八卦。"可见，《周易》试图用这样简约的系统概括整个世界的现象、变化和规律。它给我们的教学启示是：只有建立系统，形成知识网络，才能完善学生的认知结构。

在教学中，不能将零散的、孤立的知识教给学生，而要在加强知识的内在联系上下功夫，真正建立起教学的系统，才能发挥整体功能，达到最佳教学效益。因此，我打破了教材的编排体系，巧妙地将分数乘除法应用题和比的应用题进行重新组装，用简约的线段图"嫁接"，将零散的分数和比的应用题串起来，使得分数和比相互蕴涵，形成丰富多彩的"数学画"。学生在"读线段图—变线段图—画线段图"的过程中巧妙实现了知识的迁移，在多种解题方法的比较和交流中，真正抓住了分数和比之间的连接点和生长点，从而纳入已有的认知结构，形成新的知识系统。

11.

数学好玩,玩好数学:
谢玉娖老师阅读之悟与教学智慧

谢玉娓

福建省特级教师，正高级教师，泉州师范学院附属小学副书记，兼任泉州师范学院附属小学台商区分校书记、校长，福建省新时代基础教育名校长培养计划（2023—2025）第一批培养对象，《新世纪小学数学》教材培训高级讲师，泉州师范学院教育科学学院兼职教授。曾获福建省优秀教师、福建省基础教育课程改革先进个人、福建省学科带头人、泉州市首批教学名师等荣誉称号。

名师阅读之悟

慢下来，做走心的教育，办有温度的学校

——读《学校，这一段旅程》① 之悟

《学校，这一段旅程》的出版具有一定的戏剧性——这是一本众筹出版的书！起先，只是一所学校的教师每周一次在读书沙龙活动中交流，共同分享彼此的教育故事与教学点滴；后来，有人觉得应该把交流中一些感人时刻稍作总结与整理；再后来，他们觉得应该一起为学校、为孩子，也为老师们所生活过的学校作一种文字上的见证，于是便有了这本书。因出版费用远远超出之前的预算，便众筹了部分出版费用。

说实话，《学校，这一段旅程》不太像一本"书"，更像是一本"故事会"，一本由晋江市永和镇邵厝小学182位学生和13位老师用心讲述的故事集。他们用自己的方式，用独特的角度和温度，用各自的情感、热情与真诚，记录了这所普普通通的农村小学的点点滴滴。书里的每一个故事相对独立又隐藏着千丝万缕的联系，于是，一个多月来，这本书躺在双肩包里随着我进进出出，得空时我便掏出来与故事里的人和物对话。没有阅读侦探小说时那种迫切想知道故事结果的欲望，也不会有少年时代偷偷读琼瑶小说的兴奋，更不会有"啃"专业理论书的晦涩难懂……这本就是一个又一个淡淡的故事，阅读它的人能品味每一个故事，走近每一个邵厝人，走进邵厝小学。

---

① 王金龙，杨长兴.学校，这一段旅程［M］.福州：海峡文艺出版社，2019.

一、邵厝小学是"土"的

"培养什么人、怎样培养人、为谁培养人"是教育的根本问题。晋江永和的一所农村小学——邵厝小学的杨长兴校长自问："乡村需要什么样的教育？乡村教育要怎么办？什么样的教育才属于乡村的好教育？"为了回答这"三问"，长兴校长和他的团队进行了多年实践与探索，并结合学校实际情况，把"身体好，能吃苦"作为培养学生的首要任务！"身体好，能吃苦"——多么"土"的想法！长兴校长说："乡下人比较土。"这句话真实反映出乡下人离不开泥土，种地是最普通的谋生办法。农村人，"土"是他们的命根。"身体好，能吃苦"绝对是学校里这些农村孩子以后走上社会的一种生存能力。于是，为了培养学生爱劳动的习惯，锻炼学生的身体，他们把校园内的全部劳动任务，如浇花草、掏淤泥、洗水池、绿化修剪、扫树叶……都安排给学生去完成。当学生毕业后返回母校时，走在学校民俗园里都会津津乐道："这些砖和石是我和××搬的。""这棵树是我种的。""水池里的金鱼还在吗？"……为了回答这"三问"，邵厝小学每年都会举行"石头节"，在这个节日里，学生可以参加踩水车、磨豆浆、汲水等体验活动；学校也会在一些传统节日开展一些传统民俗活动，如中秋烧塔仔、端午划龙船等。他们相信，这些活动能让学生获取知识、增长才干、培养综合实践能力，让学生从中汲取精神的力量、成长的力量。

在长兴校长的心里，教育并不是多建几所实验学校，或者换个学校的牌子。如果对农村教育没有深入认知，请不要急着去改变农村教育。实践证明，我们能改变的肯定是学生，我们做的就该是成全和陪伴。

二、邵厝小学是"慢"的

是的，成全和陪伴！王金龙老师说：一所学校，如果没有一两棵大树或古树，总会感觉那所学校空荡荡的、假惺惺的，甚至一点校园的感觉都没有。"校"字左边为"木"，正有树木的意思在；右边为"交"，意为和人交流与交往。人在树木下交流、交往，甚至交易，彼此神清气爽，不也美哉？况且，学校有"十年树木，百年树人"一说。此"树"虽作动词用，却颇具意味，它似乎在提醒我们：要有树木的耐心、坚定，要有树木的从容和安静，要有树木的茂盛和苍翠……这才是像样的教育。而且，学校的教育也要有"百年之想"，应该为人类的长远利益谋福祉。真好！邵厝小学里就有一棵榕树，一棵谁也不知道它的来历，更说不清是先有邵厝小学还是先有它的树。长兴校长说，他只知道古代的很多学校就是在一棵大树下进行传道、授业、解惑，同样，邵厝小学的孩子也离不开这棵榕树。一棵榕树和182位学生，实际上已经把邵厝小学所有的"家底"亮了出来。就在这棵大榕树下，老师们天天接触一大群孩子，带着他们一起学习、一起运动、一起游戏，陪着他们一起欢笑、一起忧伤，教育他们养成习惯、形成品质。

每个孩子都是独一无二的生命个体，教育应留出足够多的时间和空间让孩子们去强健体魄、放飞想象、尝试犯错、动手创作。"把教育里的目的和欲望除去后，心里还真感觉喜欢。我喜欢这样的教育。"长兴校长如是说。

三、邵厝小学是温暖的

"长兴说，我们今年也要'烧塔仔'"——这是王志国老师在《我们的节日——中秋》这个故事里的开场白。"长兴"这个称呼经常在故事里出现，这是一种怎样的温情与关怀才能自然而然脱口而出的温暖的称呼呀！品读一个个淡淡的故事，我总是不经意间被其中浓浓的温暖打动。例如，《我的婚纱之旅》记录了林月霞老师在学校这个强大的亲友团的帮助下，在邵厝小学拍摄婚纱的点滴。邵厝小学，是林月霞老师工作的地方，也见证了她幸福的开始。《最好的时光在路上》记录了两个闺蜜在邵厝小学建立起的姐妹情，"这一路，我们同走过阳光道，也分道走过独木桥。但最好的时光是与你在同一条路上欣赏过的千山与万水，任时光的利刃也不能消磨刹那的芳华"。《遇见小确幸》是林珊瑚老师拾捡起"藏在那瓦砾之中，石缝之中，储存于一草一木，一山一水的美景中，融化于平时的一言一行，一举一动之中"的美好小确幸。"他们是我的同事，跟我非亲非故，却与我朝夕相处。在这里的十几位同事，有的慢条斯理，有的能说会道，有的耿直实在，有的含蓄委婉，有的漂亮时尚，有的端庄优雅，不同的性格，不同的气质，不同的生活背景，不同的社会阅历，但是大家都有一个共同的目标，'一切为了孩子'。"这是林月霞老师的肺腑之言。这样的温暖还有很多："阎王"是王志国老师来到邵厝小学的第一个外号，"大王"是随后得到的另一个外号，这些学生"恩赐"的外号的变迁，见证了他在邵厝从青涩到成熟的成长历程；雷国山老师呢，给他一个班，他就拥有幸福，他享受着与孩子们"称兄道弟"的温情，也分享着与孩子们"肝胆相照"的幸福；长兴校长和时固老师帮着王志国老师到女友家一起"见家长"……

一个个小故事，就是一个个温暖的小太阳，温暖着每一个邵厝人的心，也温暖着每一个听故事的人！这样的温暖，必能让学校充满爱，必能以爱育爱，让爱传递。我喜欢这样充满爱的学校！

四、邵厝小学是开放的

说实话，当看到长兴校长把"身体好，能吃苦"作为培养学生的首要任务时，我是真替他捏了一把汗。偏远农村小学的孩子，他们的教育资源绝大部分来自学校，如何在培养"身体好，能吃苦"的学生、在传承传统文化的同时，为他们打开一扇通往世界的窗呢？幸好，邵厝小学是理智的，也是开放的。学校虽小，却拥有四大"风景区"：有承载着厚重历史风情的旧石物——民俗园，摆放着许多岁月浸泡过的老物件——展馆，伫立着一座闽南红砖古厝——毓新堂，还有那见证了汗水与欢乐的体验区——毓仁苑。学校克服种种困难，复建了毓新堂。毓新堂的每一个老构件都有一个故事，它是社会发展的见证，能唤起师生及老一辈对过去生活的美好回忆，还能启发和教育现在的学生，感悟祖辈过去的生活，为他们打开一扇了解社会发展变化的窗口。

值得一提的是毓仁书屋，它是长兴校长看了王金龙老师的文章《我想在学校开个小书店》后，竭力去实现的一个梦想！为的是创造美好的环境，让老师们和孩子们在里面读书，让书籍像一颗种子，埋在每个人的心里。这个书屋与评"书香墨香校园"没有一点儿关系，建设的初衷是希望阅读能带领孩子们抵达目前脚步无法抵达的地方！

慢下来，做走心的教育，办有温度的学校，挺好！

动笔写下这篇小文章的时候，得知长兴校长将离开他工作了12年的邵厝小学。一个校长离开，将会有一个新的校长上任。对于前任校长的办学理念，是在继承与发展中前行，还是推翻后另起炉灶？怎样才能让学校更具办学活力？这些问题我不得而知，但我期待邵厝小学越来越好，也祝长兴校长在新的学校实现他的教育理想！

尝试与坚持：许贻亮的名师成长之道

——读《小学数学"通融课堂"的教学实践》[①] 之悟

贻亮出书了！贻亮是我见过的较为低调又有内涵的人。认识贻亮多年，鲜少见他高谈阔论，他的新书出版（也是第一本书），我并不惊讶——贻亮早该出书了。不过，这正符合他低调的特点。

2013年3月起，认识多年的我俩有机会一起参加泉州市首批教学名师培养对象的培训。作为名师培养对象，我们需要提炼教学主张，好引导自己做"灵魂的回望"。在一次不太正式的交流中，贻亮用"通则不痛，痛则不通"来引入他对"通融课堂"的阐述，我深表赞同。时隔六年，在2019年3月19日，我收到了贻亮的赠书，于是，有机会了解贻亮成长为名师的"道"。

一、感谢成长中的"生长痛"，敢于尝试并坚持不懈

成长过程中难免会有"生长痛"，这正是教师专业成长道路上必不可少的"进化"之痛。贻亮在毕业初期尝试"愉快教学法"，所带的班级却在期末质量检测中平均分不及格；贻亮学习别人的教学技巧，却总感觉"丑态百出"……贻亮身上有着"爱拼敢赢"的晋江精神，他不甘心、不服输，忍住了"痛"，对自己的人生"不设限"，充分利用各种平台，抓住各种机遇，不断尝试，磨砺自我，积累经验。贻亮说他从教的20年，就是尝试的20年。这句话，我信。贻亮的"试"不是浅尝辄止，也不是"三天打鱼两天晒网"，他把尝试变成自己教学生活中的一种常态、融入教学生活中的点点滴滴，都落实到每一项工作的细

[①] 许贻亮.小学数学"通融课堂"的教学实践[M].福州：福建人民出版社，2019.

节中,使尝试成为"常试"。这样坚持不懈地尝试,让贻亮成为名师的可能性更大了。

二、发自内心的热爱,让成长一路芬芳

是什么让贻亮"从任务的驱动走向自我的需求,从模糊的自律走向清醒的自律"呢?应该是发自内心的热爱。首先,是对学生的热爱。尊重与爱护学生是每一个教师的天职,贻亮更是如此,因此他才会更用心地去了解学生,提炼出"通融课堂"的教学主张,让每一节课都成为学生生命历程中的美好时光。其次,是对课堂的热爱。一个热爱课堂的人,是不允许自己虚度每一节课的40分钟的。贻亮努力把数学教得简单些、通透些,着眼于学生数学认知结构的建构、丰富与完善,追寻与实践着小学数学"通融课堂"的教学主张。最后,是对教育的热爱。以人为本的教育观让贻亮在教学中不断思考、实践、反思、再思考,为的是尊重每一个生命个体,让每一个学生在数学上得到发展。唯有热爱,才能让贻亮"敢和教学谈一场终生恋爱,时刻保持着热情与激情,敢想、敢试、敢做!"

三、感谢生命中的"重要他人",成为伙伴生命中的"重要他人"

贻亮是幸运的!在他的成长过程中,有诸多"生命中的重要他人"对他点拨与指引他,如身边的师长、同事、友人、亲人,如所读过的书中的专家、学者、名师、友人。他们或促膝而谈,或隔空传音,使得贻亮从农村学校一步步走出来,不断成长、蜕变。为什么会有这么多"贵人"相助呢?我想,这得益于贻亮本身谦逊、好学的品质。成长后的贻亮并不傲娇,也不骄傲,他一如既往地低调、谦逊。后来,贻亮成了晋江第二实验小学的副校长,全面主持晋江第二实验小学第二校区的工作。当了校长的贻亮,依然不舍他热爱的讲堂。他把自己多年的经验和智慧,依托团队"许贻亮小学数学工作坊",尝试开展"观首映课堂""干货式讲座""前沿发布"等教研活动,让更多小数人受益,他也成为伙伴们生命中的"重要他人"。贻亮依旧坚持"常试",这些印迹,拓宽了他行走的道路,给予他不同的营养积淀。我相信,贻亮和他的伙伴们将在教育的道路上走得越来越远!

名师的成长之路不可复制,但可借鉴。我虚长贻亮一两岁,品贻亮的书,我该好好见贤思齐了!

利用画图表征，在对比与抽象中认识倍

——《倍的认识》教学思考

课前思考 ▶▶▶

通过几次试讲和在不同地方执教《倍的认识》，我发现学生学习"倍"具有一定的困难，主要表现为以下几种情况：（1）当出示小鸭和小猴子的数量时，绝大多数学生都能提出比多、比少和求总数的问题，只有个别学生听说过"倍"，但不知所以然。（2）在学习如"6是3的2倍"时，曾有来自城乡不同学校的孩子说出了一句同样的话，"6比3多2倍"（比多比少知识的负迁移）。（3）课后小测发现，有一部分学生不能结合具体情境进行分析，不能正确选择算法（乘法或除法）来解决问题。

分析产生学习困难的原因，正如刘加霞教授所说的，"倍"的学习正是学生建构"乘法结构"的开始。也就是说，"倍"产生的前提和基础是两者比较，表现为两事物之间"率"的关系。而之前学生头脑中所建构的是"加法结构"，是数量的合并与多少比较。因此，"倍"对于二年级学生而言，是一个比较抽象的概念。

基于以上认识，我认为教学中要充分利用学生对"乘、除法意义"的认识以及有关"一份"和"几份"的经验，将之作为学习新知的生长点和支撑点。经过认知的同化（都是求"一个数里含有几个另一个数"），学生把"倍"的认识纳入已有的认知结构中。教学过程通过大量的操作活动，借助画图表征的功能，不断丰富学生的思维，凸显概念的结构关系。并且，不断进行对比与抽象，完成对"倍"从"形"到"数"的转化，逐步丰富"倍"知识的表象，深化学生对"倍"知识的理解。

| 课堂实践 ▶▶▶

一、从"形"到"数",初步认识"倍"

1.出示主题图(如下图),学生数一数,填一填。

学生能既快又准确地数出各种小动物的只数并填在对应的方框里。

2.圈一圈,认一认,引出"倍"。

(1)认识"1份"和"几份",引出"倍"。

引导学生比较小猴子和小鸭子的只数。请学生独立用一个圆片表示一只小动物,表示出两种动物的只数,并根据摆出的圆片,说说知道了哪些数学信息。

通过反馈了解,绝大部分学生都能提出"比多比少"或"求和"的具有"加法结构"的问题。

师:同学们,小猴子的只数和小鸭子的只数除了比多比少,还可以这样比较。

(教师把表示小鸭子的只数的 6 个圆片分成 2 份,每份 3 个,和表示小猴子的 3 个圆片一一对应摆好。并且故意边放慢速度调整边看学生的反应,只见几个学生眼前一亮,仿佛有所发现。)

生:老师,表示小猴子的圆片有 3 个,小鸭子是 3 只一堆,一共有这样的 2 堆。

师:是啊,把小猴子的 3 只看成 1 份(圈起来),小鸭子的只数就有这样的 2 份(3 只圈 1 份,圈了 2 份)。像这样,6 里面有 2 个 3,我们就说 6 是 3 的 2 倍,也就是说,小鸭子的只数是小猴子的 2 倍(如下图)。

师：两个数比较，除了比多比少，还可以像这样比。这就是我们这节课要学习的内容。（板书"倍的认识"）请同学们把圆片也像这样挪一挪，和同桌互相说一说：把谁看成1份，谁是谁的几倍。

（教师引导学生结合摆出的圆片进行描述）

3.画一画、圈一圈、填一填，初步建立"倍"的概念。

（1）认识几倍。

师：比较完了小猴子和小鸭子的只数，咱们再来比一比小松鼠和小鸡的只数吧！你能用"谁是谁的几倍"来比一比小松鼠和小鸡的只数吗？这次我们不摆圆片，可以用一个〇表示一只小动物，也可以用其他图案来代替小动物。请同学们用你们喜欢的图案，分别表示出小松鼠和小鸡的只数，并且圈一圈，让人清楚地看出谁是谁的几倍。

（学生独立画一画、圈一圈，教师巡视中发现大部分同学有意识地以2个为1份并圈起来。）

师：（展示学生作品）现在是谁和谁在比较？从他画的图中，你能清楚看出谁是谁的几倍吗？

生：把小松鼠的只数看成1份，小鸡的只数有这样的4份，我们就说小鸡的只数是小松鼠的4倍。

生：8里面有4个2，所以8是2的4倍。

师：其他动物也嚷嚷着要比一比只数。同学们，请像刚才那样画一画、圈一圈，再和同桌互相说一说：谁和谁比，把谁看成1份，谁是谁的几倍。

（学生先独立完成，然后与同桌互相说一说，教师加强巡视指导。全班交流后师生共同总结：在比较两种动物的只数时，把一种动物的只数看作1份，再看另一种动物的只数里有几个这样的1份，就是它的几倍。）

（2）探索列式计算的方法。

师：同学们，请再认真观察图中的信息，除了刚才咱们比较的这些动物的只数存在着倍数关系，你还能找到哪两种动物只数间的倍数关系？你是怎么想的？如果不画图，你能列出数学算式来解答吗？

（教师说明：因为"倍"是表示两个数之间的关系，不是单位名称，所以得数后面不要写"倍"。）

（3）回顾小结。

师：同学们，刚才咱们认识了"倍"，谁能举个例子说说，谁是谁的几倍吗？

（学生或结合刚才的动物之间的倍数关系，或自己画图举例来说明。）

师：（小结）像这样，把一个数作为1份，另一个数里有这样的几份，我们就说是这个数的几倍，咱们可以通过画图知道谁是谁的几倍，还可以用除法算式来表示。刚才咱们是用画一画、圈一圈的方法知道了谁是谁的几倍，现在，请同学们列出算式计算出谁是谁的几倍，写在书上。

二、在"变与不变"的对比中理解"倍"的概念

在上个环节中，学生接触了大量实物间的倍数关系素材。画图表征（圈一圈）凸显了"倍"的概念本质，帮助学生初步理解"倍"的概念。而如何让学生进一步理解"倍"的概念呢？这就需要在不断对比与抽象中，舍弃各种不相干的因素，在变化中抓住"不变"，而这"不变"就是它们的量性特征，就是"倍"的本质！教学中，我通过一系列活动，引导学生在"变与不变"的对比中理解"倍"的概念。

1. 一倍数不变，几倍数变化。

（1）出示蛋糕图（如下图）。美羊羊做了3个草莓蛋糕和12个爱心蛋糕。请问：爱心蛋糕的个数是草莓蛋糕的几倍？

在学生回答并说出自己的思路后，课件动态演示，逐份增加爱心蛋糕，教师追问：现在爱心蛋糕的个数是草莓蛋糕的几倍？你是怎么想的？

（2）客人们吃了一些爱心蛋糕，现在，爱心蛋糕的个数是草莓蛋糕的几倍？

课件动态演示，逐份减少爱心蛋糕，最后屏幕上的草莓蛋糕、爱心蛋糕各有3个。师生在讨论中明确：把草莓蛋糕看作1份，爱心蛋糕也有这样的1份，就说爱心蛋糕是草莓蛋糕的1倍，也可以说草莓蛋糕是爱心蛋糕的1倍，此时，两种蛋糕的个数是一样的。

提问：草莓蛋糕一直都是3个，为什么爱心蛋糕的个数是草莓蛋糕的几倍却一直在变化？

追问：如果爱心蛋糕有这样的7份、10份、100份呢？你发现了什么？

小结：把草莓蛋糕看成1份，爱心蛋糕有这样的几份就是草莓蛋糕的几倍。

2. 几倍数不变，一倍数变化。

懒羊羊也学着制作蛋糕，他做了 12 个爱心蛋糕，还做了一些草莓蛋糕，请问：爱心蛋糕是草莓蛋糕的几倍？

师生讨论后归纳：倍是两个量在比较，不知道草莓蛋糕的个数就无法比较。

提问：看来 1 份草莓蛋糕有几个太关键了，大家猜猜，草莓蛋糕可能有几个？这时，爱心蛋糕是草莓蛋糕的几倍？

学生纷纷猜测并说明自己的思路。

追问：爱心蛋糕一直是 12 个，为什么两种蛋糕之间的倍数关系却发生了变化？

师生讨论后明确：爱心蛋糕和草莓蛋糕在比较，这里要看草莓蛋糕有几个，它是比较时的标准，标准变了，倍数也就发生了变化。

3. 倍数不变，一倍数变化。

师：请你在本子上画一画：在第一行画圆形，想画几个就画几个，在第二行画三角形，让三角形的个数是圆形的 2 倍。

（学生独立画，教师巡视。完成后全班交流、反馈。）

师：要求画出的三角形的个数必须是圆形的 2 倍，为什么大家画出的三角形的个数却各不相同呢？

生：因为第一行画出的圆形的个数都不相同，它的 2 倍也就不相同了。

师：请你们再想一想，尽管圆形和三角形的个数不尽相同，但有一样是相同的，那就是——

生：三角形的个数都是圆形的 2 倍。

师：为什么三角形、圆形的个数各不相同，可是三角形的个数却都是圆形的 2 倍呢？

生：因为把圆形的个数看成 1 份，三角形的个数始终有这样的 2 份，所以就是圆形的 2 倍。

师：是啊，只要三角形的个数有 2 份圆形的个数那么多，我们就说三角形的个数是圆形的 2 倍。

通过以上一系列"变与不变"的对比活动，学生在圈一圈、画一画、说一说中进一步明确：以一方为标准，另一方有这样相同的几份就是它的几倍，建构了倍的直观模型（如下图）。引导学生异中求同，使学生自己在比较中揭开"倍"的本质。

标准：

被比较的量：

三、在练习中深化"倍"的概念

1. 估一估。

（出示蓝色带子和粉色带子图）

蓝色带子

粉色带子

师：同学们，请你估一估：粉色带子的长是蓝色带子的几倍呢？（生估算）估得对不对呢？咱们可以怎样验证？

生：可以量一量，看看粉色带子有几个蓝色带子那么长。

（课件动态演示：以蓝色带子的长为标准，去度量粉色带子有几个蓝色带子那么长，结果发现，粉色带子的长是蓝色带子的 5 倍。估得准的同学不禁欢呼起来。）

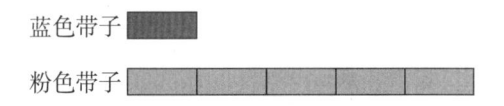

蓝色带子

粉色带子

师：如果，我把彩带变成了线段，（课件动态演示）现在，你还能说出谁是谁的几倍吗？

蓝色带子

粉色带子

生：（几乎异口同声）粉色带子的长还是蓝色带子的 5 倍。

2. 猜一猜。

（出示课件）

老师的女儿苗苗今年 7 岁，老师今年几岁？

（学生纷纷猜测教师的年龄，有的凭感觉猜测，有的进行合情推理。）

师：大家的猜测都不太一样，但都好像有道理。只有屏幕上提供的这个信息，你能知道老师的准确年龄吗？要知道老师的准确年龄，还需要知道什么信息？

生：可以补充老师比苗苗多几岁或者苗苗比老师少几岁。

师：很好，可以补充上"比多比少"的信息。如果用今天学的"倍"，你们能补充上相关信息吗？

生：（齐）可以。

师：你觉得补上谢老师的年龄是苗苗的几倍比较合理呢？

生：我觉得要补上"谢老师的年龄是苗苗的 5 倍"。

师：哦，这样的话，谢老师应该是几岁了？

生：35 岁。

师：其他同学觉得如何？

（全班同学都表示想的一样。）

师：为什么不说"谢老师的年龄是苗苗的 7 倍"呢？

生：哇，那就 49 岁了！谢老师没那么老。

师：补充上"谢老师的年龄是苗苗的 2 倍"，可以吗？

生：（哈哈大笑）那样老师就太年轻了，和我们差不多！

师：通过今天的学习，我们知道了两个量的比较既可以进行比多比少，也可以用"倍"来表示。

课后反思和启示

利用"形"的直观，让学生在摆一摆、圈一圈、画一画中初步建立"倍"的表象。上课伊始，利用圆片代替小动物的只数摆一摆、挪一挪、圈一圈，之后画一画、圈一圈，且要求学生画的图要"让人清楚地看出谁是谁的几倍"，这样让学生明确圈的目的就是要看一个数里面有几个另一个数，这个数就是另一个数的几倍。运用观察、操作、比较、讨论、说一说等灵活的形式，丰富学生的感性认识，并和已有知识"几份""几个几"联系起来，把新知纳入已有的认知结构。

运用比较，逐步完成从"形"到"数"的抽象过程。比较和抽象是重要的数学学习方式，在本课的教学中，"比较"一直贯穿始终。比如，创设"一倍数不变，几倍数变化""几倍数不变，一倍数变化"，以及"倍数不变，一倍数变化"三个实际情境，让学生在比较异同中辨析，把握"倍"的本质。并且，在逐步地抽象中，由"形"到"数"，水到渠成地列出算式解决问题。

应用变式，让学生在想一想、议一议、说一说中理解"倍"的内涵。本课还注重变式教学的应用。比如，故意只出示爱心蛋糕的个数而不告诉草莓蛋糕的个数，让学生在讨论中明白比的标准（一倍数）的重要性，而在"猜猜，草莓蛋糕可能有几个""这时，爱心蛋糕是草莓蛋糕的几倍"的过程中，又进一步理解了"倍"的意义。在"画三角形，让三角形的个数是圆形的2倍"的活动中，学生在操作、辨析中对"倍"的内涵的把握慢慢从感性走向理性。在"估一估：粉色带子的长是蓝色带子的几倍"的活动中，学生已经能感悟到：以蓝色带子为标准去度量粉色带子，有这样的几份，就说明粉色带子是蓝色带子的几倍长。从实物图演变为线段图，变化的只是呈现的形式，不变的是"倍"的本质。

这样精心设计活动，充分利用"数形结合"，让学生在比较与抽象中，逐步从"形"到"数"，较好地掌握了"倍"的概念。

12.

为数学阅读点一盏灯：
宋君老师阅读之悟与教学智慧

宋　君

中小学高级教师，现任教于河南省郑州市金水区金桥学校。被评为全国教育科研先进个人、全国小学数学奥林匹克优秀指导教师、中原名师、河南省教师教育专家、河南电视台民生频道智库教育专家、第七届当当影响力作家"人气名师"、河南省优秀教师、河南省学术技术带头人、第二届河南最具影响力教师、中原英才计划领军人才——中原教学名师等。曾获河南省基础教育教学成果奖二等奖、郑州市人民政府表彰的社会科学优秀成果一等奖。在省内外作讲座400多场。发表教育教学文章300余篇，出版《数学阅读的教与学》《读懂学生》等专著。先后在《数学大世界》《小学生学习报》等报刊上连载数学故事、数学连环画、数学童话300余篇，出版儿童读物"魔力数学"丛书。在教学中，提出并践行"智慧数学"的教学主张，长期致力于儿童立场的教学和数学阅读的推广。

智慧数学：我的课堂教学主张

——读《教学主张与名师成长》[①] 之悟

作为名师，我们应该有自己的教学主张。我静静地阅读着《教学主张与名师成长》一书，沉迷于书中所分享的教学主张的魅力中。余文森教授说："一个教师即使著作等身，荣誉无比，但如果缺乏自己的教学主张，从专业上讲，他依然还是一个无'家'可归的流浪汉、'门外汉'。"作为教师，我们应该在实践中提炼并总结自己的教学主张。

书中明确提出了形成教学主张的两条路径：归纳的路径——实践路径，立足实践，不断总结和提升；演绎的路径——研究路径，理论导向下的实践，基于理论演绎自我的教学主张。还有三个视角，即学科的视角、教育的视角和儿童的视角。书中还有一些名师的教学主张以及相关的专家点评，阅读后，收获颇多。作为一名有20多年教龄的老师，在阅读本书后，回顾自己成长的历程，我提出了自己的教学主张——智慧数学。

深刻、独到、广博、启发、机智、绝招……这些都是智慧。智慧从何而来？笛卡儿说"我思故我在"，多想多思考就是一切智慧的源泉。数学中蕴藏着一种至简至和的智慧，一种至真至通的智慧，一种创造探索的智慧；数学引领人们智慧地思考，成就智慧人生。

智慧一旦在真正意义上实现回归，教育便是在真正意义上找准了它的位置。课堂是一个智慧共生的场所，在智慧和智慧的碰撞中，我们一起品味共同成长的快乐。在课堂教学中，教师作为一个引领者，带着学生领略教学独特的风

[①] 余文森，成尚荣.教学主张与名师成长［M］.福州：福建教育出版社，2017.

景。通过一节课的教学，我们能看到一个广阔的世界，引领着学生健康成长。我在课堂教学中，一直在朴实、大气、开放中追求"智慧数学"。

朴实，也就是追求教育教学的朴实无华。在教学中，我们应该追求效益，也就是课堂的有效性，把我们的课堂尽可能锤炼成"大智者的教学"。大气，也就是追求教育教学的收放自如，在充分预设的基础上追求精彩的生成，合理取舍，真正做到有智慧地教学，追求大气的课堂。开放，也就在教育教学中，做到课程资源的开放、课堂的开放、教学的开放……真正在开放的课堂中追求教育的智慧。智慧的课堂是为师生发展而教，为师生发展而学，真正做到教是为了不教，学是为了会学。

一、朴实的课堂是智慧的课堂

追求课堂教学的朴实，是倡导教师明白课堂的真义在于追求生命真性情的舒展，并不是一种以学生和教师为代价的表演。朴实的课堂能够让我们感受到智慧的光芒，也能感受到师生在课堂上成长的意义和价值。

记得在参加郑州市第三届名师选拔时，我提前两天得知课题是《圆的认识》。由于不能提前见学生，不了解学生的数学学习情况，我决定上一节常态课，上一节朴实的课。上课时，我是这样进行的："这节课我们来学习'圆的认识'，关于圆，你都知道些什么？"我针对学生的回答及时板书。我接着问："关于圆，你还想知道些什么？"我针对学生提出的问题进行分类。我接着学生的思路说："这节课，我们就围绕黑板上的问题进行研究，我们带着这些问题一起走进圆的世界。同学们提出的其他问题我们先存在'数学银行'中，在以后的数学学习中进一步研究。"

我在学习新课之始，引导学生说出已有的知识经验，提出进一步研究的问题，找准教学起点，为新知的学习奠定良好的认知基础。这样的设计朴实、简单，这样进行的课堂教学是让教学回归朴实，这种简单中其实蕴涵着不简单，朴实中彰显着智慧。

二、开放的课堂是智慧的课堂

智慧的课堂应是充满问题探索精神的。"学贵知疑，小疑则小进，大疑则大进。"发现问题、提出问题、分析问题、解决问题的过程就是学生自主探索学习的过程。学生只有在积极参与、自主探究中，才能激发求知欲、好奇心，才能变知识的被动接受者为主动建构者，才能真正成为学习的主人。

这让我想起我执教《三角形边的关系》一课时的情景。课前，我让每个学生准备了 2 厘米、3 厘米、4 厘米、5 厘米、6 厘米长的小棒。在课堂上要求学生任意选三根小棒，动手摆一摆，看能不能摆成三角形。通过汇报交流，学生基本认可：当两个短边的和大于第三条边的时候，就能摆成三角形。但当学生 A 提出"三根长 2 厘米、3 厘米和 5 厘米的小棒也能摆成三角形"时，教室里顿时像炸开了的锅。这时学生 B 站起来说："通过刚才的探索，我们已经发现当两个短边的和大于第三条长边的时候，能摆成三角形，而 2+3=5，并不大于第三条长边，所以我认为不能摆成三角形。""刚才我们探索发现的是'当两个短边的和大于第三条边的时候，就能摆成三角形'，并没有说等于的时候不能摆成呀！"学生 A 反驳道。我该怎样来处理这个课堂上的生成呢？"老师，我们可以动手摆一摆来证明我们的观点。"学生 C 的话提醒了我。实践是检验真理的唯一标准，我让同学们拿出小棒进行拼摆。教室里静悄悄的，但我分明感受到学生不甘示弱的思想在流动。"大家看，我用我的小棒就摆不成三角形。"学生 D 边说边在展示台上展示。"反对！我的小棒就可以摆成三角形。"学生 E 说。我请这个学生也上台进行了展示。在对这两种结果的争辩中，许多学生是赞同能摆成的。于是，我组织学生进行了一场针锋相对的辩论。

"老师，我认为小棒在拼摆的时候有误差，应该不能摆成三角形！"有学生说。"我们已经摆成三角形了啊！"学生 A 得意地说。当时仍然有许多学生支持学生 A。如果此时我跟学生说拼摆有误差，学生是绝对不会信服的，我在寻找解决问题的突破口。

通过拼摆，课堂仍然存在争议。"你们能不能想办法验证自己的观点？"我问。学生开始投入积极的思考之中，教室里又安静了下来。大约 5 分钟后，有一个学生举起了手，我示意她进行回答。她说："我想利用上学期我们学过的'两点之间线段最短'来说明我的观点。我们知道最长的小棒是 5 厘米，可以画一条 5 厘米长的线段。"她边说边画，"刚才很多同学都赞同能摆成三角形，如果能摆成三角形，就是这样的。我们知道两点之间线段最短，而在摆成的三角形中，5 并不小于 2+3，所以我认为不能摆成三角形。"太精彩了！

小小的课堂，是一个捉摸不定的场所。当我们开放了我们的教学，开放了课堂，课堂便会演绎出精彩的生成。总之，"智慧并不表现在经验的结果上，也不表现在思考的结果上，而表现在经验的过程，表现在思考的过程。""智慧表现于对问题的处理,对危难的应付,对实质的思考以及实验的技巧,等等。"开放课堂,给学生留出充足的时间,给予学生充分思考的空间,使学习更具智慧,也让师生在课堂中得到共同成长。

三、大气的课堂是智慧的课堂

雅斯贝尔斯认为:"教育的过程首先是一个精神成长的过程,然后才成为科学获知过程的一部分。"在课堂教学中,我把课堂作为一个"场"进行思考和实践。

《买书》一课是在学生已经初步感知了小数的意义及认识元、角、分后,引导学生学习小数加减法(不进位或退位)的算理和算法,掌握计算方法,并能正确进行计算。我在执教这一课时是这样和学生交流的:"今天,我们来学习课本第6页,请同学们打开课本进行自学,想一想,通过自学,你学会了什么?有什么问题?"学生进行自主学习,我开始巡视。在此基础上,我接着提问:"请同学们围绕刚才老师提出的'你学会了什么?有什么问题?',在小组内进行交流。"学生分小组进行组内交流后,我继续追问:"谁来汇报你们组学会了什么?"接着,小组交流、全班汇报。在小组交流、全班汇报的过程中,我注意让每个学生都积极参与,积极启发学生思考,在交流、碰撞中丰富、完善自学内容,加深对所学内容的认识。

这样的课堂,真正让学生成为课堂的主人,把课堂还给学生。学生围绕学习内容与问题解决的方法、途径等,提出自己的想法,实现思想的交流、方法的互补和智慧的碰撞。学生在进行自主探索或者讨论时,教师要积极地看,积极地听,设身处地地感受学生的所言所行、所思所想,随时掌握课堂中各种情况,考虑下一步如何引导学生思考,做一个积极的旁观者。这样的课堂才是大气的课堂,这样的课堂才能成为魅力十足的课堂。

总之,智慧课堂是朴实的课堂,是开放的课堂,是大气的课堂;智慧的课堂是扎实有效的课堂,是唤醒智慧的课堂,是生命发展的课堂……让智慧唤醒课堂,在动态生成的课堂教学中追寻有智慧的教育。

走一条有特色的数学教育之路

——读《邱学华论数学教育》[①] 之悟

2021年寒假,我读了《邱学华论数学教育》一书,感触颇深。其实,邱学华先生的书我很早就有(其1988年、1992年的著作都在我的书柜中珍藏着),我也拜读了他大量的文章,但是读这本书却有不一样的感受,它让我看到了一个有着深厚的教育情怀、一个对数学教育如此痴迷和执着的邱学华先生。邱学华先生享受国务院政府特殊津贴,获得2014年基础教育国家级教学成果奖一等奖等奖项。我在想,是什么让邱先生对教育如此执着?是什么让邱先生在数学教育的道路上走得更远?阅读这本书,会让我们有更多思考。

一、用专业促进发展

这本书主要谈数学教育。邱先生从16岁开始成为一名农村小学教师,1956年发表第一篇文章,到如今已经发表了700多篇文章,主编和编写的教育方面的著作和学生课外读物近300本。这位80多岁的老人有着60多年的教育经历,这是一段怎样的教育人生啊!这本书介绍了他的数学教育,激励着我们不断成长和思考。

这本书收录的文章跨度近60年,在邱先生60多年的数学研究道路上,我们看到了他如何遵循数学学习规律,发挥学生的智力水平和非智力水平,探索数学的方法,注重学习方法的指导,提升数学教育质量。无论是他发明、设计的第一张口算表,还是他在下乡时利用土圆囤粮仓的容积和稻谷的比重设计的

---

① 邱学华. 邱学华论数学教育 [M]. 上海:华东师范大学出版社,2019.

土圆囤粮仓中的重要标尺，我们都可以看到他在用专业的力量推动着数学教育的发展。作为一名教师，当我们真正在教育教学的过程中认真钻研业务、专心研究时，才能更好地促进自身专业发展，才能更好地体会到专业的力量，在专业引领的过程中做得更好，走得更远。

二、用实践提升认知

邱先生始终坚持"教育实践是教育理论的源泉"的真理，所以他始终没有离开教学一线，在教育教学的实践中萌生了很多新思考、新方法。无论是口算表，还是口算、笔算和珠算"三算"结合实验；无论是土圆囤粮仓中的重要标尺的发明，还是应用题教学的探索……我们都可以看到他立足实践，不断在实践中创新，不断在实践中尝试。正是这样的创新和尝试，让我们感受到了儿童数学教学的奥秘，感受到了尝试教学法的魅力。我们应该学习邱先生，在不断尝试的过程中，感受学生学习的快乐、教师实践的乐趣，从而促使我们在不断探索实践的过程中进行理论创新，进而提高教育教学质量。所以，我们要以遵循数学教学规律为前提，更好地提升教学品质，真正让教学走向有效。

立足教学实践的探索是不断丰富完善的过程，立足实践的探索也是不断自我提升、建构新的教育理论的过程，只有真正立足实践进行研究、探索、创新，才能更好地促进教育教学走向深入。

三、用影响提升影响

很多人认为邱先生已经出了很多书，发表了很多文章，得了很多奖，就不必奋斗了，但是邱先生并没有这样停歇，而是把成果推广，使更多教师可以掌握，并运用到自己的教育教学中。他在全国各地作了几百场报告，上了几百堂公开课。在一次次推广中，我们感受到了生命的活力。他用实际行动影响了更多教师，他引领教师在分享中不断思考。

尝试教学法是立足中国教育教学实践，不断创新的教学方法。邱先生扎根我国小学数学教育理论和实践领域，创造性地提出尝试教学，真正探索出一条新路子，为小学数学教学改革提供了很好的范例。当我们走进《邱学华论数学教育》这本书，当我们细细品味书中的文字，就会发现这种力量特别强大，这是一种在相互影响的过程中成长的力量。

邱先生用实际行动对数学教育进行了全方位的诠释、多角度的探索，也让我们看到了立足实践的理论提升和教育教学实践过程中的成长。我们也应该立足教育教学实践，在探索和前行的过程中收获数学教育的未来。回想我的研究历程，这些年我聚焦数学阅读进行实践与探索，先后发表了数学阅读故事400余篇，出版数学课外读物"魔力数学""橡皮擦下的数学"等丛书，2022年，"魔力数学"丛书的版权还输出到阿拉伯联合酋长国，实现了数学文化的输出；也出版了《数学阅读的教与学》等多本专著，这些都是研究带来的收获。

　　读完这本书，掩卷而思，收获最大的就是成长的力量、专业发展的力量。我们应该向邱先生学习，在专业领域中进行实践探索，不断辐射、引领更多教师的专业发展，提升尝试教学法的影响力，真正在实践中促进数学教育的创新，走出一条有特色的数学教育之路。

真阅读，会思考，善表达

——《魔力数学Ⅲ》导读课教学实录

文本分析 ▶▶▶

"魔力数学"共4册，由大象出版社出版发行，适合一至六年级的学生阅读。这4册中的每篇文章里都有短小精悍、富有数学思考的有趣故事，每篇文章都由"故事分享""思考分析""拓展思路""答案提示"和"智慧提升"几个版块组成。在阅读中，学生会和书中的主人公淘淘、乐乐一起去发现生活中的数学，感受数学学习的乐趣，引导学生在"玩"中学，学中"玩"。《魔力数学Ⅲ》适合四年级学生阅读。这本书能开阔学生的视野，引导学生了解数学在生活中的更多应用，感受并体会身边的数学，并爱上数学。

设计理念 ▶▶▶

本节课为数学导读课，旨在借助《魔力数学Ⅲ》中的四篇文章——《化死为生的智慧》《帽子的颜色》《巧移火柴棒》和《巧比角的大小》，激发学生对数学阅读的喜爱，让学生了解到数学不是枯燥的数字，而是充满了乐趣。通过走进美妙的数学王国，让学生爱上数学，提升数学素养。

教学目标 ▶▶▶

1. 激发学生的阅读兴趣，感受数学是有趣的，并对数学课外读物产生强烈的阅读冲动，积极主动地阅读。

2. 激发学生对数学原理的探索，探寻数学故事背后的数学规律和性质。

3. 在交流中提高学生阅读的兴趣，培养"读思结合"的阅读习惯，在积极的思考中学会解决问题。

教学过程 ▶▶▶

一、激趣导入

师：同学们，你们读过哪些数学课外书？

生：我读过《数学司令》。"数学司令"叫牛牛，他在七七王国当司令官，带领 777 名士兵出征八八王国，一路上遇到不少难题。这些难题都与数学知识有关，他们只有解决了问题才能战胜八八王国。我一边读童话故事，一边快乐学数学。

生：我读过绘本《我家漂亮的尺子》。在绘本中，不同事物大小比较、用身体测量、辨认货币、看时间、认识时间概念的独特性等主题，让我对测量有了深入理解。

生：我正在读《马小跳玩数学 4 年级》。在这本书中，马小跳不仅和我们一起学数学，而且用聪明又巧妙的方法玩各种各样的数学游戏。我跟着他一起认识了数学之神阿基米德、科学巨人牛顿、数学王子高斯……跟着马小跳，轻轻松松、快快乐乐"玩"数学。

师：看来同学们阅读了不少数学课外读物。今天，宋老师给大家推荐一本数学课外读物。（出示《魔力数学Ⅲ》封面，图略。）

师：猜一猜，这本书会写些什么内容？

生：这本书会写一些数学魔术，所以才会是魔力数学。

生：这本书会写一些数学故事，让我们对数学着迷。

生：我猜会写一些有趣的数学，这样才能让我们有魔力。

师：看来同学们对这本书充满了无限向往和期待。"魔力数学"共 4 册，适合一至六年级学生阅读。这 4 册中的每篇文章里都有内容短小精悍、富有数学思考的有趣故事，书中的主人公淘淘和乐乐也是四年级的学生，他们将带着我们一起走进美妙的数学世界。宋老师之所以推荐这本书，是因为这本数学课外书是一本很适合我们现在阅读的书。

> **设计意图**
>
> 从推介数学课外读物入手，不仅能了解学生的数学阅读基础，而且能引导学生了解要推荐的书的内容，激起学生强烈的阅读欲望和兴趣，为导读课的开展作充分的心理准备。

二、阅读分享

师：这本书到底写了些什么呢？下面，让我们一起走进这本书。

（一）故事启智——化死为生的智慧

师：在森林里，有一只小猴子冒犯了狮子大王，狮子大怒，决定将小猴子吃掉。按照动物王国的法律，犯人在临死前还有一次选择生死的机会，那就是由大象法官拿来一个盒子，盒子里有两张纸，分别写着"生"与"死"。如果摸到"生"则生，摸到"死"则死。这只小猴子会摸到什么呢？

生：小猴子可能摸到"生"，也可能摸到"死"。

生：摸到"生"和"死"都有可能。

师：可是，狮子大王偏偏想让这只小猴子死，于是派人悄悄地把盒子中写"生"的纸条拿掉，换成写"死"的纸条，而大象法官并不知道。此时，小猴子的命运会怎样呢？

生：小猴子这下可惨了，一定是死路一条。

生：小猴子太冤枉了，不可能活。

师：当盒子中的"生"字被狮子大王换掉后，大家都以为小猴子一定会死。可是，有个好心的小动物悄悄地把这个秘密告诉了小猴子。这只小猴子想了一夜，终于想出了一个好办法。小猴子最终没有死，而是被释放了。你知道小猴子想出了什么好办法吗？请谈谈自己的想法。

生：我认为小猴子可以向公正的大象法官讲清事实真相，请公正的大象法官裁定。

师：我认为你的想法很好。但我们仔细想想，这样一来，公正的大象法官会怎样做呢？

生：会将盒子里的纸条改成公平的，也就是盒子里有两张纸，分别写着"生"与"死"。

生：但这样我们就不能保证"小猴子最终没有死，而是被释放了"。所以，这样不行。

师：谁有不同的想法？

生：盒子里两张纸条都写着"死"，而结果是"小猴子最终没有死，而是被释放了"，那么，如果小猴子将摸出的纸条吞到肚子里，这样只能看盒子里的纸条，而盒子里的纸条一定写着"死"，小猴子就被释放了。

（生鼓掌）

师：小故事，大道理，现在你也能揭示其中的奥秘了！这就是阅读带给我们的快乐。

> **设计意图**
>
> 在讲故事的过程中激发学生的阅读兴趣，引导学生积极思考，在思考中感受数学的价值和魅力。

（二）游戏启智

1. 游戏分享。

师：书中有这样一个游戏——巧移火柴棒。游戏的具体内容是这样的。

（出示课件）

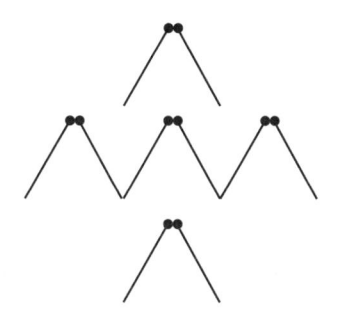

师：淘淘和乐乐一起玩火柴棒游戏，淘淘先用10根火柴棒摆成一条正在快乐地向上游的"小鱼"。这时，淘淘问乐乐："你能只移动3根火柴棒，使这条'小鱼'向下游吗？"乐乐心里想，可不能被淘淘给考住。于是，他再次观察这条"小鱼"，终于找到了方法。当他把方法告诉淘淘后，淘淘直夸乐乐是好样的。同学们，你们知道乐乐是怎样移动火柴棒的吗？

如果你是乐乐，你会怎样移动火柴棒？同学们，请动手试一试，也可以用彩笔在图上画一画。

生：我们可以将最左边的三根火柴棒平移到右面，就变成了向下游动的"小鱼"。

师：想一想，我们还可以怎样移动火柴棒？

生：我们可以将最右边的三根火柴棒平移到左面，就变成了向下游动的"小鱼"。

师：同学们真聪明！一下子就抓住问题的关键所在。

师：乐乐用火柴棒摆出了"1995"这个四位数（如下图）。现在只移动1根火柴棒，就能得到一个最大的四位数，这个最大的四位数是多少？请大家认真想一想，摆一摆。

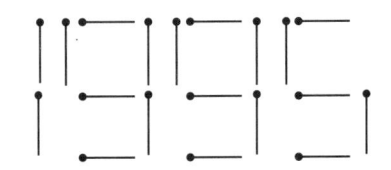

生：我摆成的数是7395。将千位上最左面的1根小棒拿去，放在1的左上，这样就比较大了。

生：我摆成的是7595，比7395大。

师：是的！大家明白怎么摆的吗？

生：（齐）明白！

生：老师，这样虽然可以得到一个更大的数，但不如拿走个位或十位上的一个小棒，这样会更大一些。

（生点头）

生：（接着说）个位，如果只动1根小棒会越来越小，只能动十位上的1根小棒。而十位上的小棒也是像刚才两位同学所说的，有两种方法，所以我找到的最大的四位数是7955。

师：这位同学不但找到了最大的四位数，而且有自己的方法，让我们把掌声送给他。

（生鼓掌）

师：还是"1995"这个四位数，现在只能移动1根火柴棒，得到的四位数中最小的是多少？请认真想一想，摆一摆。

生：可以摆成1395。

（很多同学都赞同。）

师：认真想一想，还能摆成更小的四位数吗？

（教室里安静了一会儿，一位学生举起了手。）

生：我们可以将百位上的9中间那一横竖过来，就变成了0，这样就摆成了1095。

（"哦！"很多学生发出了这样的感叹。）

师：很不错的想法，当我们在摆火柴棒时，除了移动火柴棒的位置，还可以改变火柴棒的方向，使这个四位数最小。宋老师为这位同学的想法点赞！

师：在玩火柴棒游戏的过程中，动脑思考、主动探索会让游戏更加有趣，会让我们增长智慧。

设 计 意 图

本环节通过阅读、拼摆火柴棒游戏，促使学生在动手中积极思考，在阅读中感受，在思考中完善，在操作中提升，真正在阅读中收获思考的快乐。

---

2. 游戏探究。

师：书中还有这样一个游戏：有4顶帽子，3顶是红色的，1顶是蓝色的，如果将2顶帽子戴在两个同学头上，而另一顶帽子戴在你的头上（每人只能看到另外两人头上戴的帽子的颜色，看不到自己头上的），并把剩余的帽子藏起来。动脑筋想一想，你知道自己头上戴的是什么颜色的帽子吗？说说你的想法。

（出示课件）

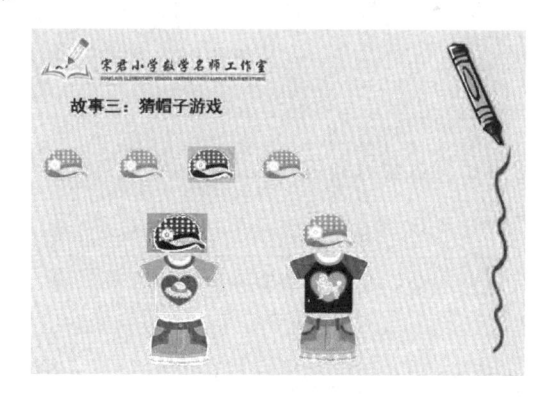

生：我头上戴的是红色的帽子。4顶帽子中，只有1顶帽子是蓝色，已经戴在一位同学头上，由此判断出我头上戴的一定是红色帽子。

师：很好！不但判断出帽子的颜色，而且有理有据。还是这 4 顶帽子，将 2 顶帽子戴在两位同学头上，另一顶帽子戴在你的头上，并把剩余的帽子藏起来。这时，你知道自己头上戴的是什么颜色的帽子吗？

（出示课件）

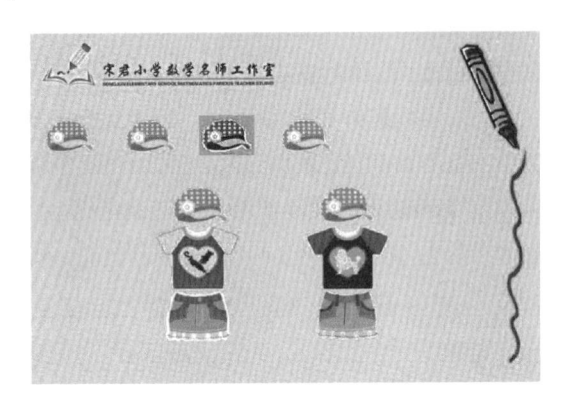

生：我头上戴的帽子可能是红色，也可能是蓝色。因为两位同学头上戴的是红色帽子，剩下的帽子可能是红色，也可能是蓝色。

师：如果这两个人也犹豫不决，你能判断出自己头上戴的是什么颜色的帽子吗？

生：这两个人也犹豫不决，说明我戴的帽子颜色不是蓝色，而是红色。如果我戴的帽子颜色是蓝色，另外两人一定会很快判断出自己戴的是红色帽子。

师：猜帽子游戏是不是很有趣？其实猜帽子游戏需要大家进行严密的推理、缜密的思考。这个游戏也告诉我们，数学其实可以成为我们解决生活中实际问题的有利助手。

设 计 意 图

先进行自主尝试，在尝试的基础上进行思考和交流，更利于学生把握故事背后的规律。

（三）阅读启智

师：有时，我们也需要在阅读中进行思考。下面，我们一起来静静地阅读《巧比角的大小》。请阅读材料中的故事。

（出示材料 1）

这些天，淘淘、乐乐和飞飞一起在研究图形世界。看！他们在看这样一个题目：下图中的∠1、∠2相等吗？请你说出自己的想法。

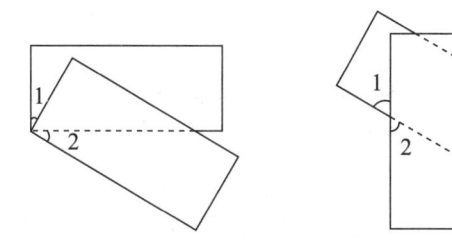

飞飞说："这还不简单！先剪出一个与∠1一样大的角，然后与∠2比较一下就可以判断出来。这样很简单！"

"麻烦！还得剪，还得比。不如拿量角器来量，这样就可以直接比较出大小。"乐乐接着说。

淘淘听了后说："我认为还有简单的办法比较∠1、∠2的大小。"

同学们，想一想，你能找到简单的方法吗？

师：想一想，你能找到简单的方法吗？

生：根据第一幅图我们知道，∠1+∠3=90°，∠2+∠3=90°（见下图），所以，∠1=∠2。

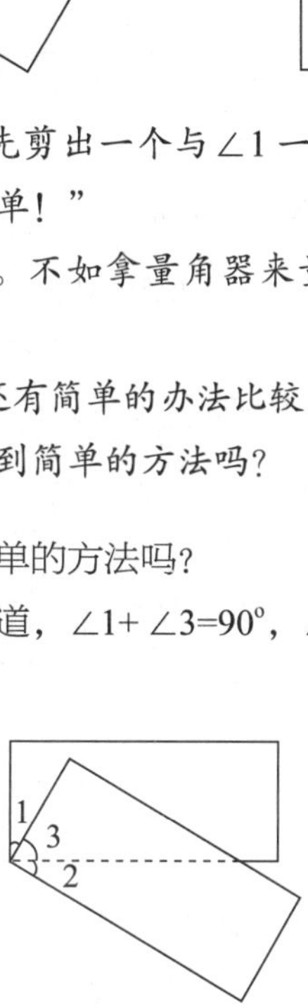

生：根据第二幅图我们知道，∠1+∠3=180°，∠2+∠3=180°（见下图），所以，∠1=∠2。

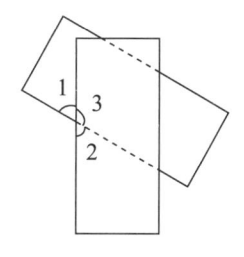

师：所以我们在判断两个角的大小时，可以借助中间角，巧妙比较两个角

12. 为数学阅读点一盏灯：宋君老师阅读之悟与教学智慧　223

的大小。

师：下面，让我们静静地阅读这个故事。

（出示材料2）

淘淘将一张长方形纸折起来以后形成两个角（如下图），其中∠1=30°，你知道∠2的度数吗？请你认真想一想。

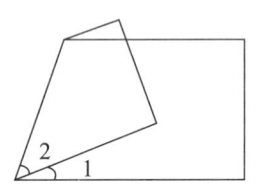

生：∠2=150°，但我看图中不太像是150°。

生：150°是两个∠2，因为淘淘将一张长方形纸折起来后，就变成两个∠2，∠2+∠2+∠1=180°。

生：我知道了，∠2是75°。

师：通过阅读这两个故事，我们发现在面对数学时，需要在认真观察中找到简洁、方便的方法，也需要我们认真思考，从而找到解决问题的办法。所以，思考能增长我们的数学智慧，让我们养成认真思考的习惯，收获数学思考的精彩。

（四）拓展引导

师：通过阅读《魔力数学Ⅲ》中的四个故事，我们收获了数学学习的快乐，其实《魔力数学Ⅲ》这本书中还有很多有趣的数学故事等着同学们去阅读，去细细品味。通过刚才宋老师的推荐，请你们再谈一谈对这本书的感受。

生：这是一本有魔力的书。

生：这是一本有趣的书。

生：这是一本好玩的书。

生：这是一本启迪智慧的书。

……

（五）小结提升

师：《魔力数学Ⅲ》中共有50个小故事，就让淘淘、乐乐带着你一起去发现生活中的数学，帮助你轻轻松松、快快乐乐地学数学、玩数学吧！阅读带来快乐，快乐产生兴趣，兴趣开启智慧，智慧引领发展，让我们一起踏上智慧阅读之旅，一起分享数学阅读的快乐。

设计意图

　　导入课应在学生充分感知的基础上进行总结提升，从而引领学生深入阅读，引导学生积极主动地阅读。

13.

把爱与智慧织进每一堂课中：
杨薪意老师阅读之悟与教学智慧

杨薪意

四川省特级教师，正高级教师，中国数学会数学教育分会理事。获四川省首届教书育人名师、天府名师、基础教育改革先进个人等称号。名师鼎兴工作室领衔人，成都市名师工作室领衔人，"常青树计划"学术导师工作室领衔人。崇尚"指尖上的数学"，深究基于理解的小学数学课堂教学改革，创建"教师主导，问题主引，学生主创，思维主场"的课堂范式，主研"成就学堂"课题。荣获第二届国家基础教育教学成果奖二等奖。

名师阅读之悟

会生活，懂教育，且享安然

——读《悠闲生活絮语》[①] 之悟

因为工作、生活，我先后搬过三次家，每搬一次家都会舍弃一些物件或书。然而，这本1991年由湖南文艺出版社出版的《悠闲生活絮语》，尽管纸张已经泛黄，封面开始破损，但收集了林语堂、梁实秋、丰子恺等31位中国现代文学著名作家1949年以前的作品，文字精练隽永，质朴无华，诙谐风趣，意境深远，我甚为喜爱而视为一宝，藏入书橱。27年来，每每闲暇，我便会时不时从书橱里把它取出来，沏上一壶好茶，偷得人生半日闲。

穿梭在31位大师的文字里，我常常被那些潇潇洒洒、灵气飞扬的文字带入另一个境界，恍若进入桃花源。在118篇美文中，我尤喜丰子恺先生的。不单因为先生的画作墨色淡雅，笔意历练，文字生动细腻，妙趣横生，更因为赏先生的画作，品先生的文字，能感受到先生是一位会生活、懂教育、多才多艺的可亲可敬的智者。

"我的孩子们！我憧憬于你们的生活，每天不止一次！"这是丰子恺先生在《给我的孩子们》中开篇的第一句。无需掩饰，作为母亲，作为教师，这样直抒胸臆的语言最能触动我的内心。那一刻，我相信，全世界的母亲都憧憬着自己孩子的未来，希望孩子们健康幸福，无忧无虑。那一刻，我相信，全世界的教师都憧憬着自己的学生能学有所获，学有所成，成为社会有用之人。

"瞻瞻！你尤其可佩服。你是身心全部公开的真人。你什么事体都想拼命地用全副精力去对付。"外婆普陀去烧香买回来给你的泥人，你何等鞠躬尽瘁地

[①] 林语堂，梁实秋，丰子恺，等. 悠闲生活絮语 [M]. 长沙：湖南文艺出版社，1991.

抱他，喂他……""两把芭蕉扇做的脚踏车，麻雀牌堆成的火车、汽车，你何等认真地看待，挺直了嗓子叫'汪——''咕咕咕……'，来代替汽笛。"每每读到如此生动的文字，我的脑海里便会浮现出这样的场景：一段悠闲的黄昏，一轮温暖的夕阳，静静地照在一方素净的四合院内，着一身长褂的丰子恺先生立在院门前，静静地望着孩子们。院子里是孩子们自由奔跑、嬉戏的身影和欢笑，先生眼里盈满了父爱。时光似乎就此停止。或许是孩子们纯真的情趣触动了先生，他突然转身进屋，或挥毫泼墨，或落笔生花，一幅幅画作、一篇篇美文就这样诞生了。

这需要有怎样的细心、怎样的心境，才能捕捉到孩子们的一言一行，一颦一笑？这需要怀有多大的博爱，才能让一个成人放下身段，用"佩服""真人""鞠躬尽瘁""何等认真"等字眼来由衷地赞美一个三岁儿童？不得不承认，我被先生这种对儿童的敬畏之心一次次感动，这种感动在《儿女》中表现得淋漓尽致。他在文中写道："天地间最健全的心眼，只是孩子们的所有物，世间事物的真相，只有孩子们能最明确、最完全地见到。我比起他们来，真的心眼已经被世智尘劳所蒙蔽，所斫丧，是一个可怜的残废者了。"面对儿童，先生如此卑微地自喻，让我顿悟，原来做一个好父亲，做一个真正的长者，要从儿童的种种行为举止中领悟童趣，触摸童心。要想走进孩子的世界，不仅需要拥有一颗爱子之心，还需要兼具一颗敬畏儿童之心。同样地，为师者对孩子的一切教育，也同样需要有这样的情感基础。

面对"孩子们一爬到我的案上，就捣乱我的秩序，破坏我的桌上的构图，毁损我的器物。他们拿起自来水笔来一挥，洒了一桌子又一衣襟的墨水点；又把笔尖蘸在浆糊瓶里。他们用劲拔开毛笔的铜笔套，手背撞翻茶壶，壶盖打碎在地板上……"，这种被我视为简直无法无天的顽皮，先生也毫无遮掩、原原本本地记录了他当时的愤怒情绪："这在当时实在使我不耐烦，我不免哼喝他们，夺脱他们手里的东西，甚至批他们的小颊。"如此真实的笔墨，让我在哑然一笑的同时，也看到了先生平凡的一面。原来，面对孩子们的"无章法"，先生也会同我一样怒形于色。

然而，我不曾想到的是，就在动怒的刹那，先生立刻又后悔了。他"自悟其非：我要求孩子们的举止同我自己一样，何其乖谬！我——我们大人——的举止谨惕，是为了身体手足的筋觉已经受了种种现实的压迫而痉挛了的缘故。孩子们尚保有天赋的健全的身手与真朴活跃的元气，岂像我们的穷屈？"于是，先生在"哼喝之后立刻继之以笑，夺了之后立刻加倍奉还，批颊的手在中途软却，终于变批为抚"。随着先生那一个"批颊的手在中途软却，终于变批为抚"的自制行为，我不禁感慨先生对童心的理解和呵护，钦佩先生对儿童天性所持有的那种可贵可敬的深刻认识。

相比先生对待孩子的态度以及反省，我相信许多父母和教师都会同我一样感到无比汗颜，真是相形见绌。曾经我们同样遇到过孩子们这样或那样的"无法无天"，我们同样也会动怒在前，教导在后。然而，我们缺少先生那样的自省和修正意识。我们总是以长者或师者的身份高居孩子之上，以呵斥的方式，以这是在"指导你们""为你们好"的名义，修正孩子的天性，使得孩子们抱怨我们何等不明！何等无知无趣啊！

细细品味先生"近来我的心为四事所占据了：天上的神明与星辰，人间的艺术与儿童。这小燕子似的一群儿女，是在人世间与我因缘最深的儿童，他们在我心中占有与神明、星辰、艺术同等的地位"，我幡然醒悟，教育就是与未成年人打交道。爱孩子就应同爱日月星辰一般，不同的孩子有不同的秉性，如同天气可以四季分明，如同月亮可以月缺月圆，如同花儿会绽放也会凋谢，这是大自然的神秘！这是生命的奥妙！长者和师者爱孩子就需要兼有一颗儿童之心，用儿童的视角来看世间万物，用儿童的言行来表达对大千世界的真实情感。"我的孩子们！憧憬于你们的生活的我，痴心要为你们永远挽留这黄金时代在这册子里。"先生的呐喊，喊出了教育的本质，"一棵树摇动另一棵树，一朵云追逐另一朵云，一个灵魂唤醒另一个灵魂"。

是日，再次翻阅这本《悠闲生活絮语》，品读大师的文字，沉醉于大师的悠闲生活里，聆听絮语，忽有"眼前分明是外来客，心底却似旧时友"的感觉。从丰子恺的《闲居》《车厢社会》到《吃瓜子》《湖畔夜饮》，从周作人的《喝茶》《谈酒》到《入厕读书》《无谓之感叹》，从林语堂的《谈躺在床上》《谈坐在椅上》到《谈茶与友谊》《谈饮酒与酒令》，从梁实秋的《握手》《下棋》到《理发》《散步》，从巴金的《鸟的天堂》到叶圣陶的《没有秋虫的地方》，从老舍的《住的梦》到张爱玲的《谈跳舞》……猛然惊觉，时光似水，流年已陌，童年短暂，稍纵即逝。作为孩子们的长者和师者，我们唯有会生活，懂教育，才能与孩子们一起且享安然。

思考产生灵气，实践奠定底气

——读《做探究型教师》[①] 之悟

俗话说，有缘千里来相会。在这个世界上，总会有人与你志同道合，观点一致。除了身边的朋友和同事，因为数学，我在 2010 年认识了我的导师——美国特拉华大学终身教授蔡金法老师。这本《做探究型教师》是蔡老师赠我的第一本书，全书由蔡金法、聂必凯和许世红合著。每当翻开扉页，看见蔡老师的亲笔赠言"杨老师，很高兴认识你，谢谢你的帮助，欣赏你的新意。祝福你！"他那温文尔雅、学贯中西的学者形象便出现在我的眼前。

"谨将此书献给所有的一线教师和教研员！谢谢你们教我们的孩子——未来的教师、艺术家、金融家、设计师、教授、工程师、医生、企业老总……你们辛苦了！"扉页上这段如诗般的寄语，第一次读到，我便感动于心，过目难忘。它时常提醒我要不断学习，不断进步，才能不负教师的使命。

"这本书主要是写给教师看的"，所以，在"行文方式"上"是教师能接受的"。读到这样的文字，相信许多老师和我一样，被三位作者为教师专业成长的用心而感动，内心充满无上敬意。

全书共十章，分别就"教师作为研究者：一些理论或方法论的思考""研究问题的发现与形成""教师研究的设计""案例研究""实验研究""教材研究""基于调查的研究""基于教学反思的研究""作为教学策略的解题研究"以及"设计研究"，为一线教师作了详实的介绍。阅读这本书，会让人感受到这不是一本一段一段凭想象写出来的书，而是一步一步脚踏实地做出来的实践书；这不是

[①] 蔡金法，聂必凯，许世红. 做探究型教师［M］. 北京：北京师范大学出版社，2015.

一本一章一章曲高和寡、不接地气的书,而是一节一节内容丰富、言简意赅的实用书。

"教师作为研究者"首先要明白"教育是培养人,教育研究是为了更好地培养人"。我是一名一线教师,在教书育人的道路上已经行走了 30 年。30 年的教学生活让熟悉我的同事和朋友们都认为我一直在作研究。因为在老师们眼里,我总是会有一些比他们更多更好的教学方法和策略。可是,他们不知道,"教师研究的动机来源于自己教学中的困惑、困难,来源于自己想知道更多有关自己的教学和学生学习的愿望,来源于教师改变自己的教学实践的热情,来源于自己的许许多多'不知道'和'想知道'"。我提供给他们的所谓的好方法和好策略,其实源于我也曾经被类似的问题或现象困惑过。比如,教材中的"想一想",在课堂上怎么做才能让学生"想"?闭上眼睛就是"想"吗?为什么三年级时就认识了分数,到了五、六年级,学生对分数的理解还是稀里糊涂的?为什么学习负数时,学生总会例举电梯,而教材却采用温度计作为直观的模型?为什么数小正方体时,学生们总是"看不见"隐藏的小正方体?尤其是让学生独立解决实际问题时,为什么分析数量关系总是让学生感到困难重重?为什么有的学生会越学越没兴趣,甚至开始恨数学?……

"有这样一句格言让我很受启发:'我不知道'并不是通向失败的入口,而是朝向好的方面改进的一个先兆。因此,当我说'我想知道''我认为''要是……会怎样'时,我感到有信心。"所以,在教学上我和大家一样,也会遇到许多问题。我会告诉年轻老师,只要在教书育人这条道上坚持做下去,大家都会获得好方法、好策略。

本书在中外教师研究的大背景下,将教师开展研究的类型划分为案例研究、实验研究、教材研究、作为教学策略的解题研究、基于教学反思的研究、基于调查的研究和设计研究七种类型。告诉我们"数据是一种未经加工的原始资料""我们可以运用描述统计的方法来呈现数据,让数据说话""对已有数据进行深入挖掘和分析,都将会推进研究或向广博或向纵深发展,引领研究者不断拓展研究思路和研究领域"。

2009 年,我在做"成就学堂"评价体系时,为了培养学生既有独立思考、独自解决问题的能力,又有与人合作、共生共荣的团队意识,需要构建一个具有"成就学堂"特点的学习小组。这个问题说起来很简单,因为早有专家说过"组内异质,组际同质"的四人小组是比较理想的一种小组结构,作为一线教师，我们只要按着专家的说法去做就可以了。可是，真正做的时候却发现没有那么简单。因为我想知道：组员之间要如何搭配才是最佳结构？"组内同质，组际异质"会怎么样？于是，整整两年的时间，我都在不断地尝试，不断地推陈出新，试图找到一种适合较大班额的分组方式。我把我能想到的分组标准——"亲密关系""兴趣爱好""学习能力""成绩""性别"逐一实践了一番，全以失败告终。

一天，当我又在思考"还有什么办法可以改进小组合作"这个问题时，突然间，"小组合作"这个词在我脑海里清晰明亮起来。我意识到"小组合作"首要的是让学生"学会与人相处"。

反思我之前的分组，因为总想着把提高学业成绩放在首位，无一例外的都是在以我（老师）的眼光把学生逐一量化、等级化，甚至标签化。如果在校内，学生的学习小组由老师安排决定，那么，学生将来在工作中、生活中的分组又将由什么人来安排呢？他们将会遇见什么能力、什么性情的同事？他们将会与谁构成"工作小组"呢？

于是，我明白了，《义务教育数学课程标准（2011年版）》指出，通过义务教育阶段的数学学习，学生能获得适应社会生活和进一步发展所必须的数学的基础知识、基本技能、基本思想、基本活动经验。其中"适应社会生活"即是要教会学生树立"和谐"的团队意识，教会学生在人与人、人与社会以及人与自然之间建立一种平和、协调的关系。

于是，我明白了，我要构建的"成就学堂"的学习小组就是要能帮助学生适应未来社会需求的一个学习共同体。在经历了无数次尝试之后，我最终选择回归——回到最朴实的做法。结合我校大多数班级座位每周向右后方退一排的轮换方法，构建了一种与其相适应的"流动制学习共同体"，将学生眼前的学习与其整个学习生涯、职业发展的需要关联起来。

2016年9月，当《中国学生发展核心素养》颁布时，我欣喜地看到作为一种探索和创新，"流动制学习共同体"的构建完全符合学生全面发展核心素养的理念，是学生终身发展必备的品格和关键能力之一。夸美纽斯说："头脑不是等待被填满的沟壑，而是需要被点燃的火炬。而点燃这火炬的引线，就是兴趣。"具有研究能力的教师会发现，研究学生的认知规律，研究学生的心理动机，用科学的方式来满足学生的需求，会达到事半功倍的效果。

阅读这本书，会让人认识到：教师的教育教学水平不是随着教龄的增加就能提升的，而是通过教师个人的自觉追求、不断学习、不断思考、持续实践，探究出来的。我承认，作为教师，我们做着世界上最重要的事情。我相信，这本饱含了作者的付出和努力的《做探究型教师》，一定能给一线教师带来鲜活的探究操作经验，一定能推动广大小学教师的专业成长。

数学的奇妙之旅

——《神奇的莫比乌斯带》教学实践与反思

教学设想

"莫比乌斯带"属于拓扑学中的内容。作为一个数学活动，这个内容对于教师来说不太好教学，对于小学生来说不好理解。但它又是激发学生学习兴趣，拓展学生数学视野的好题材。在教学中，可以通过"提问题—做纸圈—剪纸圈—画纸圈—证明纸圈"这样一个环环相扣的探究活动，为学生提供充分的观察、猜测、思考、操作、验证、自主探索和合作交流的空间，使学生能真正理解和掌握基本的数学知识与技能、数学思想和方法，获得广泛的数学活动经验，进而提升空间想象力，发展空间观念。

教学准备

教师准备剪刀、胶水、彩笔、彩色长方形纸若干。学生完成前置作业。

教学设计

一、谈话引入，以学定教

师：同学们，关于"莫比乌斯带"，你们都了解到了哪些知识？

生：通过网络检索，我知道：公元1858年，德国数学家莫比乌斯和约翰·李斯丁都发现，把一条纸条扭转180°后，两头粘接起来做成的纸带圈，具有魔术般的性质。普通纸带具有两个面（即双侧曲面），一个正面，一个反面，两个面可以涂成不同的颜色；而这样的纸带只有一个面（即单侧曲面），一只小虫可以爬遍整个曲面而不必跨过它的边缘。这种纸带被称为"莫比乌斯带"。

生：通过网络检索，我知道：莫比乌斯环其实是我们思想太过于局限，用面的看法去理解体。莫比乌斯环已经不是一个单纯的面了，而是一个体，任何体都只有一个面，就是表面，而在莫比乌斯环上爬行的小虫不过是在一个不规则体的表面爬行。

师：对于"莫比乌斯带"，你们想了解什么？

生：我想知道"莫比乌斯带"是怎么做出来的。

生：我想知道"莫比乌斯带"有什么作用。

生：莫比乌斯带是什么样子的？

生：莫比乌斯带有什么神奇的地方？

教师小结学生的收获和困惑，揭示本节课的学习目的。

二、合作交流，探究新知

教师出示已经做好的各种颜色的"莫比乌斯带"（如下图），激发学生的好奇心和探知欲。

师：如果想知道它们是怎么做出来的，接下来的活动你们可要步步紧跟，仔细观察。

（一）初步感知圆环

师：（出示一张长方形纸条）这是什么？它有哪些特点？（板书"纸条""4条边""2个面"）

师：现在老师把长方形纸条做成了什么？

（课件演示制作圆环1）

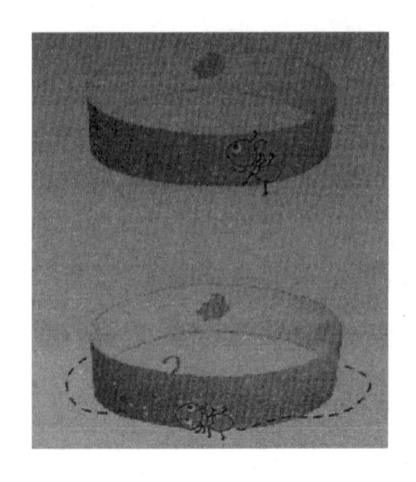

师：在这个圆环的内壁上有一点面包屑，外面有一只蚂蚁。如果不让蚂蚁爬过圆环的边缘，它能吃到面包屑吗？

学生独立思考，小组讨论。

全班交流，达成共识：如果不让蚂蚁爬过圆环的边缘，蚂蚁只能沿外面打转，无法爬到里面。因此，蚂蚁吃不到面包屑。

集体思考：有办法帮助蚂蚁吃到香甜可口的面包屑吗？

教师鼓励学生动手实验。

（二）初步感知莫比乌斯带

师：现在老师把圆环拆开，把一段扭了一下，做成了这样一个带子，（课件演示制作莫比乌斯带）蚂蚁现在可以吃到面包吗？（指名一位学生）为什么蚂蚁现在又能吃到面包了？

学生交流，达成共识：此时，这个带子只有一个面、一条边，蚂蚁能顺利爬到面包屑的位置。

思考：怎么只有一个面、一条边了？

学生交流。

师：这个带子叫莫比乌斯带，是由德国的数学家、天文学家莫比乌斯在1858年发现的。他发现将一张纸条的一端旋转180°，再和纸条的另一端粘接起来，便具有神奇的性质。人们就以他的名字将之命名为"莫比乌斯带"，也有人叫它"莫比乌斯圈"，还有人管它叫"怪圈"。

（三）探究圆环和带子的不同点

师：同学们，要想知道圆环和带子有什么不同之处，我们可以从哪些方面研究圆环和带子呢？

学生交流。

教师提示：先分别做一个圆环和带子，并在圆环和带子上各取一点。从这个点开始涂色，不能翻过边缘，一直涂下去，看看能发现什么？

1. 课件再次演示圆环和莫比乌斯带的制作方法，重点说明莫比乌斯带的制作方法：先把长方形纸条一端翻转180°，再用胶带粘牢。
2. 学生动手实验，教师巡视指导。
3. 全班交流探究结果及探究方法，达成共识：

纸条：2个面，4条边。
圆环：2个面，2条边，双侧曲面。
带子：1个面，1条边，单侧曲面。

三、动手实践，感受神奇

师：这根带子不仅只有1个面、1条边这么奇特，它还有许多神奇之处，你们还想继续找一找吗？

（一）$\frac{1}{2}$处剪莫比乌斯带

1. 拿两张长方形纸条，在每张纸条中间画一条线，再分别做一个圆环和带子。
2. 学生猜测：沿着中间这条线把它们剪开会怎样？
3. 学生动手验证。
4. 学生交流验证结果：带子变成了一个更大的圈。

（二）$\frac{1}{3}$ 处剪莫比乌斯带

1. 把一张纸条平均分成三等分，然后做一个带子。

2. 学生猜测：沿着三等分线把带子剪开，要剪几次？剪的结果会是什么？

3. 学生动手验证，同桌合作帮助，小组内交流结果：一个大圈套着一个小圈。

4. 问题：这个小圈和大圈是莫比乌斯带吗？请用刚才的方法证明一下。

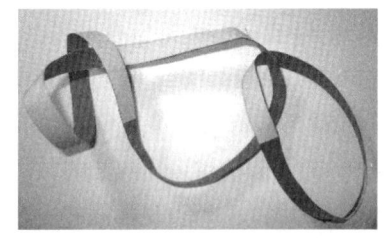

（三）其他剪法

师：从中间或是从三等分线剪这个带子得到的结果是不一样的，你们还想怎样剪？结果会怎样呢？在小组内说说看。

教师鼓励学生打开思维，尝试用不同的剪法，并观察效果。例如，平均分成四等份，剪开后变成一个大圈套着两个小圈（见下图）。

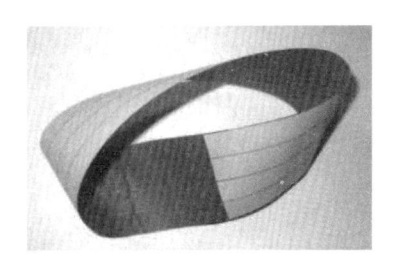

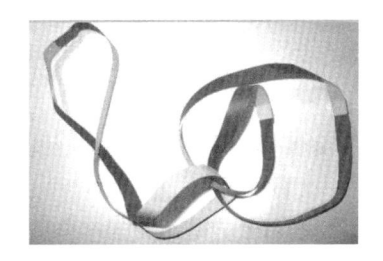

又如，平均分成五等份，剪开后变成两个比原来大一倍的圈套着一个和原来一样的小圈（见下图）。

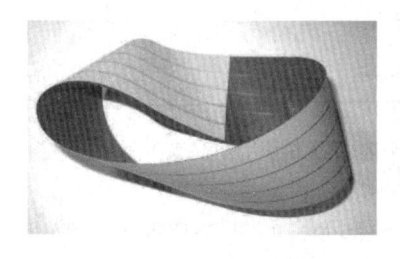

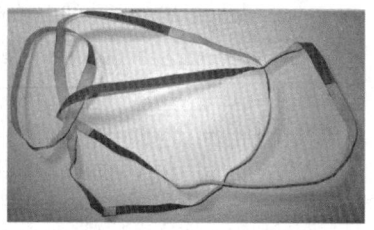

师：同学们的想法真好，课后还可以继续去实践一下，看看是不是你们猜想的结果。

师：同学们上完这节课有什么收获？

教师作课堂小结，学生畅谈收获。

四、应用拓展，延伸学习

师：通过今天这节课的学习，大家发现莫比乌斯带充满了奥秘。其实莫比乌斯带不仅好玩有趣，而且还被应用到生活中的多个领域。

（出示课件）

1. 皮带：用皮带传送的动力机械上的皮带就可以做成莫比乌斯带状，这样皮带磨损的面积就变大了。

2. 磁带：如果把录音机上用的磁带做成莫比乌斯带状，就不存在正反两面的问题了，因为磁带只有一个面。

3. 过山车：有些过山车的轨道设计采用的就是莫比乌斯带的原理。

4. 莫比乌斯带状爬梯。

5. 哈萨克斯坦新国家图书馆。

……

师：有一本书中研究了莫比乌斯带，这本书就是《拓扑学》，有兴趣的同学还可以继续去研究！

五、板书设计

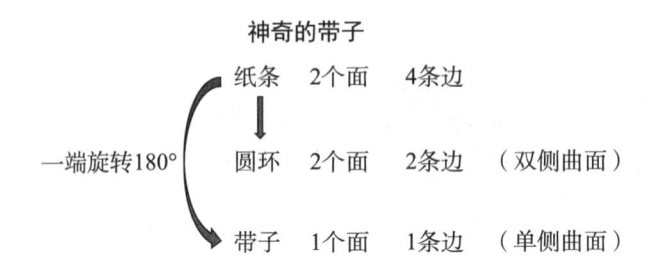

神奇的带子

```
                    纸条    2个面    4条边
                     ↓
一端旋转180°         圆环    2个面    2条边    （双侧曲面）

                     带子    1个面    1条边    （单侧曲面）
```

教学探讨与反思 ▶▶▶

《神奇的莫比乌斯带》是一节数学游戏课。本节课内容很新颖，趣味性强，很具吸引力。因为有大量的动手操作的活动时间，加之"莫比乌斯带"本身的神奇，整节课学生都兴致盎然，尤其是对"莫比乌斯带"进行不同的等分后会出现什么样的情况，更是充满了好奇和期待。

教学时，教师应处理好"从猜想到验证""从模仿到创造""从符号到想象再到验证""从数学到现实"的几个环节，每次操作时，让学生先想一想、猜一猜，剪完以后再想一想：为什么会是这样的？这样，就不只是让学生动手做，还要让学生动脑想，培养了学生的空间想象能力，大胆猜测、小心求证的意识以及勤于反思的习惯，从而真正让学生在操作中进行研讨，在研讨中进行分析，在分析中进行验证。

另外，教师还需要提醒学生安全使用剪刀等工具。

14.

锻炼学生用数学思维思考的能力：
张维国老师阅读之悟与教学智慧

张维国

中小学高级教师，现为广东省深圳市宝安区教育科学研究院小学数学教研员、深圳市宝安区教育科研专家工作室主持人。荣获"新世纪小学数学十年"优秀教研员、新世纪小学数学杰出人才发展培养工程第三届高级研修班优秀学员等称号。曾主持省、市、区级课题六项，在学术期刊上发表论文40余篇，出版专著《基于多元表征的小学数学问题解决教学》。

名师阅读之悟

厘清本质，探寻学习的奥秘

——读《学习的本质》[①] 之悟

《学习的本质》是国际著名生物学家和科学认识论研究专家、瑞士日内瓦大学教授、生物学与教育科学博士安德烈·焦尔当的著作。自 1998 年出版以来，已多次再版和印刷。这本书不仅对研究法语国家的教育大有帮助，而且对我们重新认识学习、改进教学也有极大的启发。

在这本书中，作者提出了一些对于理解"如何学习"最有用、最具操作性、最具感召力的因素。比如，我们是怎样一步步学习的？其中涉及的过程是什么？大脑是如何产生学习这种能力的？调用、行动和能力迁移应该占有什么样的地位？学生的情况又是怎样的？怎样才能促进学习？作者结合现实中的例子，对这些问题进行了通俗、生动的讲解和阐释。下面我结合自己在阅读中印象最深刻的内容谈谈体会。

一、学习的本质：学习是一种意义炼制的建构与解构过程

什么是学习？作者提到的观点与我们以往的认识有所不同。他把学习放在个人或社会炼制知识和调用知识的动力学中来考虑，认为学习不仅仅要描述学生所记忆的东西或知道的操作程序，更重要的是解释学生如何理解、记忆、重建知识，特别是解释个体运用所学的知识能够做的事。只有当学习这种能力给个体带来更多东西，特别是当个体能够利用其所学时，才是真正的学习。

我们是怎么学习的？作者认为，学习首先是一种变形，学生对新知识的理

[①] 安德烈·焦尔当.学习的本质[M].杭零，译.上海：华东师范大学出版社，2015.

解是其心智表征发生改变的结果，这种改变往往是根本性的。个体学习了新知识后，所持有的原初观点、惯常推理方式都会发生变化，他们的提问类型被彻底重塑，参照框架在很大程度上得到重构，产生意义的方式也发生了变化，同样的词所具有的意义会发生改变。

与以往的脑科学理论不同，作者提出，我们的两个大脑半球并不是各自独立运转、互相排斥的，而是协调一致的。两个大脑半球始终在处理相同的信息，只是分别以不同的方式进行而已。左脑分析细节，右脑则将细节置于境脉之中。在信息处理上，这种互补性导致一种功能更强大的新形式的出现，但它还没有被教育重视。我们的教育一味偏向左脑，强调通过算法进行推理，其实应该在推动大脑的多感觉现实和创造力方面有所作为。他还认为，艺术教育应该在婴幼儿时期占有重要地位，之后还应继续，因为它并不是在浪费时间，而可以促进分析活动。

基于脑科学的研究成果，作者认为，学习是一种意义炼制的建构活动。这种炼制的方法有多种，既可以是实践操作，通过"做中学"丰富学生的活动经验；也可以进行自我提问和自我表达，通过言语表达或书面表达给自己的观点降温，使它们更严密，组织得更好；还可以和现实与他人对质，进行各种假设，对自己确信的事进行验证，在论辩的过程中提出他认为最重要的论据，来具体说明自己的想法，利用小组的动力机制促进个体修正自己的想法和理解环境的方式。在对知识进行意义炼制的过程中建构知识网络，在各个知识点之间建立联系。要真正学到知识，就要使新概念是对先有概念组织的炼制与建构后的结果。

学习，不仅是一个建构与意义炼制的过程，还是一个解构的过程。在这里，作者举了个有趣的例子。他说，克服学习中的障碍就如同要越过一道墙，我们有时候并不需要拆墙，我们可以攻击地基，而不是障碍本身，还可以将解构转化为另一种建构，建一个脚手架、一座桥、一个斜坡或是一条隧道。在学习的过程中，障碍与学习是不可分割的。很多时候，障碍不是阻碍思维的东西，而是思维的组成部分。这个例子浅显易懂，却让我们理解了为什么要在教学中"围绕着学生的不懂来教"这一深刻道理。

二、学生的重要性：学习并非简单的知识传递过程

学校是人们公认的可以教会学生学习的地方，但却往往不能达到人们期待

的效果。作者指出当前教学中的一些不当做法及误区，使我们认识到，只有抓住学习的本质，才有可能在真正意义上促进学生的学习。

作者认为，学生不是一张可以让教师把自己的知识画在上面的白纸。只有学生才能学习，别人不能取而代之。但是，很多教师在教学中，总是把重点放在"教"上面，而把学习放在一边。如果教师只是把知识的获取放在优先位置，就容易让学生远离学习。

老师一般会用这样的"笨方法"来组织课堂：以自己已有的知识为根据，去找一些论据使他的信息得以传递，而他寻找的是一些巩固自身思维系统的信息，他确信，只要是对他来说"行得通的"，对学生也会"行得通"。这种做法源于两种错误想法：一是认为学生拥有足够的先有知识和相应的词汇，能够跟得上老师的讲述；二是认为学生可以自行组织自己的理解。老师在备课过程中把自己认为过难的内容砍掉，把能够证明自己所要传达的信息的论据收集起来，从而完成意义的炼制。

实际上，当教学被当作一种简单的知识传递时，它便不能引发学习，甚至还会阻碍学习。同时，对知识传递模式的严格执行会使学生逐渐失去批判思维，而批判思维是学习的动力。这种模式还会扼杀想象力、创造力和适应能力。因此，教学一定要激发学生的学习欲望，要让学习的内容与学生相连，让他们参与知识的炼制与"再创造"过程，让他们通过多种意义炼制的过程，了解知识的来龙去脉，在先有概念的基础上通过"扬弃"，生成适用于新的情境中的新概念。

三、学校的转变：通向整合教育的系统性改革

作者认为，学校的教育必须进行根本性的系统变革。学校拥有成为一个高效运行机构的一切可能条件，但它更多地执着于对知识，而不是对制造知识的方法的介绍，因而始终没有成为真正发生学习的场所。教材中规定的是一些"拆卸了"的知识，几乎剔除了所有"杂质"。因此，虽然分科教学促进了许多领域的职业化，使知识领域取得了切实的进步，但在目前的课程中，现代知识的很多方面被忽视了，如关于健康、空间规划、电影电视、科技文化、工业制造等。在学习方法与技巧方面，快速阅读、记笔记、作陈述等没有被归入任何学科，因此从来没有被重视，而这些却是学生核心素养的重要组成部分。

作者提出对学校进行系统变革的解决方法是，把各个领域的方法和知识铰

接起来，让具有启发性的观点在各个学科之间穿梭，或是在学科边缘形成。每个学科的教学不再出于它自身的价值和目标，而是出于它对学校内部共同的教学计划可以作出的贡献。学校对于课时设置应更具灵活性，学习时间安排长短不等、灵活多样，给学生留一些时间，让他们稳定动机，而不是总在"切换频道"，使知识内容具有一定"厚度"。在教学组织方式上，作者认为可以建立集体工作坊，深入开展一个活动或者一个项目。在班级组成上，作者认为可以打破年龄的局限，按照学生的能力，根据不同的科目或活动来组成班级，让学生按照自己的节奏学习。

在这样的教学活动中，教师的职业性质变了。教师不再是知识的掌控者，根据事先计划好的进度传授知识的某些方面，而是变成了知识和学生的"中间人"。教师必须把自己当成学生的"旅伴"，陪伴学生，和学生一起进步，毫不吝惜地给予建议和鼓励，灵活地向学生指出哪里可以找到信息，帮助学生借助图表或模型将观点形式化。

在这种背景下，教师最棘手的任务是要成为学习的启动者。教师要通过自己提出的问题、作出的反应或者提议的活动，引起学生的好奇和惊讶；要让学生从一个新角度观察世界和各种现象。因此，教师是提出问题的人，而不是操控者。教师可以确保提问、炼制、参与和意识觉醒的时间，可以确保一个供学生与环境、教育情境互动的空间，促进交流或对质。一旦学生的注意力被吸引，教师就应让他投入到一项活动中，最好是能让学生投入到一项具有持续性的规划实施过程中。这项规划可以用"挑战"（完成某件事情，掌握某项才能）的形式出现，最终形成一项"成果"。

总之，安德烈·焦尔当在《学习的本质》这本书中提出了很多关于学习以及如何改进学校教育的思想和主张，很多观点与我们以往学习的教育心理学不完全一致，体现了关于学习研究的新成果，读来醍醐灌顶，让人难以释卷。这本书不仅对中小学教师重新认识学习机制、改进教学十分实用，也为家长了解孩子的学习困难提供了方法，是一本关于学习研究的实用性读本。虽然安德烈·焦尔当谈的都是法语国家的教育及相关事例，但对于认识和改进我们当前的中小学教育也有极大的参考和借鉴意义，是一本值得认真品读的好书。

润泽，倾听，交往

——读《静悄悄的革命》[①] 之悟

《静悄悄的革命》是日本东京大学教育学教授佐藤学先生的著作。他结合自己20多年深入课堂，指导2000余所学校创建"学习共同体"的经验，提出学校改革要进行"静悄悄的革命"。这种"从一个个教室里萌生出来的，是根植于下层的民主主义的，以学校和社区为基地"而进行的"静悄悄的革命"，才是"支持每个学生的多元化个性的革命，是促进教师的自主性和创造性的革命"。只有这样的革命，才能够实现学校发生"根本性的、结构性的变化"。

在这本书中，佐藤学先生对改变教学、设计课程、创建学校"学习共同体"等问题，进行了精彩阐述。现仅就其学习"主体性"方面的论述谈谈我的阅读体会。

一、"主体性"神话——悬在半空的主体

"主体性"是来自欧美的一个词汇。新课改以来，这个词在教师中间广为传播。按照日本文化来理解"主体性"，是指"从一切从属关系或制约中获得自由，完全根据自己内在的思想而行动"。因此，我们会在教学中常看到这样的倾向：强调学生"自己解决""自己决定""自我实现"。佐藤学先生将这种把学生"主体性"绝对化的倾向称之为"主体性"神话。

实际上，"主体"这一概念在欧美是作为"家臣、从属"的意义来考虑的。

[①] 佐藤学.静悄悄的革命[M].李季湄，译.北京：教育科学出版社，2014.

"在欧美，神、自然、国家、真理、民众的意志等，由于成为超越了自身的从属者，而被认为获得了'主体性'。"学习的"主体性"要求的"谦虚"正是源于这样的"主体＝从属"的思想根基。

同样的词汇，如果以不同的文化背景去理解，竟有如此大的差别！正因为对"主体性"的理解和欧美大不相同，以致我们运用这个"先进理念"时，把学生变成了"悬在半空的主体"。

二、"主体性"假象——教学中的形式主义

从佐藤学先生的描述中，我们发现日本与中国的现象何其相似！小学教室的特征是"闹哄哄（发言过剩）"，而初中、高中教室的特征是"静悄悄（拒绝发言）"。造成这一现象的原因有若干，除了班级人数、一统化教学形式、讲究效率的课程等，追求虚假主体性的教学中的形式主义，也是很大的问题。

例如，"手势"教学就是虚假主体性产生的温床。教师在教学中让学生以游戏里常用的"石头、剪子、布"的手势来表达意见。这种方式强制地将学生内心产生的情感和思想分成"赞成""反对""提问"三部分。这在一开始就把那种既不赞成也不反对的意见排除在外了。而在教学中价值最高的也许恰恰是这种模糊的、多义的意见。而且，思考或意见并不一定都需要清楚、明晰地表达出来，那些"孕育着微妙的、不确定的思考，矛盾、冲突的复杂情感往往在创造性的思考和表现中更能发挥威力"。因此，这种形式主义的教学不仅造就了"主体性"假象，还束缚了学生的思考。

三、超越"主体性"神话——以"对应"为中心的教学

如何超越"主体性"神话？佐藤学先生提出了详尽的解决方案，即实施以"对应"为中心的教学。具体来说，包括创设润泽的教室，实施以学为中心的、交响乐团式的教学。

（一）润泽的教室——充满人情味的倾听、信赖与尊重

"润泽的教室"不是"发言热闹的教室"，而是"用心地相互倾听的教室"。"润泽"这个词表示的是湿润程度，也可以说它表示了那种安心的、无拘无束的、轻柔滋润肌肤的感觉。"'润泽的教室'给人的感觉是教室里的每个人的呼吸和其节律都是那么的柔和。"

要做到这一点，"切实可行的开端是教师应意识到，自己站在教室里是在和学生一起'共度愉快的时光'"。在组织、引出学生发言之前，仔细倾听和欣赏每一个学生的声音。只有在"用心地相互倾听的教室"里，各种思考和情感才能通过发言相互交流。

学生在学校的学习，并不仅仅是知识的积累和技能的掌握，更重要的是学会思考，学会做人。缺少人情味的硬邦邦、干巴巴的关系构成的教室是培养不出信赖与尊重的。在"润泽的教室"里，大家安心地、轻松自如地构筑着人与人之间的基本信赖关系。"在这种关系中，即使耸耸肩膀，拿不出自己的意见来，每个人的存在也能够得到大家自觉的尊重，得到承认。"

（二）以学为中心的教学——千方百计地促进交往

从繁体"學"这个字里，以"学"为中心的教学状况被表现到了极致。"學"字的上部，中间两个"㸚"表示"交往"的意思，其中上面一个"㸚"表示祖先的灵，也就是和文化遗产的交往，下面一个"㸚"表示学生之间交往的样子。包着"㸚"的两侧，形似大人的手，表示大人想尽办法支持学生在交往中成长。这乃是学校中"学习"的本质，即在教师的介入下，学生自立地、合作地进行活动。要创造以"学"为中心的教学，就要千方百计地促进交往，而不是让教室解体为零散的个体。

那该如何理解"交往"呢？"交往"可以划分为四种类型：只有一方讲话的"单向交往"、相互交谈的"双向交往"、被拒绝被阻挡的"反向交往"、思路各异的"异向交往"。在这几种交往中，倾听"异向交往"的话语尤其重要。不管怎样，教师总是容易按自己的思路来听学生的意见，但是每个学生的发言或行动"都有他自身的'逻辑世界'"。在"异向交往"的话语中，如果把探究学生自身的"逻辑世界"作为课题，教室里的交往就能"丰富而深刻地展开"。相反，如果教师对不同思路的话语不敏感，那么教学就只可能顺着教师的思路进行下去，交往也就只能停留在表面上，变得非常肤浅和单薄。

（三）每个学生相互作用——交响乐团式的教学

学生的学习乃是不断从个体发出，又回归到个体的，因此教师的活动也应当从学生个体出发又回归到学生个体上去。这一过程按英文译意，可称之为"服装裁剪"。学生各种各样的想法、认识相互激荡、回响的活动，可称为

"交响乐团"。佐藤学先生认为,在教学时,教师"只要以'服装裁剪'和'交响乐团'两类活动为中轴,去触发、组织、发展学生的学习就可以了"。

虽然面对的是学生群体,但是无论进行哪个教学环节,教师都要有"量体裁衣"的意识。因为在进行集体性的思考或探究活动时,能看清、识别每个学生的学习是怎样通过那些活动与其他学生相互作用的,哪些教材的内容在活动中得以深化并正在发展,这些都是教学中的中心问题。只有做到这一点,才能使"交响乐团"式的教学得以实现,使学生以个性化学习为轴心,向着活动的、合作的、反思的学习方式转变。

在《静悄悄的革命》这本书中,佐藤学先生还针对日本课程改革存在的问题以及如何开发综合课程、如何实施学校改革,提出了很多独到的思考和建议。他的很多观点对于我国的课程改革有着重要的启发作用,是一本适合教育改革者和一线教师阅读的好书。

名师教学智慧

生活情境与计算引入的优劣之争

——"乘法分配律"的导入方式实践研究

运算律教学历来是小学数学教学的一个重点与难点。关于乘法分配律的教学，我曾和很多优秀的老师进行过交流。大家都认为乘法分配律这个内容不好上。一是观察乘法算式，学生难以总结出乘法分配律；二是即使能记住乘法分配律的表示形式，学生对这一等式的由来却说不明白，常流于机械记忆和套用公式；三是在运用这一规律时，变式很多，学生练习时经常错误百出。学生在学习这一内容的时候，也往往有畏难情绪。我发现，一旦学了这一规律，有些学生甚至会把原来会做的题目做错。他们有的会因记错公式出现错误，有的则是出现如 87×5+13×5=（87+13）×5×5 这样的错误，这是因为没有对这一规律达到深入理解。

有的教材在编排小学阶段要学的五个运算律的教学中，对加法结合律、加法交换律、乘法结合律和乘法交换律都是先以计算引入，通过一组计算结果相同的算式，让学生发现其中规律，从而归纳出运算律。但是到学习乘法分配律的时候，编排的思路却出现了变化，既先用情境引入，再得出相等的算式，归纳出乘法分配律。在学习乘法分配律之前，学生已经有了一定的计算经验和凭直觉运用乘法分配律的经验，那么，乘法分配律的编排为什么要和其他几个运算律不同？如果也通过计算引入，会不会因为探索规律的思路一致，促进学生在思考方法上得到迁移，使其思考经验得到丰富？在乘法分配律教学的引入部分，创设的情境是否可以达到促进学生更深入地理解乘法分配律模型的效果？

为了研究创设情境和计算引入哪种方式更能有效促进学生的学习，我在两年内进行了三轮对比实验研究。方法是选取同一位数学教师任教、平时测试成绩差异不明显的两个班级,先进行课前调研,再让同一位教师利用两种教学设计思路进行教学实践。基于前两轮的研究经验,结合专家们的指导意见,在第三轮的教学实验中,我采用了两种设计:在四(2)班采用第一种教学设计,在四(4)班采用第二种教学设计。课前,我对两个班均进行了前测,并且,在教学完成后,还当堂对学生进行了课后调研。

设计一:基于计算引入的设计[①]

一、教学内容

乘法分配律。

二、学习目标

1. 让学生经历由题组计算,探索和发现乘法分配律的过程,能用字母表示乘法分配律。

2. 利用乘法分配律的矩形模型,使学生能够从矩形面积的角度理解乘法分配律。

3. 在用等式探索和验证乘法分配律的过程中,进一步培养学生发现问题和提出问题的能力,积累合情推理的数学活动经验。

三、活动过程

1. 仿写等式,探寻规律。

教师提出问题:观察下面算式,你能照样子再写一组吗?说说你发现了什么?

$3×10+5×10$	$(3+5)×10$	$4×13+16×13$	$(4+16)×13$
$=30+50$	$=8×10$	$=52+208$	$=20×13$
$=80$	$=80$	$=260$	$=260$

$3×10+5×10=(3+5)×10$ $4×13+16×13=(4+16)×13$

学生仿写,并板演。

[①] 本设计由王永老师提供,在实际授课过程中进行了微调,此为调整后的设计思路。

引导交流，说规律：（1）教师组织全班观察、判断板书的算式是否符合例题的样式。（2）引导学生尝试说说这些等式的规律。

> **设计意图**
>
> 运算律从本质上说是数学模式，它关心的是数学的内部世界，也是解决算式运算这一类数学问题的数学方法。所以，运算律可用创设纯数学的情境来引入。这种引入方法与前面学的几个运算律的引入一致。基于前面的学习经验，学生应能在仿写过程中，发现乘法分配律的算式特点。

2. 请结合下图，解释下面两个等式的实际意义。

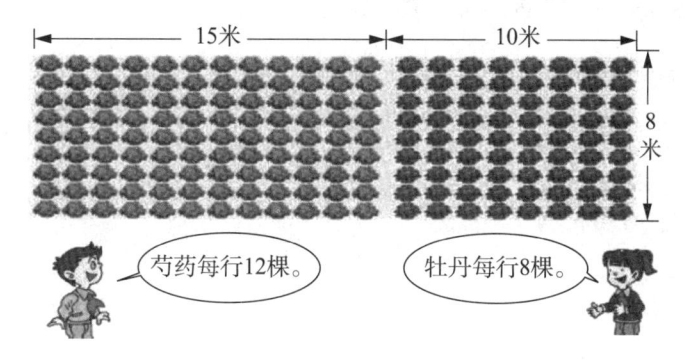

（1）$15×8+10×8=（15+10）×8$　　（2）$12×9+8×9=（12+8）×9$

芍药每行12棵。　　牡丹每行8棵。

教师先引导学生在图中找到相应的数据，再让同桌交流，并指名讲解。

3. 参考上图，用长方形面积表示 $15×8+10×8=（15+10）×8$。

> **设计意图**
>
> 教师通过乘法分配律的现实背景（面积模型），加强学生对乘法分配律的数学模式与数学关系的直觉与理解。让学生在此基础上画长方形面积图来表示乘法分配律，打通算式与图形面积之间的联系。

4. 用 a、b、c 代表三个数，能写出上面发现的规律吗？

学生试写后交流。

学生可能出现的写法：（1）$a×c+b×c=（a+b）×c$；（2）$a×b×c=（a+b）×c$；（3）$a×b+c×b=（a+c）×b$。（选有代表性写法的学生板书，在组织交流中，只要符合题组规律，都视为正确。）

5.下面各题怎样计算简便？想一想，算一算。

（1）321×3+17×321　　　　　　（2）(80+4)×25

6.完成后测题目。

设 计 意 图

学生经历了仿写算式—理解面积模型、画矩形图—用字母表征数学情境与结构，实现了对乘法分配律的概括。在此基础上，教师再让学生运用这一规律进行简便计算。在计算前先让学生想一想，就是让学生观察算式和数据的特点，活学活用。

设计二：基于创设情境引入的设计

一、教学内容

同"设计一"。

二、学习目标

同"设计一"。

三、活动过程

（一）谈话引入

教师以谈话形式引入新课：同学们，前几节课我们通过探索活动已经发现了一些数学规律。这一节课我们将继续探索，看看大家能有什么收获。

（二）探索新知

1.创设情境，引出问题。（课件演示墙面图）

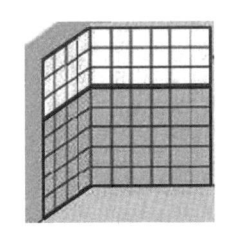

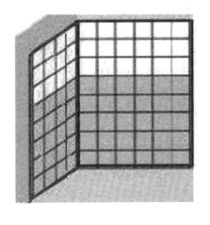

教师提出问题：这是工人叔叔在两面墙上贴好的瓷砖，这是正面，这是左面。（配合手势）从图中你能找到哪些数学信息？

学生可能出现的答案：白瓷砖有 30 块，一行有 10 块，蓝瓷砖有 5 行……

根据学生的回答，教师出示两种方法标注相应的信息（如下图），并进一步提出问题：请大家根据这些信息，算一算一共贴了多少块瓷砖呢？

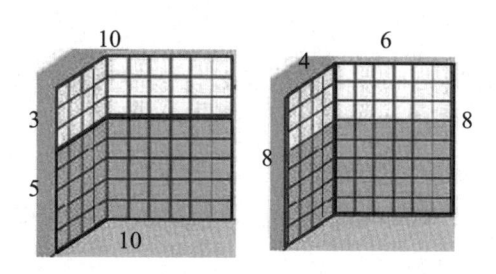

学生可能出现的解答方法：

① （3+5）×10　　　　　　② 3×10+5×10
　=8×10　　　　　　　　　=30+50
　=80（块）　　　　　　　=80（块）

③ （4+6）×8　　　　　　 ④ 4×8+6×8
　=10×8　　　　　　　　　=32+48
　=80（块）　　　　　　　=80（块）

根据学生的回答，教师适时追问：请你们说说，这种方法先算什么，再算什么？

学生可能的回答：（1）我先算左面和正面一共有 10 列，每列都有 8 块，一共 80 块。（2）我先用 3 乘 10 算出白砖有 30 块，再用 5 乘 10 求出蓝砖有 50 块，然后加起来共有 80 块瓷砖……

教师引导：你们的想法真棒。（边说边圈）我们把这两个算式归为一组，再把另外两个算式归为一组。认真观察这两组算式，你有什么发现？

学生可能的回答：（1）我发现它们的得数都相等；（2）我发现每一组算式中都是那几个数；（3）我发现它们乘的都是一个相同的数……

教师引导学生观察并提出问题：大家都很善于观察。既然它们的得数相等，这两个算式就可以用什么符号连接？

学生边说，教师边板书：3×10+5×10=（3+5）×10，4×8+6×8=（4+6）×8。

14. 锻炼学生用数学思维思考的能力：张维国老师阅读之悟与教学智慧　　257

> **设计意图**
>
> 通过贴瓷砖，数瓷砖有多少块这一情境，学生经历和体验乘法分配律这一形式的生成过程。沟通算式与图形的联系，使学生对乘法分配律的矩形模型有一定感性理解。

2. 符号表示，概括规律。

教师提出任务：如果用 a、b、c 代表三个数，你能写出上面发现的规律吗？

学生写，教师巡视，并让学生板书出具有代表性的方法。

教师组织全班交流。

学生可能出现的答案：（1）$(a+c)×b=a×b+c×b$；（2）$(a+c)×b=a×c+b×c$；（3）$(a+b)×c=a×c+b×c$……

教师组织学生交流，并规定：只要符合等式样式，即为正确方法。

教师小结：这个规律其实就是我们今天要研究的乘法分配律。（板书课题）

> **设计意图**
>
> 根据前面得到的两个等式，学生依据其中的规律，尝试用字母表示，经历由实物情境—数学范例—字母模型的抽象过程。

3. 解释规律，建立联系。

教师提出问题：乘法分配律的左右两边为什么会相等？请结合 $4×9+6×9=(4+6)×9$ 这个等式说明乘法分配律是成立的。

学生可能用到的方法：（1）用画点子图的方法说明；（2）从乘法意义的角度说明。

练习：学校要给 28 个人的合唱队买服装。下面是淘气、笑笑列的算式，请和同伴说说他们是怎么想的。（先同桌交流，再全班交流。）

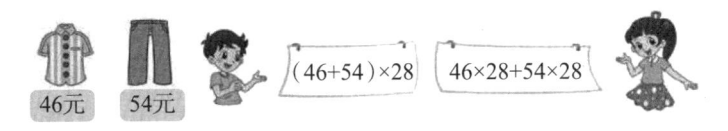

$(46+54)×28$　　$46×28+54×28$

结合图，与同伴说说等式 $3×6+4×3=(6+4)×3$ 为什么成立。（先同桌交流，再全班交流。）

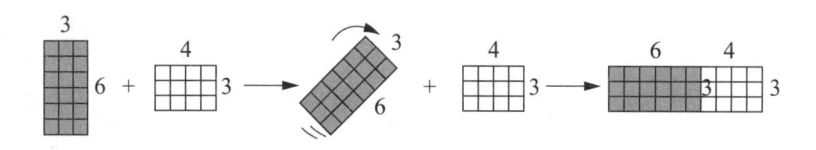

4.巩固运用。

（1）填空。

（12+40）×3=（　　）×3+（　　）×3

15×（40+8）=15×（　　）+15×（　　）

78×20+22×20=（　　+　　）×20

（2）完成后测题目。（学生先独立完成，再全班反馈和交流。）

研究进展与结论

一、调研题目及统计数据

调研题目1：你听到过或看到过乘法分配律吗？如果有，请写出你是在哪里听到或看到的？乘法分配律是怎么样的？（如果知道，可以用字母、文字、画图或举例子的方法说明，如果不知道就写"不知道"。）

对于这道调研题，四（2）班在前测中只有22.7%的学生能表示出乘法分配律的形式，在后测中有87.8%的学生可以用字母、文字、画图或举例子的方式表示出来，进步了65.1%。而四（4）班在前测中有35.2%的学生能表示出乘法分配律的形式，在后测中有81.8%的学生能够表示，进步了46.6%（见下表）。

班别	类别	知道（一类）				知道（二类）		不知道
		字母	文字	画图	举例子	未写	写错	
四（2）	前测人数	11	1	0	0	2	18	21
	前测比率	20.8%	1.9%	0.0%	0.0%	3.8%	33.9%	39.6%
	后测人数	39	0	2	2	1	4	1
	后测比率	79.6%	0.0%	4.1%	4.1%	2.0%	8.2%	2.0%

续表

班别	类别	知道（一类）				知道（二类）		不知道
		字母	文字	画图	举例子	未写	写错	
四（4）	前测人数	11	1	0	7	0	12	23
	前测比率	20.3%	1.9%	0%	13.0%	0.0%	22.2%	42.6%
	后测人数	44	0	0	1	0	10	0
	后测比率	80.0%	0.0%	0.0%	1.8%	0.0%	18.2%	0.0%

调研题目2：为什么4×9+3×9=（4+3）×9？［后测题中的等式为3×9+5×9=（3+5）×9］你能利用下面的点子图和长方形面积图来进行说明吗？

（1）. . . . .　　（2）
. . . .
. . . .
. . . .
. . . .
. . . .
. . . .
. . . .

在这道调研题目中，四（2）班在课前能用点子图和长方形图表示乘法分配律模型的学生占到26.4%，而在课后有67.3%的学生能够表示，进步了40.9%。四（4）班学生课前能用两种方法表示的占29.6%，课后能表示出来的占到90.9%，进步了61.3%（见下表）。

班别	类别	正确			错误	未做
		点子图	长方形	两种均对		
四（2）	前测人数	26	15	14	23	3
	前测比率	49.1%	28.3%	26.4%	43.4%	5.6%
	后测人数	40	37	33	2	3
	后测比率	81.6%	75.5%	67.3%	4.1%	6.1%
四（4）	前测人数	30	17	16	21	2
	前测比率	55.6%	31.4%	29.6%	38.9%	3.7%
	后测人数	54	50	50	1	0
	后测比率	98.2%	90.9%	90.9%	1.8%	0.0%

调研题目3：请试着填一填，（32+25）×4=□×4+□×4。[后测题：（26+31）×4=□×4+□×4]

在这道调研题目中，四（2）班学生在课前能正确填空的占到64.2%，而在课后有85.7%的学生能够填对，进步了21.5%。四（4）班学生课前能填对的占62.9%，课后能正确填空的占到100.0%，进步了37.1%（见下表）。

班别	类别	正确	错误	未做
四（2）	前测人数	34	14	5
	前测比率	64.2%	26.4%	9.4%
	后测人数	42	0	7
	后测比率	85.7%	0.0%	14.3%
四（4）	前测人数	34	13	7
	前测比率	62.9%	24.1%	13.0%
	后测人数	55	0	0
	后测比率	100.0%	0.0%	0.0%

调研题目4：递等式计算，怎么简便怎么计算，98×16+2×16。（后测题：97×18+3×18）

在这道调研题目中，四（2）班学生在课前能运用乘法分配律进行简算的占28.3%，课后能够正确简算的占63.3%，进步了35%；四（4）班学生课前能正确简算的占25.9%，课后能正确简算的占到70.9%，进步了45%（见下表）。

班别	类别	正确		错误		未做，空白
		使用简算	未用简算	使用简算	未用简算	
四（2）	前测人数	15	8	0	24	6
	前测比率	28.3%	15.1%	0.0%	45.3%	11.3%
	后测人数	31	1	5	4	8
	后测比率	63.3%	2.0%	10.2%	8.2%	16.3%
四（4）	前测人数	14	3	24	6	7
	前测比率	25.9%	5.6%	44.4%	11.1%	13.0%
	后测人数	39	1	9	6	0
	后测比率	70.9%	1.8%	16.4%	10.9%	0.0%

二、调研数据与结果分析

从本次调研的四道题的统计数据中可以看到,第一道调研题的结果表明,引入计算的效果稍占优势,而第二至第四道题的结果又说明利用创设情境的方法具有一定优势。

分析原因,两节课的设计虽然在起始阶段一个由计算引入,一个由情境引入,但在教学过程中,都利用了乘法分配律的矩形模型,如瓷砖图、点子图、长方形图以及花坛的面积与两种花的朵数和的直观图的呈现,有相通之处。在得到乘法分配律的字母表示形式时,都让学生通过举例或画图来说明和解释乘法分配律为什么成立。因此,两节课在本质上差异不大,只是在内容的呈现形式和先后顺序上稍有差异。

另外,我在教学中,并没有严格按照设计的思路执教,而是更多关注了学生的理解深度和学习状态。比如,在运用第一种教学设计上课时,发现学生做简算练习时出现理解困难的情况,就及时引导学生用画矩形面积图的方法,让他们把算式中的数标注在矩形图的相应长度上,以理解和解释乘法分配律为什么成立。给学生一定的时间来画图,并让他们交流和分享,在接下来的练习中,学生解题的正确率显著提高。因此,这样的引导与支持或许对后测题的测验结果产生了一定的影响。

通过多次用这两种方法执教这个内容,我有如下体会:

生活情境的引入并非理解乘法分配律的关键。第二种教学设计虽然是由情境引入,但是得到乘法分配律形式的等式耗时较多,即使反复精炼这一过程,仍需要十几分钟才能完成。这就使后面通过多个角度来理解这一内容的时间不能得到保证。所以,经常出现课堂前松后紧,匆忙收场的结果。并且,在由数瓷砖这一情境得到两组等式后,学生对图与算式的关联并没有产生非常深刻的印象。他们似乎只是解决了这个问题,得到了瓷砖的总数而已。因为,当让学生来解释问题串3(乘法分配律的形式)中的等式为什么成立时,没有一个学生想到用瓷砖的情境来解释,反而想到以前学过的点子图。

第一种设计是由计算引入的,在学生仿写出几个算式后,我便让学生观察并说出其中的规律。大多数学生难以找到其中的规律,若要他们用语言来描述其中的规律,他们会感到很困难。虽然有些学生已经能够仿写一些算式,但他们仅仅是在模仿这些算式的外在形式,并未明白其中的道理。

当呈现花坛这一实物图，让学生来解释其中的规律时，部分学生还是能够理解的。但是，在实际授课中，我感受到学生虽然能够解释花坛的面积和花的朵数，但是如果给他们一个算式，让他们运用乘法分配律来做的时候，他们似乎又把这些面积图都抛开了，不能马上把算式和矩形面积图联系起来思考，互相解释。但是，当我画出两个有公共边的长方形面积图，让他们在图上标注出相应的数据，结合图来解释这些算式的时候，情况则变得越来越好。因此，仅凭实物情境图的变换和解释，就认为学生一定能够深入理解乘法分配律的字母表示形式，或许是有偏颇的。在几次实验比较中，我感觉学生不能有效建立乘法分配律概念的根源或许就在于此。

因此，我建议，教师在作教材设计时，应在现有基础上更进一步，让学生建构起生活情境图—矩形面积图或点子图—算式—字母表示形式之间的联系，使它们能够在不同的表征形式间互相解释和转译，这将有效促进学生对乘法分配律的理解与掌握。另外，学生进入四年级，思维已经达到一定程度，如果让学生在实物情境图中逗留过久，或许会因为无关信息过多而干扰他们的思维，不利于他们进行深度探索和思考。因此，此课教学应当更快地把学生由实物情境图引入到点子图、面积图、矩形图这些半抽象的图形上，让学生建构和发现这些图形与乘法算式的关系与关联。相信通过这样数形结合的方式，学生能对乘法分配律达到深度理解的状态，把他们从简单的机械记忆和重复训练中解放出来。

15.

阅读照亮教育前行之路：
蒋秀华老师阅读之悟与教学智慧

蒋秀华

深圳市福田区数学首席教师,深圳市骨干教师。多次参加市区各类教学比赛且多次获一等奖;主持区级课题研究,参与市级课题研究。在《中国教育报》《中国教师报》《小学教学(数学版)》等教育教学报刊上发表文章50余篇;出版专著《在阅读中前行》,参与编写《智慧数学课》《合作学习的理论与实践》。

名师阅读之悟

教育箴言，可以这样亲切入眼

——读《教育漫话》[①] 之悟

读《教育漫话》，与其说是读一本书，不如说是读一封封或长或短的信，很是亲切。因为，它是300多年前英国教育家约翰·洛克写给爱德华·葛拉克先生的讨论教养孩子的信札。

一、教育之重要

● 我敢说我们日常所见的人中，他们之所以或好或坏，或有用或无用，十分之九都是他们的教育所决定的。人类之所以千差万别，便是由于教育之故。我们幼小时所得的印象，哪怕极微极小，小到几乎觉察不出，都有极重大长久的影响。

● 教育上的错误比别的错误更不可轻犯。教育上的错误正和错配了药一样，第一次弄错了，决不能借第二次第三次去补救，它们的影响是终身洗刷不掉的。

教育的力量是如此巨大，身为父母或老师的我们，须为教养孩子负起重任，责无旁贷。

孩子不是实验品，每一个孩子都是唯一而宝贵的，父母和教师都需要秉着这样的认识和思想来教养孩子。

书中，洛克分别从健康、德行、智育、礼仪，以及对孩子的奖励与惩罚等方面谈了他的教育思想和主张。

---

① 约翰·洛克.教育漫话［M］.傅任敢，译.北京：教育科学出版社，1999.

二、健康

● 健康之精神寓于健康之身体，这是对于人世幸福的一种简短而充分的描绘。

● 我们要能工作，要有幸福，必须先有健康；我们要能忍耐劳苦，要在世界上做个人物，也必须先有强健的体格。

洛克在《教育漫话》中把健康放在了教育的首位。

健康是一个人做一切事情的前提，是人获得幸福生活的基础。没有了健康，一切都是妄谈和空想。

洛克对于身体健康提出了许多有益的建议：多到户外活动，呼吸新鲜空气；多运动；保证充足的睡眠；生活有规律；食物清淡，不喝酒或不喝烈性饮料；尽量少用药物，千万别给孩子任何药物去为他预防疾病；衣服不可过暖过紧……

身体强健的主要标准在能忍耐劳苦，心理健强的标准也是一样。一切德行与价值的重要原则及基础在于：一个人要能克制自己的欲望，要能不顾自己的倾向而纯粹顺从理性所认为最好的指导，虽则欲望是在指向另外一个方向。

在物欲横流的现代社会，在某些媒体的宣传影响下，越来越多的人崇尚追求金钱、追求名利、追求成功。为了身体的健康，浮躁的人们需要静下心来反思自己，克制自己的欲望，顺应理性的指导。而"忍耐劳苦"这四个字，对于娇生惯养的孩子们，对于"自己再苦，也不能让孩子受苦"的父母而言，具有实际意义。

早晨上班，我在公交车站常见到一对母子，男孩是小学五六年级的样子，长得健康结实，妈妈偏胖，穿着高跟鞋才跟男孩差不多高。从外表看，这没有什么特别，但他们的行为却惹人注目：每次男孩都空着双手，轻轻松松走在前面，而他妈妈手拎提包、肩背书包，深一步浅一步地跟在其后，从远处向车站走来。等车时，我瞟了一眼男孩悠闲淡漠的表情，再看看男孩妈妈略显疲惫的脸色，还有被又大又重的书包压得有点驼的背，直感心寒！一直等到车来了，男孩上车的一刹那，书包才转移到他的肩上。整个过程中，不见他们之间有任何交流。

我知道，这仅是一个家庭教育中的小现象，管中窥豹，可见一斑而已。真是可怜这位妈妈，自找累受，自寻苦吃；可怜这个男孩，显然被宠坏了。

这景象令我情不自禁想起另一件事，几年前我曾作为深圳市教育系统海外培训的学员，前往美国协和大学学习，在东京国际机场转机时，我和同学们在候机厅见到这样一幕：一对高高大大的白人夫妇带着一个小男孩，男孩身高和我们小学一年级学生差不多。夫妇二人各自肩背背包，手拉皮箱，小男孩的肩上也背了一个背包，手里拉了一个与他身形相称的小拖箱，俨然一个成人旅行者的缩小版。

我们都被这对父母的教育方式打动。有同学感慨："这就是东西方文化的不一样之处呀！这么小的孩子，就自己拿行李。"在中国，这种情景较少见到。孩子的那点东西，多是放进爸爸妈妈的箱包里，根本不需要自己拿。难道这仅是文化的差异吗？

后来，在美国加利福尼亚州与当地一对夫妇聊天，我谈起在东京国际机场的见闻，他们对我的称赞感到惊讶——在美国，这是很普遍的现象！孩子力所能及的事情，就让他们自己做，并和我说起他们第一次让五岁的女儿自己收拾行李旅行的事。那次他们一家人去尼亚加拉瀑布（美国和加拿大的交界处）游玩，当孩子整理行李箱时，父母建议她带一件棉袄，因为目的地会很冷，但女儿认为没必要，因为当时是10月份，在加利福尼亚州很暖和，有二十几摄氏度。到了目的地后，正好碰上下小雨，本来就低的气温降到了5摄氏度，女儿着急了，后悔得不得了。这时，母亲从自己的行李箱中拿出一件女儿的棉袄，孩子见了，对母亲感激得不得了，并深深地记住了这次的教训。

这两组家庭教育的鲜明对比令我深深震撼：这绝对不仅仅是文化上的差异！父母爱孩子的心普天之下都是一样的，只是我们家庭教育的方式方法需要改进。

三、德行

- 一个有德行的人比一个大学者更加难能可贵。
- 德行愈高的人，其他一切成就的获得也愈容易。

德行能起到一个向善的导向作用。如何培养孩子的德行呢？

首先，要趁早。孩子年龄越小，他们的欲望越宜少予满足；孩子自己的理智越少，越应该受到父母或老师绝对权力的约束。然而，有些家长教养子女的时候，往往因为孩子年龄小，而放任他们的一些过失，直到滋蔓难图，情况非常严重的时候，才想起拿犁耙来锄草。此时锄铲须深入土中，才能将坏掉的根去除。然而，苗地上的野草又多又深，哪怕用尽力气，费尽功夫，也难以清除干净，复得佳果了。所以，最好是从小就重视对儿童良好习惯的培养，让他们习惯于遵守规则，服从理智，逐渐形成良好的德行。

其次，要让孩子明白，他们之所以能获得某件东西，不是因为他们喜爱，而是因为那件东西确实适合他们去获得，值得他们去拥有。假如将他们需要的东西直接给予他们，而不是因为他们哭泣恳求后才给予，那么，他们就不会利用讨好、乖戾等手段去争取胜利。

最后，关于取得事物与占有事物，要教导儿童，把自己的东西与朋友分享，使他们从经验中知道，胸怀大量的人总是心灵富裕的人，并且会得到别人的敬重与称赞。

四、智育

（一）选择合适的学习方向

每个人的性格、天赋各不相同，所以选择适合孩子发展的方向进行培养至关重要。加德纳在1983年提出的"多元智能理论"，对此阐述得非常详尽。父母或老师要仔细研究孩子的天性和才能，经常试一试，看他们最容易走哪一条路，哪一条路最适合他们，他们最缺乏的是什么，而那些缺乏的东西他们是不是能够通过努力去获得，通过练习去巩固，并且值不值得去努力。

（二）让学习成为一种娱乐

有时，我们对于某些事情感到憎恶，仅仅是因为那是一种必须完成的任务，而不是我们自由选择的。儿童亦如此，他们也喜欢自由，所以我们不能把学习当作一种任务强加给他们，导致他们对学习产生厌恶心理。

倘若儿童把学习当作一种游戏、一种消遣，那么，学习和其他游戏在他们看来是一样的。我们需要注意的是，不要因为他们忽略了求学而责备或惩罚他们，慢慢地，他们会主动去学习的。

（三）保护和鼓励儿童的好奇心

如果儿童想知道某件事情，追问某个消息，我们应该专心听取他们的问题，并认真回答。对他们的好奇心，我们要小心地加以保护和鼓励。因为我们的答复可以引导他们前进，丰富他们的知识，拓展他们的思维。好奇心得到满足的喜悦和作用，就像眼睛看到光明一样，是难以估量的。

（四）漫谈各种学科的教学

洛克谈论了他对阅读、图画、外语、地理、天文、几何、法律、自然哲学等 28 个学科的教学观点。让我深有感触的是他对外语教学的看法。当时，英国盛行学习拉丁文，洛克的观点是：

● 一个人的拉丁文比英文说得好，或者写得好，也许因此可以成为大家谈话的资料，但是在他自己说来，他与其因为具有一种极不重要的品质，得到别人的无谓的称誉，还不如能用自己时刻应用的本国文字好好地把自己的思想发表出来来得有用。我觉得这一点是举世都忽略了的，无论什么地方都没有留心去增进青年人的国语的能力，使他们能够彻底了解国语，掌握国语。

● 但是一个青年无论学习什么外国文字（他越懂得多就越好），他所应该细致地研究，努力在发表自己的思想上面做到熟练、明白和优雅的境地的，还是他的本国文字。因此，他对于国语是应该天天练习的。

洛克的分析可谓一针见血、针砭时弊。这些话很值得我们反省。

（五）对父母和老师的要求

父母和老师要与孩子建立良好亲密的关系，让孩子在父母和老师面前感到舒适自如，能够获得应有的自由，不会轻易受到责备和呵斥。由此，孩子才会喜欢亲近父母和老师，受到父母和老师言传身教的熏陶。

关于学习问题，老师的工作不是把他的知识全都教给学生，不是愤怒地用规则吩咐学生去学习，而应致力于使学生爱好知识，尊重知识，养成良好的习惯，最终会采用正当的方法去求知，去改进他自己。

五、礼仪

礼仪不良有两种：第一种是忸怩羞怯，第二种是行为不检点和轻慢。要避免出现这两种情形，只需做到：不要看不起自己，也不要看不起别人。

事实上，孩子们在礼仪方面平时并没有受到教导，可是一旦有了一点点不礼貌的行为（尤其是有客人在的时候），有的孩子便会受到父母的斥责。表面上，父母是在教训孩子，实际上却是为了遮掩自己的耻辱，为了自己不受旁人的议论和责备，为了避免旁人说孩子的不良行为是他们对孩子缺乏教育造成的。其实，对孩子而言，这种偶尔教训一两次是没有用的。

"近朱者赤，近墨者黑。"儿童的言行举止大都是通过模仿得来的，所以，只要父母、师长以及孩子身边的人以身作则，树立好的榜样，孩子经过不断地模仿和练习，自然会具备良好的礼仪；在与人交往时，也会有礼貌，尊重别人，表现自如，让人看到他们大方得体的表现和良好的教养。

六、奖罚

我承认，如果我们想要支配儿童，奖励与惩罚是应该采用的。我觉得错误之点是：通常所用的奖惩的方法都是选择得不得当的。

洛克认为，教养孩子，奖励与惩罚是应该采用的。但需注意：第一，要把儿童当作具有理性的人去看待；第二，选择恰当的奖罚方法。

我们想使儿童变成聪明、贤良、磊落的人，用鞭挞以及别种奴隶性的体罚去管教他们是不合适的；只有万不得已的时候，和到了极端的情形之下，才能偶尔用用。反之，用儿童心爱的事物去奖励儿童，去讨取儿童的欢心，也应该同样小心地避免。

惩罚孩子的时候，我们应举止温和，态度镇定，要使他们觉得我们的行为是合理的，对于他们是有益的，而且是必要的。

奖励孩子的时候，要让他们认识到，他们获得这种种快乐，是因为得到了父母或老师的重视与嘉许，而不是因为他们做了某件事情之后，得到了报酬或交换。

在学校里，面对犯错误或调皮的学生，老师是需要进行惩罚的。但是，惩罚学生时，我觉得，教师一定要进行换位思考——将心比心，想想我们也曾经是孩子，想想我们也有自己的孩子。同时，还必须始终保持清醒的意识：惩罚不是为了肆意宣泄教师心中的不满和气愤，不是为了无情斥责学生的不足和缺点，而是为了让学生日后不再犯错误，甚至是做得更好。

在我的教育实践中，表扬总是大张旗鼓的，要让班上的同学都看到，都羡慕赞叹；相比之下，批评则是悄悄地或是私下进行的。对表现不好的学生，根据情况的严重程度，我一般分为三种处理方式：

第一种，提醒、劝告。比如，我走到他（她）身边，轻轻地拍拍他（她），提醒"这样做不好，请你改正！"

第二种，罚课间10分钟不能玩（上洗手间除外）。华南师范大学心理学系教授王玲曾说，惩罚孩子，最有效的办法是用孩子最喜欢或最畏惧的事物进行惩罚。因为学生都特别喜欢课间10分钟，所以我以此进行惩罚，并事先向学生讲清楚。对课间10分钟被罚留在教室里的学生，我会一直陪着他（她），针对问题进行单独谈话。谈话时，我要求自己一定要做到心平气和，态度镇定，使学生感觉到我对他（她）的惩罚行为是合理的，这种行为对他（她）是有益的，而且是必要的。绝大多数情况下，学生都能说出问题所在，以及该如何改正。

第三种，家校联合教育。极个别"问题学生"，在对其进行比较全面、客观的分析后，我会和班主任一起请家长到学校，共同讨论孩子的教育问题。对于惩罚：（1）明确告诉家长，作为教师，我们对孩子只能批评教育，不能也不会进行任何体罚、心罚，更不会有任何歧视。（2）建议家长教育孩子时，不能一味地赏识和鼓励，在某些情形下，惩罚是必需的。（3）要特别注意惩罚的方式。除非情况极端恶劣或万不得已，否则，最好不要打骂孩子，因为一个聪明自信、光明磊落的人，绝对不是通过打骂的方式培养出来的。（4）惩罚后，要通过观察孩子的行为是否朝着好的方向发展，来判断惩罚是否有效，一旦无效，须立刻摒弃这种方法，寻找新的教育途径。

事实上，合理的惩罚是有助于学生进步和成长的，就像小树苗需要修剪旁枝，才能长成参天大树一样。

读《教育漫话》，聆听约翰·洛克与友人的谈话，其中没有华丽的语句，没有严厉的说教，却句句深入人心，发人深省。

分析儿童心理，推进数学教学

——读《儿童学习心理与小学数学教学》[①] 之悟

在读特级教师张兴华老师的《儿童学习心理与小学数学教学》这本书之前，数学教育心理学方面的书，我读过著名教育家曹才翰先生和齐建跃博士合著的《数学教育心理学》。《数学教育心理学》趋向于从理论方面进行阐述。读张兴华老师的这本书，我感觉很受用，因为书中每一章的主要结构是教学实例＋心理分析＋教学运用，一些在读《数学教育心理学》时没有领会的理论，在熟悉的"教学实例"之后，在建议的"教学运用"之后，加上张老师深入浅出的"心理分析"，让我豁然开朗，品尝到喜悦。

书中所列举的各种创造性题目，颇有波利亚《怎样解题》一书的风格，让人在阅读的时候，像被数学题目吸引一般，全神贯注地去解题。

教学中，教师要如何去分析学生的心理呢？

一、兴趣＋意志

先从"兴趣"二字开始吧！都说兴趣是最好的老师，其实也不尽然。书中引用了乌申斯基的话："当然，如果你把课讲得生动些，那么你就不会担心儿童会闷得发慌。但是要记住，在学习当中，并不是所有的东西都是有趣的，一定有而且也应当有枯燥无味的东西。应当教导儿童不仅去做有趣的事，而且要做没有趣味的事，即为了完成自己的责任而做的事。"

因此，兴趣之外，我们要注意从心理上培养学生的"意志"。

[①] 张兴华.儿童学习心理与小学数学教学[M].南京：江苏教育出版社，2011.

小学生学数学从本质上看也是一种认识活动，保证这一认识活动取得预期效果的，除具备一定的知识，具有观察、记忆、思维、想象等认识能力外，勇于克服困难的意志行为和坚强毅力是至关重要的。理解数学知识、解决数学问题要经历复杂的心理过程，是一种艰苦的认识活动，其间必然会遇到各种各样的困难。

关于"意志"，中国近现代著名教育家蒋梦麟在《西潮》中写道："理想、希望和意志可以说是决定一生荣枯的最重要因素。教育如果不能启发一个人的理想、希望和意志，单单强调学生的兴趣，那是舍本逐末的办法。只有以启发理想为主，培养兴趣为辅时，兴趣才能成为教育上的一个重要因素。"

学习不是游戏，它不可能总是有趣的，也就不可能总是让学生对其感兴趣。如果是因为感兴趣，学生开始学习数学，那么，在他们兴趣消减之前，我们需要告诉学生，数学并非总是容易的，数学学习中肯定会遇到困难；或者如张兴华老师建议的，给学生讲焦耳、居里夫人、阿基米德等的事迹，使学生领悟："在科学上没有平坦的大道，只有不畏劳苦沿着陡峭山路攀登的人，才有希望达到光辉的顶点。"从而，逐渐把学习数学的意志培养起来。

二、几种数学思维

数学向来被称为思维的体操。张兴华老师在书中讲了逻辑思维、直觉思维、发散思维、逆向思维、形象思维等的培养。下面，我结合自己的教学实践，谈谈对逆向思维和形象思维的理解。

（一）逆向思维

我们思考问题时，如果既能顺着想，又能逆过来想；既能从正面想，又能从反面想，就能全面地分析问题，使问题得到解决。

在教学六年级《解决问题的策略：转化》一课时，我曾设计这样一道题：

一个长方体，长10厘米，宽8厘米，高5厘米，把它沿着平行于上面、侧面、前面的面各切一刀后，切成的8个小长方体的表面积一共是多少平方厘米？

题目出来后，就有学生问："老师，切它的时候是怎么切的呢？是不是平均切的呢？"我回答："你提出的问题，题目给的信息里没有确定。只要求平行于相应的面，至于怎么切，需要你自己再想想。"

其实这道题是可以有很多种切法的，只要符合条件"平行"就可以。当然，在平行的基础上，如果学生们拿"平均切"和"随意切"比较，很容易就会发现平均切更好计算。由于切法有多种，这道题的解法就可以有很多种。课后，我从学生的解法中，选了三种有代表性的记录下来。

做法1：

平行于侧面，在10厘米中点处切；平行于前面，在8厘米中点处切；平行于上面，把5厘米切成2厘米和3厘米。

解法：

上面1个小长方体的表面积=（3×5+5×4+4×3）×2=94（平方厘米）

下面1个小长方体的表面积=（2×5+5×4+4×2）×2=76（平方厘米）

上面4个小长方体的表面积+下面4个小正方体的表面积=94×4+76×4=680（平方厘米）

做法2：

每一刀都是平均切，得到8个一样大的小长方体，小长方体的长、宽、高分别是原来的一半，那么，就可以把求8个小长方体的表面积，转化成求一个小长方体的表面积乘8。

解法：

1个小长方体的表面积=（2.5×5+5×4+4×2.5）×2=85（平方厘米）

8个小长方体的表面积=85×8=680（平方厘米）

做法3：

平行相应的面，随意切。（逆向思维）每切一刀就增加了两个面，切了三刀后，增加了2个上面，2个侧面，2个前面，这6个增加的面合起来，正好增加了一个大长方体的表面积。于是，问题就转化成求两个大长方体的表面积。

解法：

1个大长方体的表面积=（10×5+5×8+8×10）×2=340（平方厘米）

2个大长方体的表面积=340×2=680（平方厘米）

显然，与第1种常规做法、第2种特殊做法相比，第3种最简捷。与前两种顺着思考相反，第3种是倒过来从结果往前推理的。

（二）形象思维

数学中的逻辑思维我们一直都非常重视，反倒是形象思维，似乎因其"浅显"而没有得到应有的重视。

逻辑思维有严格的规律，它在使思维获得严密性、确定性的同时，又限制了思维的发散性、开拓性，限制了人的想象力和创造力。逻辑思维的这些局限，正是形象思维之所长。

我们知道，数学中的许多概念都是从实际生活中抽象出来的。尽管数学来源于生活，但是，有的数学概念属于抽象之上的抽象，已脱离生活实际，如直线。事实上，人们不可能找到一条无限延长的直线。所以，就直线的认识而言，想象体验比生活体验和操作体验更为恰当，也就是形象思维比抽象思维更加有助于学生对直线概念的理解。

"认识直线"是小学数学四年级的内容，在有的教材中，直线是从铁轨中抽象出的。其实，从铁轨中抽象出直线的教学预设，必然会引起学生的质疑，因为在他们的生活经验中，铁轨是有起点和终点的，严格地说，铁轨其实是两条很长的"线段"。

鉴于以上认识，教学中，我引导学生通过形象思维——"有限长的线段"和"空间想象"，来认识直线。

我先请学生在练习本上任意画一条线段，并量出长度。我从中找到一本"没有画两个端点，但在线上写了'长度3厘米'"的练习本，通过实物投影展示，全班讨论。

生：他忘记画端点了，两边应该分别点上两个点，线段是有两个端点的。

师：是的。可是，他已经量出这条"线段"的长度是3厘米了，好像不画端点也是可以的？

生1：不行。不画端点就是没有画完。

师：没有画完是什么意思？

生1：还可以继续画。

师：继续画？怎么画呢？请你上来画一画吧！

（生1把右边延长了一点，在同学们的提示下，把左边也延长了一点。）

生：还可以再画长一些。

生2：画很长很长都可以，反正它没有被固定。

师：没有被固定，这句话说得很好！你可以再解释一下吗？

生2：就是可以一直画下去。

师：一直画下去，是指画到这个本子的边上吗？

生：还可以继续画，画到桌子上，画出教室，画到操场，画不完的。

生：画到大海，画出地球。

……

师：只要这条线的两端没有被端点固定，它就可以一直画下去。同学们，我们一起来想象一下，把它画到很远很远的地方，你想到的地方都可以画到，而且还是画不完。在数学上，这种现象，我们把它叫作"无限延长"，这样的线叫直线。

对于四年级的学生而言，认识和理解"无限延长"的确是一件不容易的事情。因此，教学中，我借助已经认识的线段，找出有限长的线段和无限长的直线之间的区别——端点的有无，并从端点入手，充分发挥和依靠学生的空间想象能力、形象思维能力去认识和理解"无限"，这是学生比较易于接受和感知的。

面对教材中的铁轨，面对学生的质疑，我们可以说"笔直的铁轨可以近似地看作直线"，因为站在铁路中间，我们目之所及不是起点，也不是终点。并进一步引导学生明确：现实生活中并不存在真正的直线，学习直线，不是要回归到真实的物体，而是要充分发挥我们的想象力，以及掌握一种数学的方法，用有限来表示无限——用去掉两个端点的线段表示直线。

在认识直线时，形象思维发挥了抽象思维无法比拟的作用。

数学是关于现实世界的空间形式和数量关系的科学，数和形是整个数学发展过程中的两大柱石。著名数学家华罗庚曾经指出："数缺形时少直观，形少数时难入微……"这就要求在研究数学问题时把数形知识结合起来，引导学生从数的方面用分析的方法进行抽象思维，从形的方面进行形象思维。

"解决问题"是小学数学教学中的重要内容，问题中的数量关系具有抽象性与隐蔽性的特点。教学时，教师要引导学生"把问题画出来"，形象地展示出题目中数量之间的关系。学生借助形象的图，就比较容易找到解题途径。

在苏教版小学数学教材中，有"解决问题的策略"一个系列的教学内容，从四年级到六年级，一共教学六种比较典型、常用的策略。其中一种策略就是"画图"，它的指导思想非常明确，就是"数形结合"。针对用文字描述的图形增减问题、路程问题等，原本有些模糊不清的地方，一旦学生根据题目的条件和问题，画出相应的图后，一些隐藏的条件就展现出来了，并且一目了然，很大程度上促进了问题的解决。

数形结合在数学中的应用非常广泛，例如下面这道题便用到了数形结合。

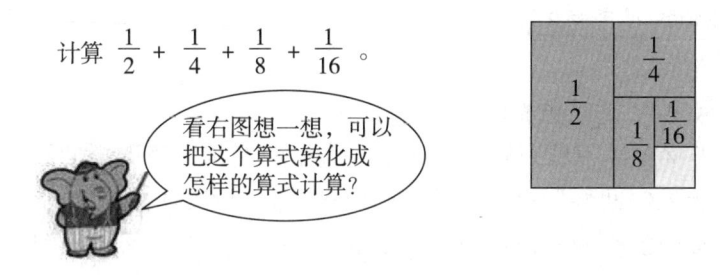

计算 $\frac{1}{2} + \frac{1}{4} + \frac{1}{8} + \frac{1}{16}$。

看右图想一想，可以把这个算式转化成怎样的算式计算？

按常规需要通分解决的异分母分数加法，现在因为借助形象思维——一个正方形图，便可直接给出得数，1 减去空白部分 $\frac{1}{16}$，所以是 $\frac{15}{16}$。

三、消除心理障碍

数学学习的过程，是一个不断遇到问题，向老师、向同学、向自己提出问题，经过思考、讨论、交流，解决问题的过程。学生面对问题，自己独立思考解决问题的能力是比较强的，不足的是向老师和同学提出问题，以及表达交流。从心理学角度来看，他们也并不是没有问题，而是存在心理障碍，不敢或不愿提问题以及讨论交流。那么，怎么帮助学生消除心理障碍呢？张兴华老师在书中提了几条建议。

1. 因地制宜，因人而异。

对于情绪紧张，担心在课堂上说不清楚的学生，可以让他在课外继续提问；对不敢在公众场合提问题的学生，可以让他在小组内提问；对口头表达能力较差的学生，可以让他把问题写成文字后再提问。

在教学中，我们常说："请大胆一点，说出你的想法！""试一试吧，上来说一说。"……总而言之，就是要求学生说。读了张兴华老师的建议，我不禁想：有的学生确实上课不敢说，为何一定要让他说呢？他下课说，不是也可以吗？有的学生只是口头表达能力差一点，为什么就不能让他写出来呢？其实，有不少的数学家或作家都存在着于口头表达的问题，但这丝毫没有损害他们的能力和贡献。

如果我们充分考虑和理解学生的性格差异，站在他们的角度，从他们的心理出发，为他们考虑，鼓励他们采用不同方式进行交流，效果一定比只说好。

2. 营造积极的课堂氛围。

3. 增强学生的意志和自制能力。

4. 举行竞赛活动。

5. 保护学生提问的积极性。

对于平时学习成绩较差的学生，一旦他们积极争取提问题时，老师要尽可能优先让他们发言。即使他们提出的问题不够准确或价值不大，老师也要以真挚的情感予以热情的肯定和表扬，决不讲"×××同学今天有进步""×××同学今天也学会了提问题"等明褒暗贬的话语，以免伤害他们的自尊心。

这样的话语，真的是听得太多了，我自己也说过。怎么就不曾从那位学生的角度来想想呢？很有可能，他坐下后，心里想：老师说我今天也学会了提问题，那就是我一直都不会提问题，我多差呀！下次，我再不举手了。

其实，有时候，我们不一定非要用语言对学生的发言或提问进行评价，比如上面的这种情况，老师一个微笑、一个鼓励的眼神，一定胜过那些明褒暗贬的话语！

读完本书，掩卷沉思：学生的心理，我是否给予关注，是否进行了有效的分析，这对推进他们的数学学习，起着至关重要的作用。

四、学以致用

当学生做错题目时，以往，我很容易生气，心里冒火："我明明讲得很清楚了，你怎么就没懂呢？""别的同学都能做对，你怎么就偏偏做错呢？""你到底有没有认真听课？"现在，我决定从他们的出错开始，不再生气，而是关注他们的心理。

下面是我执教的《两位数乘一位数进位乘法》的教学片段对比及反思。

师：请同学们看黑板上这道乘法算式。

板书：

$$\begin{array}{r} 36 \\ \times\ 2 \\ \hline \end{array}$$

师：谁来说说这道乘法怎么算？

生：先算个位 $6×2=12$，再算十位，二三得六，也就是60，两个数加起来等于72。

师：现在请一位同学把黑板上的竖式写完整。

（许多学生举起了手，教师选了一位成绩不错的学生来板书。）

生板书：

$$\begin{array}{r} 3\,6 \\ \times\ {}_1 2 \\ \hline 7\,2 \end{array}$$

（学生写完后自信地回到座位，其他学生没有举手也没有说话，说明他们同意这种做法。）

师：正确！

（教师用红色粉笔在竖式旁边划了一个"√"。）

师：请同学们注意 $6×2=12$，满十要向前一位进1。这就是我们今天要学习的进位乘法，两个数字相乘满几十，就向前一位进几。

（学生做练习，教师巡视，发现有几个学生的算式如下图所示。）

$$\begin{array}{r} 1\,2 \\ \times\ \ 7 \\ \hline 7\,1\,4 \end{array} \qquad \begin{array}{r} 2\,8 \\ \times\ \ 4 \\ \hline 8\,3\,2 \end{array}$$

师：（生气）刚刚才讲过，怎么就做错了！再看看黑板，想想应该怎么做！

（学生紧张地抬起头，有的思考了一会儿，改正了；有的脸上一片茫然，不知该怎么办。）

反思：课后，回想起那几个学生的神情，我心里很不是滋味。我发现自己在教学中隐含着一个错误的观念：老师已经讲过的内容，学生不应该出错。在请学生板书的时候，潜意识里我在避免见到学生的错误，这一教学行为也为个别学生后面的出错埋下了伏笔。面对学生的错误，老师一味地生气，不但起不到任何积极作用，反而会打击学生的自信心，并破坏自己的教学情绪。

于是，通过冷静地分析学生出错的原因，思考自己教学设计中存在的问题，对同一个教学内容，在另一个班，我采取了不同的教学方式。

师：请同学们在课堂练习本上试着做这道题。

板书：

$$\begin{array}{r} 36 \\ \times\ 2 \\ \hline \end{array}$$

（教师巡视，有选择性地拿了两位学生的练习本，通过实物投影仪展示。）

生1的算式：

$$\begin{array}{r} 36 \\ \times\ {}_12 \\ \hline 72 \end{array}$$

生1：我先算个位 $6\times 2=12$，个位写2，满十向前一位进1，写在横线上，再算十位，二三得六，加上进位的1，在十位写7。

生2的算式：

$$\begin{array}{r} 36 \\ \times\ 2 \\ \hline 612 \end{array}$$

生2：（不好意思，低声）老师，我做错了！

师：（微笑）没关系！和大家说说你当时是怎么想的，好吗？

生2：我也是先算个位 $6\times 2=12$，然后直接写了12，再算十位，二三得六，把6写在了12的前面。我没有标进位！

师：其实你的计算顺序和每一步的口诀都是对的！只是书写的格式不对，改过来就好了！

（几个与生2有同样算法的学生改正了自己的书写格式。）

师：这就是我们今天要学习的进位乘法。两个数字相乘满几十，就向前一位进几，并把进位写在横线上相应的位置。

（学生开始做练习。教师巡视，发现学生练习的正确率很高，除了一两个粗心口算记错的，其余全对！）

作业对比：前一个班，课堂上出现的错误，在作业中依旧存在；后一个班，课堂上出现的错误，再没有出现。

反思：有了不怕学生出错，甚至允许学生在课堂出错的观念，在第二个班，我改变了原来的教学设计，先让学生自己去尝试解决问题。在这个过程中，有的学生克服了困难，获得了成功的体验，有的学生被难倒了。这时，我以平静的心态看待学生的错误，耐心地引导，并和学生一起回顾思考的过程，找出错误的原因，最终把问题解决了。正是借助学生的错误，这节课才很自然地突破了重难点。可见，错误并不可怕，关键是对待错误的态度和方式方法。

名师教学智慧

体悟解题策略，发展思维能力

——以《解决问题的策略：转化》为例

文本分析 ▶▶▶

转化是解决问题时经常采用的方法，能把复杂的、新颖的问题变成简单的、已经解决的问题。转化方法很多，形式不拘一格，掌握转化的策略不仅有利于问题的解决，更有益于思维的发展。与画图、逆推、替换等策略相比，转化策略的应用更为广泛。本节课旨在引导学生体验转化的策略，并能主动应用。

教学过程 ▶▶▶

一、故事引入，揭示课题

师：今天这节课先请同学们欣赏一个故事。（播放《司马光砸缸》flash 动画）

师：看完故事，你有什么想法？

生：司马光很聪明！小伙伴掉进大水缸，小朋友们不够高，不能把他拉起来，但是，司马光用石头把大水缸砸破，救了小伙伴。

生：司马光的脑袋灵活，他能换个角度来解决问题。

师：是呀！"把小伙伴从水缸里拉起来"很难，但转化成"把水缸的水放走"，就容易了。化难为易，司马光用的这种策略，叫作转化。你们学过这种策略吗？

生：（摇头）没有。

生：我们学过列表、画图、枚举、逆推、替换，就是没有学过"转化"。

师：是这样吗？让我们一起来看屏幕。

二、温故知新，认识转化

（课件演示）

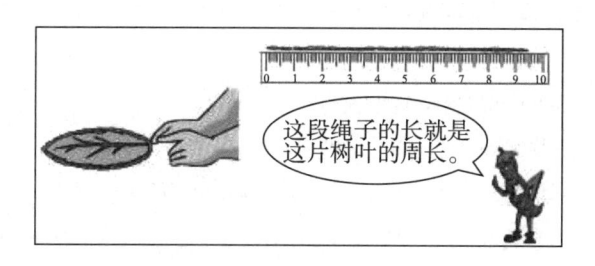

师：谁来说说这幅图？

生：叶子的周长是不规则的图形，不好测量，用一条绳子围一圈后，拉直绳子，用直尺测绳子的长，就等于树叶的长。

生：把测树叶的周长变成测绳子的长。

生：老师，这里用了转化的策略，把测树叶的周长转化成测绳子的长。

（其他学生恍然大悟，教师赞许。之后教师出示课件。）

$$\frac{2}{7}+\frac{3}{9}$$
$$=\frac{18}{63}+\frac{21}{63}$$
$$=\frac{39}{63}$$

$$\begin{array}{r} 6.2 \\ \times\,2.1 \\ \hline 6\,2 \\ 1\,2\,4 \\ \hline 1\,3.0\,2 \end{array}$$

师：这里有转换吗？如果有，是把什么转化成了什么？

生：第一个算式的计算是把异分母分数的加法转化成了同分母分数的加法，因为同分母分数的加法好算些。

生：第二个算式的计算，本来是小数乘法，但是在计算的时候，我们把它转化成整数乘法，不管小数点，最后再把小数点加上去。

生：老师，原来我们已经学过转化这种策略了。

师：是呀！你们能想一想、说一说，在生活和学习中，还有哪些地方用到了转化吗？请四人一个小组讨论。

组1：我们组找了3个：（1）推导平行四边形面积公式时，把平行四边形转化成长方形；（2）推导三角形面积公式时，把三角形转化成平行四边形；（3）推导圆面积公式时，把圆转化成长方形。

组2：我们组想到了4个：（1）计算分数除法时，把分数除法转化成分数乘法；（2）曹冲称象时把称大象转化成称石头。剩下的两个第一组已经说过了。

师：好！只说前面的组没有说过的。

组3：推导圆柱的体积公式时，把圆柱转化成长方体。

组4：乌鸦喝水，乌鸦把空气占的体积转化成石子的体积。

组5：简便的运算经常会用到转化。比如，1+2+3+4+…+99+100=（1+100）×50=5050，就是把一长串加法转化成乘法。

组6：赤壁之战里的草船借箭，诸葛亮把难题"没有箭"转化成"用草船向敌人借箭"。

组7：要测一棵大树有多高，把测树高转化成测树影的长，再通过比的知识，就可以得到树高。

师：同学们说了这么多，相信你们对转化有了进一步的认识。你们觉得自己会用这种策略吗？想不想尝试一下？

生：想。

三、尝试探索，解决问题

（出示问题）

下面这两幅图的面积相等吗？

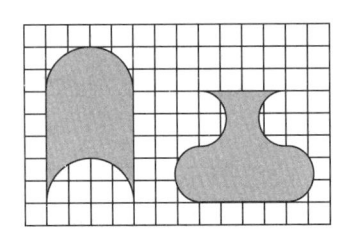

师：好比吗？难在哪儿？

生：我们没有学过这两种图形。

生：这两个图形的形状不规则。

师：那怎么办呢？同学们桌上的信封里有这两个图形，你们可以动动手，想办法来解决这个问题。

（教师巡视，然后选几个有代表性的学生上讲台当"小老师"解说，并通过实物投影仪展示他们的作品。）

生：先把图中的方格线补画完整（如下图），再数格子，左边的图形大约有20个格子，右边的图形大约也是20个格子，所以我认为它们的面积相等。

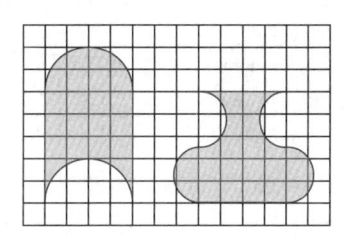

师：对于他的讲解，你们有疑问吗？

生：这个办法太麻烦，而且得到的结果不是很准确。

生：（如下图所示）把第1个图上面的半圆剪下来，平移到下面，就拼成一个长5格、宽4格的长方形；把第2个图左边和右边的半圆剪下来，分别旋转到上面凹进去的部分，也拼成一个长5格、宽4格的长方形，得到的两个长方形的面积相等。所以原来的两幅图的面积相等。

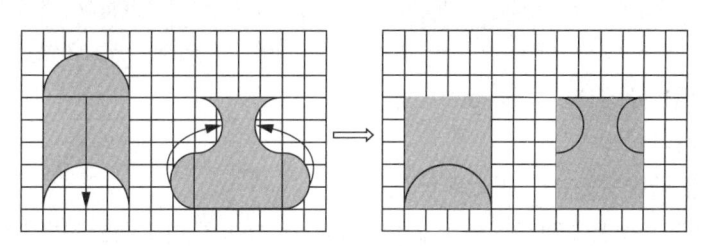

师：谢谢你的讲解！虽然两个图的形状改变了，但是面积没有增加也没有减少，你通过"等积变形"，把原来不规则的图形，转化成两个长方形，解决了问题。对于他的讲解，你们有疑问吗？

生：没有。

师：我想问你一个问题，好吗？在剪之前，对于第1个图，你是怎么知道上面凸出来的部分和下面凹进去的部分面积相等？

生：我是数格子知道的。

生：它们的半径都占两个格子，半径相等。

师：哦！我明白了！谢谢！

生：我的方法和第二个同学的差不多，但是，对于第 1 个图，我是把下面的部分剪下来了，向上平移后，得到一个长方形；第 2 个图，我的做法和他的一样。结果证明，两个图形的面积相等（如下图）。

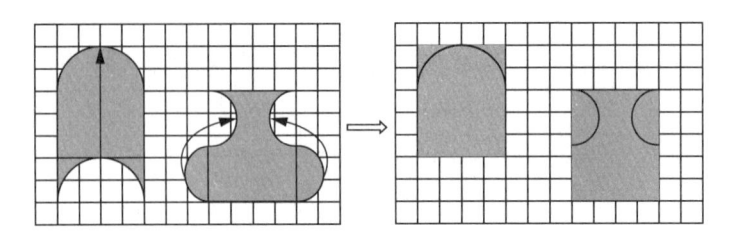

师：谢谢你！演示和讲解都非常清楚。还有吗？

生：（边说边演示）我把这两个图都折成两层，像这样（见下图）。然后，折成的图形都是原来图形面积的一半，这两个折成的图形能完全重合，所以原来的两个图面积是相等的。

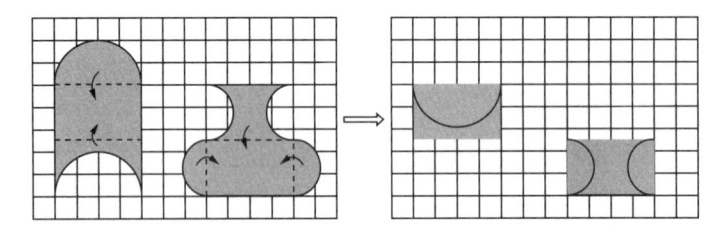

师：哦！是这样。可以吗？

生：可以！

师：很特别的方法，谢谢你！

师："条条大路通罗马"，虽然同学们用的方法不同，但都是转化成规则的图形，成功地解决了问题。可见，转化的方法不是唯一的，只要能解决问题就行。

四、举一反三，灵活运用

（一）通过转化，解题

（出示题目）

$\frac{1}{2}+\frac{1}{4}+\frac{1}{8}+\frac{1}{16}$

师：这道题该怎么做？

生：通分。

生：等于 $1-\frac{1}{16}$，等于 $\frac{15}{16}$。

（不少学生一副疑惑的表情。）

师：（随便点一名学生）他为什么这样做？

生：不知道，所以我很想知道原因。

师：那请你上来给我们讲解一下好吗？

生：（边画图边说）可以先画一个正方形表示整体"1"，它的一半是 $\frac{1}{2}$，用阴影表示；剩下的一半是 $\frac{1}{4}$，用阴影表示；再剩下的一半是 $\frac{1}{8}$，用阴影表示；再剩下的一半是 $\frac{1}{16}$，用阴影表示。因为阴影（$\frac{1}{2}+\frac{1}{4}+\frac{1}{8}+\frac{1}{16}$）+ 空白（$\frac{1}{16}$）= 整体（1），所以阴影 = 1 - 空白 = $1-\frac{1}{16}=\frac{15}{16}$。

（该生讲完后，教室里响起了热烈的掌声。）

师：这真是个好办法，他把算式转化成了——

生：（齐）图形。

（教师通过课件再次展示学生所画的图。）

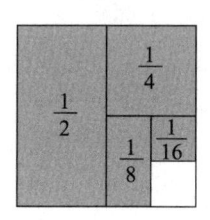

（二）逆推变形，相应的减法算式

师：我把算式变一下：$1-\frac{1}{2}-\frac{1}{4}-\frac{1}{8}-\frac{1}{16}$，又怎么做呢？

（过了一会儿，很多学生举起了手。）

生：把 $1-\frac{1}{2}-\frac{1}{4}-\frac{1}{8}-\frac{1}{16}$ 转化成图形，就是刚才的那个图。整体（1）减去阴

影部分，等于空白（$\frac{1}{16}$）。（师板书"$1-\frac{1}{2}-\frac{1}{4}-\frac{1}{8}-\frac{1}{16}=\frac{1}{16}$"）

（三）找出算式存在的规律，扩大算式

师：我看算式$\frac{1}{2}+\frac{1}{4}+\frac{1}{8}+\frac{1}{16}$好像有点规律呢！谁来说一说？

生：后一个分数是前一个分数的一半。

生：分子都是1，后一个分母是前一个分母的2倍。

师：根据规律，谁来给后面接一个？

（学生边说，教师边板书，得到更多算式。）

$\frac{1}{2}+\frac{1}{4}+\frac{1}{8}+\frac{1}{16}+\frac{1}{32}+\frac{1}{64}$

$\frac{1}{2}+\frac{1}{4}+\frac{1}{8}+\frac{1}{16}+\frac{1}{32}+\frac{1}{64}+\frac{1}{128}$

$\frac{1}{2}+\frac{1}{4}+\frac{1}{8}+\frac{1}{16}+\frac{1}{32}+\frac{1}{64}+\frac{1}{128}+\frac{1}{256}$

$\frac{1}{2}+\frac{1}{4}+\frac{1}{8}+\frac{1}{16}+\frac{1}{32}+\frac{1}{64}+\frac{1}{128}+\frac{1}{256}+\frac{1}{512}$

……

师：结果怎么算？

生：（脱口而出）1减去最后一个分数。例如：

$\frac{1}{2}+\frac{1}{4}+\frac{1}{8}+\frac{1}{16}+\frac{1}{32}+\frac{1}{64}$

$=1-\frac{1}{64}$

$=\frac{63}{64}$

（之后，学生主动说出相应的减法算式。）

$1-\frac{1}{2}-\frac{1}{4}-\frac{1}{8}-\frac{1}{16}-\frac{1}{32}-\frac{1}{64}=\frac{1}{64}$

$$1-\frac{1}{2}-\frac{1}{4}-\frac{1}{8}-\frac{1}{16}-\frac{1}{32}-\frac{1}{64}-\frac{1}{128}=\frac{1}{128}$$

……

（四）往后无规律加一个分数

生：老师，题目不可能总是这么巧呀！万一加的分数不符合规律，怎么办？比如，$\frac{1}{2}+\frac{1}{4}+\frac{1}{8}+\frac{1}{16}+\frac{1}{32}+\frac{1}{64}+\frac{2}{3}$。

师：你提的问题很有意义，这可怎么办呢？

（生思考）

生：可以把算式分成两部分，前面 $\frac{1}{2}+\frac{1}{4}+\frac{1}{8}+\frac{1}{16}+\frac{1}{32}+\frac{1}{64}$ 符合规律，通过转化得出答案 $1-\frac{1}{64}=\frac{63}{64}$，再加上后面的结果 $\frac{63}{64}+\frac{2}{3}$，通过通分得到答案。

师：哦！可以进行部分转化。

（五）中间随意删除一个分数

师：这道题还可能出现什么情况？

生：既然可以多一个分数，那就可以少一个分数。

生：我想出了一个题目：$\frac{1}{2}+\frac{1}{4}+\frac{1}{8}+\frac{1}{16}+\frac{1}{64}$。

师：大家试试！

（生独立做练习）

生：缺一个 $\frac{1}{32}$，那就补一个 $\frac{1}{32}$，转化成符合规律的算式，最后再减去补的数。

（实物投影展示学生的练习本。）

$$\frac{1}{2}+\frac{1}{4}+\frac{1}{8}+\frac{1}{16}+\frac{1}{64}$$

$$=\frac{1}{2}+\frac{1}{4}+\frac{1}{8}+\frac{1}{16}+\frac{1}{32}+\frac{1}{64}-\frac{1}{32}$$

$$=1-\frac{1}{64}-\frac{1}{32}$$

$$=\frac{63}{64}-\frac{1}{32}$$

$$=\frac{63}{64}-\frac{2}{64}$$

$$=\frac{61}{64}$$

（学生又出了几个题目，如：$\frac{1}{2}+\frac{1}{8}+\frac{1}{16}+\frac{1}{32}+\frac{1}{64}$，$\frac{1}{2}+\frac{1}{4}+\frac{1}{8}+\frac{1}{16}+\frac{1}{32}+\frac{1}{128}$，…）

师：同学们，你们太聪明了！这么快就对"转化"这种策略的运用得心应手了。

五、拓展应用

（一）拓展题

（出示题目）

一个长方体，长10厘米，宽8厘米，高5厘米，把它沿着平行于上面、侧面、前面的面各切一刀后，切成的8个小长方体的表面积一共是多少平方厘米？

师：请同学们在练习纸上先做一做吧。

（学生独立思考、做。大约3分钟后，大部分学生高高地举起了手。）

师：很多同学已经做好了，这么快！谁来说说？

生：我假设每一刀都是平均切的，那么8个一样大的小长方体的长、宽、高分别是原来长方体的一半，也就是长5厘米，宽4厘米，高2.5厘米，那么就可以把求8个小长方体的表面积转化成求一个小长方体的表面积乘8。

列算式：

（5×4+5×2.5+4×2.5）×2×8

=680（平方厘米）

师：平均切可以吗？

生：可以的，因为一刀切下去，不管是不是平均切，增加的面积都是一样的，但是平均切更好算一些。

师：这是个好办法，从特殊的情况出发来解决问题。还有别的方法吗？

生：我是这么想的，每切一刀就增加了两个面，切了三刀后，就增加了2个上面，2个侧面，2个前面，这6个增加的面合起来，正好增加了一个长方体的表面积。我把问题转化成求两个大长方体的表面积就可以了。

列算式：

（10×8+10×5+5×8）×2×2

=170×4

=680（平方厘米）

师：这位同学通过空间想象、等量代换，把8个小长方体的表面积转化成两个大长方体的表面积，轻松地解决了问题。很简洁！为了表扬大家，我们休息一下，来欣赏一个故事。

（二）历史故事

（出示课件）

时间：1879年

地点：爱迪生的实验室

人物：爱迪生和他的助手阿普顿

事件：爱迪生让阿普顿测量一个梨形灯泡的容积，阿普顿用了好几个小时也未能得到答案。

师：看谁最聪明，能想出好办法来。

（生举手）

生：往一个杯子里倒入水，然后把灯泡全部按入水中，水面上升的高度就是灯泡的体积。

（教师提供实物材料，请学生上讲台演示。）

师：（追问）把灯泡的体积转化成了——

生：把灯泡的体积转化成了水的体积。

六、总结

师：你们知道"出师"是什么意思吗？

生：我们已经学会转化，可以自己用这种策略来解决学习、生活中遇到的问题了。

师：好！希望大家能够活学活用！

教学反思 ▶▶▶

解决问题的策略，小学阶段一共学习六种：列表、画图、枚举、逆推、替换和转化，其中以转化的应用最广，作用最大。可以说，转化包括了前面五种策略，前面五种策略都可为转化所用。所以，我在公开课上选了"转化"。

我知道这节课，刘延革老师、罗鸣亮老师和储冬生老师都上过，他们的课例让我受到许多启发，让我愈发想自己来实践，上这一节思维含量颇高的数学课。

选好了课题，我开始研读和分析教材、教参：转化这一策略具有很强的目的性，目的就是把原本未知、很难、烦琐的问题转化成已知、容易、简单的问题，而转化过程中用的方法则不计其数，教学的目的不在于教方法，而在于打开学生的思维。有一点非常关键，即转化的本质——恒等变换。形式、说法、看问题的角度等都可以变，唯独本质不会变，这需要渗透在教学中。

在教学设计的过程中，我查看了小学数学12册的教材，发现转化这种策略学生其实早已使用过，它并不是一个新鲜事物，于是我决定改变教科书的编排，把回顾以往用到转化策略的知识提前。通过《司马光砸缸》的故事引出转化这一策略后，我就引导学生四人小组合作，寻找学习、生活中曾经用到转化的地方。果不其然，学生找到了很多。之后再进行全班交流。这样，不但在新旧知识间架起一座桥梁，而且让学生更加深刻地领悟了转化的意义，并为接下来的尝试探索作铺垫。

接下来就是对转化本质"恒等变换"的理解。我认为图形面积比较中的"等积变形"，对于理解转化的本质而言，是一个很好的载体，所以我直接用了教材中的例题：比较两个不规则图形的面积是否相等。出示题目后，我引导学生客观地分析题目，然后鼓励学生自己想办法，尝试解决问题。给他们足够的时间和空间，真正经历思考的过程。出乎我的意料，学生竟找出了四种解决问题的方法，并且有三种用到了转化。在"小老师"讲解的过程中，我则强调了这个问题的转化本质——"等积变形"。

$\frac{1}{2}+\frac{1}{4}+\frac{1}{8}+\frac{1}{16}$，这道题教材中的要求仅是通过数形结合的方法，把题目转化成图形，根据观察正方形空白和阴影部分的面积，能简便地解决问题。我认为这个题目是一个非常好的资源，教材显然还没有把它的作用充分挖掘出来。实际上，我们遇到的题目或问题，往往并非和我们学习过的一模一样，而对于会有哪些不一样，不一样又怎么办，我和学生一起讨论、思考和解决。于是，便有了后面的教学步骤："逆推变形，相应的减法算式""找出算式存在的规律，扩大算式""往后无规律加一个分数""中间随意删除一个分数"。解决了这几种情况后，学生仍意犹未尽，兴致更高，不但能运用转化的策略，举一反三地解决问题，而且颇具创造意识和探索精神。

进行教学设计、上课的过程，对我而言，就是一个学习、进步的过程，而反思，则让这一过程跃然纸上，得到升华。

16.

追寻如诗的教育人生：
汤其鸣老师阅读之悟与教学智慧

汤其鸣

中小学一级教师，福建省泉州市第二实验小学教务处副主任，泉州市教学名师，新世纪小学数学杰出人才发展培养工程第三届高级研修班学员。获教育部北京师范大学基础教育课程研究中心优秀教师，泉州市课改教育先进个人、骨干教师、教坛新秀等称号。获福建省小学数学课堂教学评比一等奖、华东六省一市第十一届教学比赛一等奖、全国第七届课堂教学比赛二等奖和福建省技能大赛二等奖。《小学教学（数学）》2019年第三期封面人物，在《小学数学教育》《福建教育》《新教师》等刊物发表多篇论文、教学设计。

名师阅读之悟

做一个和自己赛跑的人

——读《白说》[①] 之悟

《白说》分为"岁月：活着不是非赢即输""价值：得失不是非有即无""沟通：世界不是非黑即白""态度：进退不是非取即舍""时代：真相不是非此即彼"五个部分20余章，记录了白岩松先生15年来在各个场合与公众的深入交流，分享其世界观和价值观。书中内容涵盖时政、教育、改革、音乐、阅读、人生等多个领域。每篇文章后都有一篇"自己的读后感"，不仅增加了文章的丰富性，而且用与读者相同的身份，做进一步跨越时空的交流。

一部《白说》，没有教条，极少理论。它就像一个睿智的大哥哥与你促膝谈心，以其凌厉但又无比平实的"白氏"话风直面现实，参悟人生，体现新闻人的敏感和社会责任感。不知道是不是人总有举一反三的能力，读着读着，我总能在他的书中联想到一些与自己工作、生活相关的细节，产生共鸣，觉得甚是有趣。

一、做个会讲故事的人

我们发现，生活中很多时候，同样一个故事，有的人就能说得很吸引人，有的却让人听得昏昏欲睡。传播，归根结底就是给别人讲好一个故事。白岩松作为一个新闻人，他传播的是信息。为什么他的新闻我们会如此感兴趣？白岩松先生告诉我们四个做好新闻传播的要则：（1）悬念——与"当下"距离最近的问题；（2）逻辑——站在受众的角度思考；（3）细节——直指人心的力量；

---

① 白岩松. 白说 [M]. 武汉：长江文艺出版社，2015.

（4）节奏——讲故事的核心技术。

　　作为一名老师，我们有一部分职责就是传播文化，而我们在课堂上似乎就是在讲一个个"故事"。再回头看白岩松先生所说的"四要则"，发现它们竟然与我们的教学要求有很多相似的地方。其中，"悬念"，在我们的课堂中就是指一个好的情境，这个情境是有时代要求的，不是远离学生实际生活的，而是与"当下"最吻合的问题情境；"逻辑"就是我们教学中一直倡导的"学生主体地位"；"节奏"则可以看作对一节课的"合理布局"，对课堂节奏的合理把控，如若能把课上得行云流水、智慧生动，那还何愁课堂纪律的调控呢？我最喜欢的是白岩松对"细节"的定义。确实，老师的一个肢体语言，一个对学生思维拐点的关注，抑或一次平等的对话，都可以是直击学生心灵的一次震撼。老子曾说"天下大事，必作于细"，成败在此一举。1997年香港回归时，白岩松先生的任务是驻港直播。他事先想了很多说法，如"驻港部队一小步，中华民族一大步"……可是这些只是一些口号，人们感受不到那种激动与自豪。白岩松就在现场找到了一条"管理线"——相当于内地与香港的界标。白岩松果断把直播地点改到了那里，第二天直播让所有人见证了第一辆驻港部队车的前轮越过这条"管理线"的瞬间。这就是直击人心的力量，而能把细节做得如此好的人，必定是一个真正热爱自己工作的人，一个愿意比别人多付出的人，因而好故事才会常常发生在他们的身上。

二、做个深思而后行的人

　　白岩松说：有了感触不必立即表达，中间该有一段"追寻"的时间。经历了足够漫长的追寻，等到一切成熟了，才会有完美的表达。急于表达、急于求成已成当今社会多数人的通病。人们往往依据第一印象就判定事物的真伪曲直，急于发声，盲目跟从、跟风。在现在这个"畅所欲言"的信息时代，内心安定，保持耐心，坚持理性，难能可贵。在一次培训中，杭州市学军小学教育集团总校长张军林提到一个办校理念——是要挖新井还是深挖井？最后他说他选择了深挖井。之所以选择这么做，是因为那是前任校长挖了一半，他再做就是顺理成章，做不好别人也不会埋怨他。看似诙谐的说法，却是接地气的大道理。很多时候我们总在想，要怎么锐意进取才能成为第一个吃螃蟹的人，要做什么才能第一时间吸引大家的目光，总是在不成熟中提出想法，最后却由于想法不成熟而不了了之，抑或是今天尝试这么做，一段时间就放弃了，觉得别人那样做好像更合适，然后在中途停下了脚步。每一次不是还没开始挖井就是在挖一口一口的新井，何时才会成功呢？我很庆幸自己能有机会成为新世纪小学数学杰出人才发展培养工程高级研修班的一名成员，更为荣幸地成为留美博士蔡金法教授的学员。在重庆培训后，导师看到我培训的内容后发来十几条语音，建议我应该找一个我有感触的研究角度，深入地去思考与研究。他认为我当下要做的是向"深"发展。很庆幸能遇到这样一些一直关心我的人，看来智者看问题的角度是一致的。现在不缺会上课的老师，而是缺少真正去做深学问的人。只有学会去追寻，经历足够漫长的积累，深挖一口井，静待花开时节的到来，才是难能可贵的教育人。

三、做个悦己达人的人

白岩松在给学生的毕业礼物《传家》的扉页中写道："人生如茶需慢品，岁月似歌要静听。"在这个纵横交错、迅猛发展的社会中，很多人在自己的追求中迷失，想要的越来越多，以至于不记得初心。如果深懂人无完人，金无足赤，幸福之于我们，物质刚好，情感淡浓相宜，精神丰盈，欲望适可，那么相信一切都会有最好的安排。怀揣着平和的心态，学会驻足，与身边的人一同欣赏，把良好的情绪传递给身边的人，在帮助他人的过程中，我想收获的不只是身外的成就，还有更多情感上的满足。在台湾，很多义工帮助了别人，却常常要对被帮助的人说"谢谢"，因为他们觉得是对方给了自己一个帮助他人的机会，而意识到自己的幸运——"我还可以去帮助别人"，感恩自己还有能力去给别人带来好的情绪。人们常说：年轻的时候要学会感恩，年老的时候要能让人感恩。我想我到了该做个悦己达人的人的时候了……

于我而言，阅读《白说》，就像在与一个充满人格魅力的人交谈，他所经历的一切似乎能带我走进一个神秘的世界，就像在戴望舒的《雨巷》里遇到"一个丁香花般"的女子，那么美好。一千个读者眼里有一千个哈姆雷特，个中酸甜只有各自品读才有收获。

请不要蒙住孩子的"眼"

——读《创新启示录：超越性思维》[①] 之悟

一次偶然的机会，我读到王健教授创作的这本传递创新思想的读本——《创新启示录：超越性思维》。书中从大量生动的故事、情感中引出深度哲理，引导读者辩证地去发现问题、认识问题、分析问题、解决问题，从而实现有效创新。

让我印象极为深刻的一个故事是，一位意大利小男孩托蒂拥有一只十分奇怪的眼睛，之所以"十分奇怪"，是因为眼科大夫多次会诊都得出了这样的结论：从生理上看，这是一只完全正常的眼睛，但这只眼睛却是失明的。一只完全正常的眼睛何以失明了呢？原来，当小托蒂呱呱坠地的时候，这只眼睛由于受到轻度感染，曾被绷带缠了两个星期。正是这种对常人来说几乎没有任何副作用的治疗，给刚刚出生、大脑正处于建构发育关键期的婴儿托蒂造成了极大伤害。他的大脑由于长时间无法从这只眼睛接受任何外界信息，就认为它"瞎"了，于是原先该为这只眼睛工作的大脑神经组织也随之"战略转移"，导致一只生理正常、本该健康的眼睛却不能视物。由此可见，第一时间、正确引导、给予正确信息对一个人的健康成长起着至关重要的作用。

教学亦然。

例如，一道一年级质量监测题"□−4=6"，从某校一年级138人参加测试，失分率高达31.9%的监测结果来看，就不难理解为什么到了四年级"认识方程"时会有那么多学生不能建构方程模型。最新脑科学研究发现，三岁儿童就已经有了方程意识。可是，在低年级教学时，在孩子们接触方程思想的第一时间，

[①] 王健.创新启示录：超越性思维[M].上海：复旦大学出版社，2005.

教师却往往没有给予正确的信息、正确的引导，在方程思维初将建构的时候，无意中把儿童的方程思想用"一块布"给"蒙"了起来。

在现行的教材中，我们是这样教学加法运算的。例如，教学 3+1=4，教师常常会创设类似情境："小明吃了 3 个桃子，又吃了 1 个，他共吃了多少个呢？"学生解决问题，列出式子：3+1=4。为什么这样得到的就是 4 呢？这是利用了"等号"的对称性。因为从之前学的自然数的定义中知道比 3 多 1 是 4，采用的是自然数的后继性道理来教学。这样的教法没有说相等的含义到底是什么，也就是没有涉及"等于"的本质，只是让学生记住了加法的计算法则，感悟不到数学运算的本质与思想。而正是因为我们的教学没有注重等号的本质含义，在低年级的教学伊始就"封住"了儿童的"方程思想"，把他们赶到一条单一的基于定义法的加法学习之路上，久而久之，孩子只知道学习路上有"阳关道"，却不知道有多条"阳关道"，甚至还有"高架桥"，以至于到了中高年级要重新拾起时，是百倍、千倍的辛苦。因为他们的大脑已经习惯了"一眼视物"，而不习惯甚至丧失了"双眼视物"的能力。

当我们意识到这一点，在教学"3+1=4"时，就应该把让学生感悟加法运算的本质特征摆在学习的首位。例如：出示 3 个〇在等号的左边，再出示 4 个〇在等号的右边，然后提问："孩子们，我们再加上几个〇就能等于 4 个呢？"孩子们想：哦！得再加上 1 个〇，这样左边和右边的〇才能一样多。这样的教学不仅使学生体会到了加上一个自然数就比原来的数大的道理，更关键的是，揭示了符号两边的量是相等的，也就是"等号"的本质含义，渗透了方程思维的建构。显然，从这样的角度去学习、理解加法这一数学知识，更能促进学生建构方程的意识，感受到数学运算的基本思想。

在写完上述案例的时候，我忽然想起在教学工作中，我们常常感慨：为什么到了高年级，很多学生课上几乎不发言了？为什么学着学着孩子的好奇心不见了？甚至学着学着孩子越发一脸茫然？或许有一个原因是我们曾经不知不觉地用"一块布"蒙住了孩子们的"眼"，在无意中收回了"上天赐予他们的能力"。如果我们能时时刻刻地把理解儿童摆在首位，不陷入只关注基础知识、基本技能的狭小视野里，如果我们能在孩子们最需要搭手拉一把的时候，对他们因材施教，允许他们表达自己，展现真实的自我，让孩子们"看见"一个真实的、多彩的世界，或许就不会扼杀他们身上原本拥有的更多的"能见性"与"可能性"。

要站在整体化、系统化的高度进行结构化教学

——以《认识底和高》教学设计为例

设计理念

每个学生都有自己特定的观察、思考以及反映这个世界各种知识结构的方法，数学教育要紧贴儿童已有的数学现实，站在整体化、系统化的高度进行结构化教学，帮助儿童将已有的数学现实与当下的数学学习联结，以促进数学学习的不断进步。

教学目标

1. 结合生活情境认识"高"的定义，通过观察、动手操作等学习方式，认识三角形、梯形和平行四边形的底与高。

2. 会用三角尺画出三角形、梯形和平行四边形的高，能在方格纸上画出给定底和高长度的三角形、梯形和平行四边形。

3. 在分析与辨别的过程中，发展学生严谨的逻辑思维能力和推理能力。

教学重点

学生通过观察、动手操作等学习方式，认识三角形、梯形和平行四边形的底与高。

教学难点

在分析与辨别的过程中，学生认识三角形、平行四边形、梯形的高的特性。

教学过程

一、导入"生活高"

1. 说一说：生活中你听说过哪些高？

教师出示图片：身高、树高、楼高。

2. 指一指："高"在哪？

师：通过大家的动作，你们发现高是哪一条？分别是从哪儿到哪儿？

3. 辨一辨：哪条才是"高"？

师：小明量了这条从最高点到底的线段，这是小丽的身高吗？为什么不是？你认为高应该是什么样的？

目的：初步建立高的概念。

4. 理一理：底和高的关系。

揭示《汉语大字典》中对"高"的定义。

> **设计意图**
>
> 在儿童已有的数学现实里，他们学得的很多知识都是游离的，呈点状或块状，且受到"生活数学"的干扰。这更容易让学生对数学本质把握不到位，因此创设生活情境，引导学生将新知纳入已有的认知结构中去认识，能促使学生快速地同化新知。

二、建构"数学高"

1. 画高。

（1）生活中有"高"，数学中也有吗？在哪里？（提示：平面图形和立体图形）

师：（出示一个三角形）大家能用自己生活中测量身高的方式，试着测量出这个三角形的高吗？（出示学习单）

学生交流测量三角形高的方式——先画高再测量。

（2）探讨高的画法。联结"过直线外一点画已知直线的垂线段"的技能，认识垂足和底。

> **设计意图**
>
> 　　心理学家认为，迁移是学习中普遍的想象，是检验我们在教学中是否培养了能力、发展了智力的一个比较可靠的指标。只有创造合适的或相似的活动情境，再现学生已有的数学现实，才能较好地实现迁移。"高"对于学生而言并不陌生，那么应该让它从生活中来到数学的世界，实现知识的迁移与发展。

2. 高的数量。

师：有个同学测量出的高和大家的长度差很多，你们觉得是为什么？看，他画的是这个三角形的高吗？

思考：为什么生活中的高都是垂直的，而三角形的这条高却是斜向的？

得出：（1）图形可以旋转，生活中的物体受地球引力影响只有一个底。（2）底不同，高不同。（3）尝试画出规定底上的高。

3. 高的位置。

师：既然高是一条垂线段，那就可以改变其长短。

出示磁贴三角形，思考：如何动可以使高的长度保持不变？

得出：三角形的高不会变，因为是在平行线间移动。这说明平行线间距离处处相等。

解释生活现象：

（1）人们为什么这样测量身高？

（2）隧道口限高说明能在这个平行线间通过的车辆高度都低于平行线间的距离。

观察：拉动顶点的过程中，观察锐角三角形、直角三角形、钝角三角形的高所处的位置。

变化：将三角形加一个顶点变成梯形，它的高是否有变化？

结果：认识梯形的上下底。梯形与平行四边形的高有无数条。

> **设计意图**
>
> 　　用发展的眼光看待不变的事物。在数学学习中，应鼓励学生用动态变化的眼光来看待静止的知识，特别是在空间观念的发展中，通过图形的运动探索并确认图形的一些性质，才能有助于发展学生的几何直观能力和空

间想象力。本环节通过设计"会动的三角形",在观察与操作活动中丰富了学生对高的特性的认识。

三、拓展高和底的应用

1.(1)给固定的底和高,还原图形。

(2)只给底和高的长度,还原图形。

(3)知道高在底上的位置,确定图形形状。判断这些等底等高的图形之间有什么关系。

2. 对任何一个三角形,沿着它的高的一半剪开,都能拼成一个长方形。

17.

不断积攒隐性成长的力量：
卓杨晶老师阅读之悟与教学智慧

卓杨晶

中小学高级教师，福建省福州金山小学数学教研组组长，福州市小学数学学科带头人。获福州市中小学教师技能大赛一等奖，先后获福州市、福建省、华东六省一市课堂教学观摩比赛一等奖。在国内刊报上发表论文十余篇，参与《小学名师思想的多维度研究与实践（数学卷）》《小学数学课堂教学与素养培植》《基于学生核心素养提升的小学数学课堂教学案例研究》《小学数学德性成长课堂案例研究》《小学数学创新思维培养的理论与实践》等教育著作的编写。

细节决定成败

——读《教育的细节》[①] 之悟

法国连锁超市 DM 总裁格茨·维尔纳对自己的成功经验进行总结时说，"奥妙全在细微处"。这提醒我们，不论做什么工作，都要重视小事，关注细节，把小事做细、做透，就能成就精彩。"细节决定成败。"

我在假期里不断品读朱永通先生的这本《教育的细节》，发现里面更是完美地诠释了"细节决定成败"这句话。教育是一个永恒的话题，特别是在新时代下，我们都在追求好的教育，殊不知，教育的改革就是要从一个个教育细节改变开始的。朱先生以敏锐的眼光，发现了一个个思想内涵丰富的教育细节。这些细节中蕴藏着教育的智慧，呈现了教育的常识，展示了教育的良知。这本书让我明白，在当前纷繁复杂的教育现象中，什么是该坚守的，什么是该摒弃的，什么是真正的优秀。在品读的过程中，我脑海中对于什么是好的教育、什么是好的学校、什么是好的教师也渐渐有了一个清晰的印记。

这本书从五个部分进行叙述——"活在观念里""守住教育的重心""一厘米之变""教育中的习以为常""过有思考的教书生活"。文字朴实、真挚，正如网上评论的那样，"能穿透灵魂，体现育人智慧"，是一本值得阅读的好书。作者对教育一线中看似平常的现象的敏锐发觉和深度解读让人敬佩。受其感染，我想，未来，我愿做那个一厘米的改变者。

我们平时总会日复一日地按习惯的既定方式来做事，朱永通先生称其为"习惯无意识"。他指出，有些"习惯无意识"属于行为性的，在情境变化

[①] 朱永通.教育的细节[M].上海：华东师范大学出版社，2015.

后，经过短期的有意识矫正，可自然而然得到改变；有些"习惯无意识"则属于观念性的，要想改变它，真的很难，不仅因为它被称为习惯，称为自然，更因为它已经积淀成为思想意识乃至性格的一部分。而这些观念对教育的影响我们从这本书的第一部分"活在观念里"便就可窥见一斑。常听人说，我们不能改变这个世界，那就改变自己。事实上，改变自己，也就间接改变了这个世界，因为我们每个人都是世界的一份子。但改变自己，谈何容易！每个人都活在观念性的"习惯无意识"里，对太多、太快的改变，有天生的恐惧感，抵制是出于自我保护的必然反应。所以，古人感叹：江山易改，本性难移。好在是"难移"，而非不能移。古人所叹之"难"，一是难在看见自己需要改变的地方，这需要自觉和反思；二是难在找到改变自己的恰当方式，这需要智慧和坚持。而作为整日忙碌的一线教师，我们又何尝不是如此呢？虽然"一厘米"很细微，甚至可以忽略不计，但往往是它，使很多事情的因果发生了惊人的变化。作者通过一个个详实的例子告诉我们：坚持一厘米之变，即从能改变的地方开始改变，一厘米一厘米地努力去改变。小如一厘米的改变，如果它挑战了习以为常的教育行为中反教育的"习惯无意识"，积少成多，就能引发更多、更大的改变。我们与其整日企盼外在强有力的制度变革来改变一切，不如向内求和向外做，秉持一厘米之变的信念和行动。我也期待今天迈出的一小步，可以在明天收获一片蓝天。

  书中描写的一个个细节，总是那么深刻传神、令人难忘，例如：《润泽的座位》一文让我想起了自己的班级（57人）。我也如作者笔下的那个班主任一样，把班级里特别调皮、上课爱捣蛋的那个"特殊孩子"单独一人坐一桌。虽然没有如文中写的那样让其坐在最后一排，也没有明显的惩罚意味，但我并未想过这样做真的妥当吗？是否会对这个"孤单"的孩子造成隐性伤害？有没有更合理的方法呢？作者也通过一个个例子告诉我们：有时一个简单的改变能把消极情绪变为积极的育人行为，这就是一种美妙的教育艺术。所以不让任何一个学生在我们的目光之外成为"边缘人""局外人"，应是每一个教师的基本素质。一个老师最难做到的事情，并非获得多高的职称、多大的荣誉，而是如何做到对人性充分关注、理解和呵护，并几十年如一日地在"琐细"的工作中为每一个孩子的未来累积美好的态度、习惯。有时候，判断一个老师是否是好老师，从他对待教室里那个"特殊座位"的态度和方式就可以一眼看出。因为教育者若不理解座位背后学生微妙的心理世界，则他与教育相隔的距离，不知要多出座位多少倍。这或许就是细节的力量。

《"好教师"能有多坏》一文中的一个个"好老师"确实尽心尽力，而在我的身边也充斥着很多这样的"好老师"：早上晨读的铃声还未响起，"好老师"已经等候在班级里，然后每一个迟到的学生只好在老师严厉的目光下瑟缩地站在教室外的走廊上，慢慢地，这个班的孩子不再有迟到的现象。在旁人看来这是一件很好的事情，可是有多少孩子为了这个"不迟到"，是匆匆应付早餐的，有的甚至来不及吃早饭，而空腹上课。一旦发现有学生对某个知识点没掌握，马上把学生请到办公室辅导、改正，却无视学生正在上的体育课、美术课、音乐课……另外，家长群里充斥着老师对孩子的作业批改、检查情况的反馈及要求等。尽管有的家长有怨言，可依然认为这是一个"好老师"，因为他能管住学生，抓出成绩。但他真的是一个好老师吗？一个在这样的"好老师"的教导下的学生考上大学后在路上遇到曾经的老师，最直接的反应是"躲避"，连上前打个招呼的勇气都没有。这说明了什么？正如作者在文中说的：当教师沾沾自喜于权利控制带来的高效时，当教师把所有心思都放在分数上时，哪里会去反思他们的教育行为会怎样影响乃至伤害到学生。许多教师因有了"好老师"的头衔，享受着头衔带来的各种优渥的待遇，风光无限，但为何他们中的许多人对学生而言，不但一点儿"好"也没有，反而面目可憎，有的甚至成了学生一辈子的梦魇？这值得我们深思。

《孩子的九十九种语言哪儿去了》一文让我看到了当今教育面临的两大基本难题：一是无法清除过去时代遗留下的语言垃圾；二是物质至上的价值观普遍流行，把人们的精神生活庸俗化、功利化、单一化。所以我们要学会跟孩子说话，寻回属于教育人的合适说话方式。实际上，这个过程也是对这两股力量的自觉反抗，这不仅需要勇气，更需要智慧。

《教师何以在阅读中生存》一文让我明白：在可见的将来，能让学生考出好分数，不过是一个教师最低限度的"本钱"。一名教师最大的"本钱"是在读书中扩展教育视野，回归教育常识，并在实践中不断磨砺自己的思想，从而建构起支援我们作为现代教师的"思想资源库"。所以，力争过有思考的教书生活吧！

当然，最让我感动、感慨万千、多次翻阅的是《杜郎口的"生意经"与"朱砂丸"》一文，作者通过长时间对杜郎口中学的观察，提供了他富有理性而又充盈智慧的反思，告诉我们：要真真实实做教育，踏踏实实上好每一节课，认认真真教育好每一个学生。教育，没有捷径；教育，只有真抓实干一条路；没有一个伟大的教育模式可以拯救我们的教育……

　　作者在《教育的细节》一书的后记中说：一本书物理意义上的重量轻如鸿毛，但"化学反应"意义上的重量却有无穷的意味。感恩遇见《教育的细节》，让我在阅读中收获细节的力量，让我心中潜藏着美好教育的追求，让我感受到面向未来全心教育的一种莫大的"正向力量"！路在前方，我会努力的！

做有数学思想的教师，构建富有数学思想的课堂

——读《小学数学教法探微——一种有深度的同课异构研究》[①]之悟

《小学数学教法探微——一种有深度的同课异构研究》是林碧珍老师和她领衔的名师工作室于2017年7月出版的一部著作。如果说之前的《数学思维养成课——小学数学这样教》是在用实践告诉我们什么是数学思想，以及做一个富有思想的老师和构建富有数学思想课堂的重要性，那么这本书则通过很多实实在在的例子，借助"同课异构"这样的方式告诉一线教师怎样才能"做有数学思想的教师，构建富有数学思想的课堂"。

这本书分别从"数与代数""图形与几何""统计与概率""综合与实践"四大领域，通过展示同课异构的课例（书中有不同的人上同样的课题，也有同一个人在不同时期上同一课题），让我们感受到相同的课题在不同理念和教学方法指导下的不同教学设计，以及由此产生的不同效果，继而通过对不同教法的反思与对比，挖掘出隐藏在不同教法背后的深层原因。书中既有课题实践的演绎，又有教学理论的高层解读和引领，读后心潮澎湃，感触颇多。

一、学会解读教材，是构建富有数学思想的课堂的前提

本书认为，对教材的解读可以分为三重境界：读懂、读通和读活。读懂是指基本理解数学文本描述的内容，能较准确地定位该教材所承载的数学基础知

[①] 林碧珍.小学数学教法探微——一种有深度的同课异构研究［M］.福州：福建教育出版社，2017.

识与基本技能。读通是在读懂文本所承载的知识与技能这一明线后，能透过这一明线，深入理解并挖掘隐藏的数学思想、数学活动经验等。读活是教材解读的最高境界，是指能根据数学的学科特点，创造性地对教材进行合理整合，使之更符合学生的认知规律，能更有效地促进学生发展。反观自己的课堂，通常只达到前两种境界，却时常未涉及第三种境界。比如，同样是教《有余数的除法》，我平时也会引导学生借助实物，通过分一分、写算式、观察算式，理解有余数除法的意义。可是看了林老师的《有余数的除法》一课的教学，才发觉自己的教学更多的是局限在知识与技能目标上。尽管课上也让学生动手操作，但更多的是听从我的指令，学生缺乏自主性与深度思考。林老师却能透过数学知识本身，读出隐藏其后的数学思想（分类、推理等）和探索数学知识的经验（大胆猜想—举例验证—得出结论），并对教材进行创造性地整合。整节课以用花瓣摆花贯穿全课，先提供数量不同的花瓣（8、9、10、11片）让学生摆出四瓣花，然后引导学生观察、比较摆花的结果，进行分类，自然引出有余数的除法，感悟分类在数学研究中的妙用，继而引导学生将摆的结果用算式表示出来，理解余数的意义。之后再引导学生观察有余数除法的算式之间的不同，得出"除数不变，余数会随着被除数的增大而增大"的猜想。然后，林老师增加了花瓣数，引导学生通过再次操作来验证自己的猜想。在学生初步感悟余数出现的规律后再次追问：为什么余数不可能是4片、5片、6片，甚至更多？林老师真正触及知识的本质，不仅巩固了学生对有余数除法意义的理解，也为探索余数与除数之间的关系找准了突破口。这样的教学，可谓技艺高超，让我切实感受到读通、读活教材给课堂带来的无限魅力。

作为一线教师，我们应该追求的是第三重境界——读活教材。那么应该怎么做呢？

（一）立足知识大背景，找准知识之间的联系

书中说，在平时的教学中，教师不能拘泥于每一课时的教材内容，而应立足知识的大背景进行思考。例如，对"一个数除以小数"这一教学内容，我们不能仅停留在例题解读上，要跳出例题看教材，立足除法这一教学大背景来分析教材，并思考以下两个问题：（1）除数是小数的除法的学习建立在哪些知识的基础上？（2）这些知识为除数是小数的除法的学习作了哪些铺垫？经过这样的思考，我们就会明白，对于这个内容，学生只需对除数中的小数进行转

化，把除数转化成整数，就能解决问题。因此隐藏在知识与技能背后的另一个重要教学目标就是，为学生渗透转化的数学思想，积累新旧知识联系的数学活动经验。所以林老师说，当她跳出教材例题，立足知识的大背景来解读教材时，就能深刻地挖掘出教材背后所隐藏的数学思想和方法，从而达到读活教材的境界。此外，林老师还提醒，在解读教材时要多关注知识之间的沟通与联系，如除法、分数和比之间的联系，商的变化规律，分数和比的基本性质等，并引导学生学会用联系的观点去学习。当学生做到了这一点，就会感觉数学很简单，这样所有知识就不再是一颗颗零散的珍珠，而是一串价值连城的珍珠项链了。

（二）对比新旧教材，挖掘变化背后的原因

新修订后的教材在结构、内容、知识出现的顺序、知识呈现的方式、板块的设计、教学要求等方面发生了很大变化。林老师说，在解读教材时应对新旧教材的变化进行细致解读，读懂教材变化背后的原因，就可以帮助我们读通、读活教材。例如，人教版六年级上册中的"圆的认识"，实验版教材从引导学生动手画一画、折一折、量一量等操作活动入手，让学生在操作中掌握圆的特征，然后再教学用圆规画圆的方法；而修订版教材先是教学用圆规画圆的方法，然后再教学圆的特征。虽然只是教学顺序有细微变化，但通过林老师的解读，我明白了画圆的过程正是学生探索圆的特征的基础和源泉。在画圆的过程中，学生直观地理解了"圆是到定点距离相等的点的轨迹"这一抽象的圆的概念，同时也对圆的特征有了深刻的体验。通过这样的对比，我们就能理解新旧教材变化的背后原因，为之后读通、读活教材指明了方向。

（三）站在学生的角度看教材，合理整合，灵活运用

本书认为，教师在解读教材时，还要顾及学生独特的生命表现力和情感体验，根据学生的思维方式、心理特征、关注焦点，设身处地地从学生的角度看教材，从教材中挖掘重难点以及学生的易错点，整合教学例题，用活教材。例如，人教版五年级上册中的"一个数除以小数"安排了两个例题，第一个是被除数和除数的小数位数相同，第二个是被除数和除数的小数位数不同。本书认为，站在学生的角度思考，因为学生之前已经学过一个数除以整数，这样的编排给学生搭的"脚手架"太多了，不利于学生展示个性化的解题策

略，也不利于学生解决问题能力的提升。根据小学生的认知特点，她认为应当把教学重难点定位在学生的最近发展区，应该把例题设计得有一定挑战性或者能诱导学生进入思维误区，这样更有利于激发学生的探索热情。基于这样的解读和思考，林老师对教材中的例题进行了改编，把教材中第一个例题创设成被除数和除数的小数位数不同的情景：奶奶编一个"中国结"需要0.85米丝绳，有15.3米丝绳，可以编几个"中国结"？这样一改，学生在探索的过程中就会出现三种不同的解决方法：把15.3÷0.85转化为153÷85、153÷8.5、1530÷85。在展示三种不同的方法后，教师可以充分利用后两种资源，让学生明白：小数点移动的位数不同，转化后的商会发生变化，即使转化的方法正确，但是不一定能有效解决问题。在这样的正误对比中突出了重点、突破了难点，同时也满足了学生个性化解决问题的需要。此外，林老师认为，拆分、整合或者调整例题顺序都是读活教材的好方法。

（四）关注明暗两线，调整教材的编排顺序

数学思想往往隐藏在数学知识背后。林老师认为在解读教材时，教师如果既能关注知识技能这一明线，又能关注隐藏在数学知识背后的数学思想这条暗线，在明暗两线之间寻找平衡点，并利用这一平衡点对教材的顺序进行适当调整，不仅可以帮助学生更好地掌握知识和技能，还能帮助学生感悟、体会和运用数学思想方法。比如，人教版四年级上册第四单元中的"积的变化规律"和第六单元中的"商的变化规律"，两者在探索的过程中都用到了合情推理的数学思想，学生在探索时都必须经历"呈现例子—得出猜想—举例验证—得出结论"的探索过程。而且"积的变化规律"是学生第一次尝试用合情推理的数学思想来探索规律，也是对运用不完全归纳法的第一次完整感悟，所以林老师认为，教学时不能停留在让学生理解并掌握积的变化规律上，经历合情推理的整个过程、感受不完全归纳的数学思想方法才是这节课的重点和难点。当学生积累了合情推理的探索经验，再学习"商的变化规律"时，就完全可以在此基础上自觉运用这种思想方法来探索其规律。通过对思想方法这一暗线的分析，又结合教材中这两个单元知识体系之间的联系，教师可以对教材的编排顺序进行大胆调整：先教学"三位数乘两位数"和"除数是两位数的除法"的计算方法，再教学"积的变化规律"和"商的变化规律"。

除此之外，林老师认为读通、读活教材的方法还有很多，如对比不同版本

的教材，异中求同；纵观 12 册教材，准确把握尺度等。

二、"悟其渔识"的课堂境界是构建富有数学思想的课堂的主渠道

林老师认为课堂教学有三重境界，第一重境界是"授人以鱼"，第二重境界是"授人以渔"，第三重境界是"悟其渔识"。相对于第一重境界，"授人以渔"的教师不仅要教给学生知识和技能，还要引导学生掌握探索知识的方法。但是，教学仅停留在"授人以渔"的层次还不够，课堂教学的最高境界应该是"悟其渔识"。"悟"是感悟的意思，"识"是规律、见识的意思。"悟其渔识"的课堂境界就是指教师在引导学生学习知识（授人以鱼）和培养学生掌握学习方法（授人以渔）的基础上，向学生渗透数学思想，让他们感悟解决问题的方法，进而逐步形成自己解决问题的能力。这三重境界是相互依赖、相互影响的。在教学实践中，教师的教学境界不同，对学生产生的影响就会不同，这一点从林老师所举的课堂实例"积的变化规律"中就能感受到。那么怎样才能让自己达到"悟其渔识"的境界呢？

（一）深度研读教材，挖掘数学思想

我们在挖掘出隐藏在知识与技能背后的数学思想后，还应该对这些思想进行系列化整理，列出隐藏的数学思想细目表。有了细目表，我们就能分学段，以螺旋式上升的方式结合数学知识的教学及时地渗透，让不同学段的学生经历感悟、体验和运用数学思想的过程，从而积累相关的经验和见识，形成创新地解决问题的能力。例如，小学计算教学中涉及新旧知识的联系和转化问题，转化的数学思想贯穿计算教学的始终。学生学习 10 加几后，9 加几、8 加几等 20 以内的加法都可以转化为"10 加几"来解决；学习 20 以内的加减法后，多位数的加减法就可以转化为 20 以内的加减法；学习表内乘法后，表内除法可以转化为乘法；多位数的乘除法口算均可转化为表内乘除法，多位数乘除法的笔算也可以进行转化；完成整数乘除法的学习后，可以把小数乘除法直接转化为整数乘除法……所以教师心中要时时有思想。

（二）及时引导反思，感悟思想方法

林老师认为"悟其渔识"的关键是"悟"。"悟"从实践中来，"悟"从思考中来，"悟"从引导中来。学生是否有感悟，关键看教师在平时的教学中是否有

意识地给学生留有实践、思考的时间与空间，是否有意识地结合教学内容逐步渗透一些相关的数学思想和方法，是否有意识地引导学生感悟——面对要解决的问题，如何灵活地运用数学思想，创造属于自己的、独特的解决问题的方法。所以要达到"悟其渔识"的境界，教师的意识很重要。有了意识，只需抓住时机，巧妙地引导学生交流、反思，一切感悟就会在自然而然中顺势而成。

（三）拓展运用，形成见识，积累运用思想方法解决问题的经验

书中还阐述了以下内容：两种学习方式（接受式学习与探究性学习）的关系，以及如何关注学情、引探结合，达成有效探究的教学策略；课堂教学中该如何关注细节（情境创设中的细节处理、引导探索中的细节处理、练习设计中的细节处理等），让细节成就精彩课堂；如何以评促教、构建高效课堂等。这些都给我的实际教学以很大启示。

《小学数学教法探微——一种有深度的同课异构研究》为我今后的教学之路打开了一扇亮窗。阅读中我也在反思自己平时的课堂教学，深深感觉到自己的浅与薄。我将努力沿着林老师的教学思想前进，力争让自己的课堂成为富有数学思想的课堂，让自己成为一个富有数学思想的老师。

借助几何直观，渗透解决问题的策略

——以《分数加减混合运算（练习）》教学设计为例

教学内容

分数加减混合运算（练习）。

教材及学情分析

本课是在学生已经理解分数的意义，掌握分数的加减法基础上安排的。因为涉及的内容比较抽象，需要用分数的知识来解决，但学生还没学过分数乘法，不能直接计算 $\frac{1}{2}$ 杯的 $\frac{1}{2}$ 是多少，所以教师要借助实物演示，引导学生通过画图分析数量关系，渗透几何直观解决问题的策略，并引导学生探究规律，建立数学模型，培养数学思维能力。

教学目标

1. 经历解决问题的全过程，探索解决问题的途径、策略和方法，体会图示在理解问题、分析解决问题中的作用，学会用几何直观分析解决问题的策略。
2. 感受数学知识与日常生活的联系，体会解决问题过程中的快乐。

教学学具

多媒体课件，一瓶矿泉水，3个透明量杯，其中一杯装满蓝色墨水（代替牛奶）。

教学过程 ▶▶▶

一、创境引入，揭示课题

（出示一盒牛奶）

师：同学们，你们看这是什么？喝过吗？喝它有什么好处？

生：喝牛奶能补钙。

生：喝牛奶能促进睡眠。

生：牛奶里含有很多对人体有益的营养物质。

师：看来喝牛奶的好处还真不少。那你们知道营养丰富的牛奶中还隐藏着很多有趣的数学问题吗？今天这节课，我们就一起来研究喝牛奶中的数学问题吧。

（出示课题）

一杯纯牛奶，乐乐喝了半杯后，觉得有些凉，就兑满了热水。他又喝了半杯，就出去玩了。乐乐一共喝了多少杯纯牛奶？多少杯水？

设计意图

从学生熟悉的牛奶引入，激发学生的好奇心，为新课的探究作积极的心理准备。

二、探究新知

（一）阅读与理解

师：通过读题，你知道了什么信息？我们要解决的问题是什么？

（学生汇报，教师整理信息、问题。）

第一次：一杯纯牛奶，喝了（$\frac{1}{2}$）杯。

第二次：兑满热水，又喝了（$\frac{1}{2}$）杯。

问题：一共喝了多少杯纯牛奶、多少杯水？

师：你们看，通过这样的整理，这道题看起来是不是更清楚了？

设计意图

让学生用自己的语言说题目的意思，教师通过摘录，呈现相关信息，渗透阅读理解题意的方法。同时，对已知条件和问题进一步梳理和内化，培养学生整理信息的习惯，使学生学会在理解的基础上规范表述，将生活中的问题初步抽象成数学问题。

（二）探索交流

1. 实物演示。

师：这究竟是什么意思呢？你们看，这是一杯蓝色的水，我们把它看作一杯纯牛奶，乐乐是怎么喝的呢？谁愿意上来演示给大家看看？为了便于观察，老师还准备了两个杯子，我们把乐乐第一次喝的倒入1号杯中，第二次喝的倒入2号杯中。

（学生上台演示：第一步，将杯中的一半"纯牛奶"倒入1号杯中；第二步，往杯中注入水，注满为止。）

师：这时的一整杯还是纯牛奶吗？

生：不是，有一半的水和一半的纯牛奶。

（学生继续演示：第三步，将兑满后的半杯水与牛奶的混合液倒入2号杯中。）

设计意图

实物演示能加深学生的印象；教师适时提问，能引发学生思考。用蓝色水代替牛奶，更能从颜色上清楚、直观地看出两次喝的牛奶的量不同，给学生的思考提供一个拐杖，感受一半的一半。

---

2. 对比，引发冲突。

师：（同时举起1号、2号杯子）乐乐两次都喝了 $\frac{1}{2}$ 杯，这两个 $\frac{1}{2}$ 杯有什么不同？

生：1号杯牛奶的颜色比较深，2号杯的颜色很淡。

生：1号杯都是纯牛奶，2号杯中有纯牛奶也有水。

师：乐乐第二次究竟喝了多少杯纯牛奶呢？

（学生自由发表见解：有的认为是$\frac{1}{2}$杯，有的认为是$\frac{1}{4}$杯。）

3. 自主探究。

师：看来大家都有自己的想法，这里面到底有多少杯纯牛奶呢？你能用自己的方式把它表示出来吗？

（生操作）

4. 汇报。

（1）言语表述：第二次喝的半杯里有一半纯牛奶、一半水，$\frac{1}{2}$的一半就是$\frac{1}{4}$，所以第二次应该喝了$\frac{1}{4}$杯纯牛奶，$\frac{1}{4}$杯水。

（2）画图表示，如下图所示。

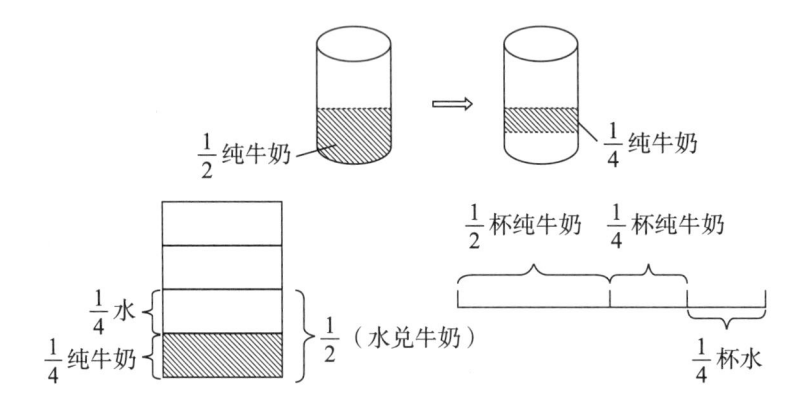

设 计 意 图

放手让学生经历分析问题的过程，学生通过画图、语言表达等方式，明确数量关系。通过交流，学生感受到画图是解决问题的好方法。

5. 教师作课件演示。

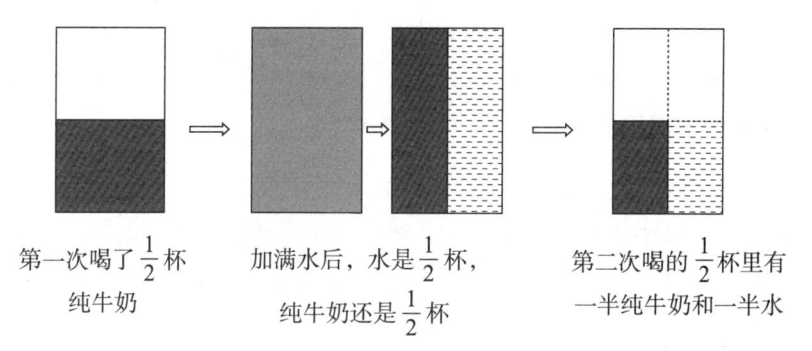

第一次喝了 $\frac{1}{2}$ 杯纯牛奶　　加满水后，水是 $\frac{1}{2}$ 杯，纯牛奶还是 $\frac{1}{2}$ 杯　　第二次喝的 $\frac{1}{2}$ 杯里有一半纯牛奶和一半水

设计意图

多媒体课件的运用能直观地显示抽象的数学知识。在第一次喝完 $\frac{1}{2}$ 杯后，再往杯中兑满水，就变成第 2 个图的样子，此时杯中只是颜色淡了些。在引导学生分析里面有 $\frac{1}{2}$ 杯纯牛奶和 $\frac{1}{2}$ 杯水后，就可演变为第 3 个图，形象直观。再喝掉半杯，学生就能很清楚地看出第二次喝的半杯里水是 $\frac{1}{4}$ 杯，纯牛奶是 $\frac{1}{4}$ 杯了（如第 4 个图）。

教师板书：

第一次喝的 $\frac{1}{2}$ 杯 ⟶ $\frac{1}{2}$ 杯纯牛奶

第二次喝的 $\frac{1}{2}$ 杯 ⟶ $\frac{1}{4}$ 杯纯牛奶

　　　　　　　　　　⟶ $\frac{1}{4}$ 杯水

6. 画图指导。

师：刚才在课件演示中哪一步最重要？

生：第三步。

师：是啊，就是这一步，当往里面兑满水后又成一整杯了，这时我们得思考：这一整杯里纯牛奶有多少？水有多少？所以我们把纯牛奶和水分开画出来。这样是不是看得很清楚？看来画图也得讲究技巧。

> **设计意图**
>
> 杯中的纯牛奶和水是混合在一起的，所以如何用图清晰地表示出来就是关键。课件的演示和画图的指导都是为了更好地给学生作引导与示范。

7. 解决问题。

师：现在你能求出乐乐一共喝了多少杯纯牛奶吗？怎么列式？

[生答，师板书"$\frac{1}{2} + \frac{1}{4} = \frac{3}{4}$（杯）"。]

（三）回顾与反思

1. 检验。

师：这个答案是不是正确的呢？我们还得对它进行检验。这题可以怎么检验？

生：乐乐两次一共喝了 1 杯，$\frac{3}{4}$ 杯纯牛奶加 $\frac{1}{4}$ 杯水刚好是 1 杯，所以答案是正确的。

生：我从图中可以看出剩下的纯牛奶是 $\frac{1}{4}$ 杯，水是 $\frac{1}{4}$ 杯，剩下的 $\frac{1}{4}$ 杯纯牛奶加喝掉的 $\frac{3}{4}$ 杯纯牛奶刚好是 1 杯；一共加了 $\frac{1}{2}$ 杯水，剩下的水是 $\frac{1}{4}$ 杯，加上喝掉的 $\frac{1}{4}$ 杯水，一共是 $\frac{1}{2}$ 杯水，所以答案是正确的。

2. 反思。

师：解决这道题的关键是什么？

生：第二次喝掉的纯牛奶是多少杯。

师：那我们刚才是借助什么方法来解决这道题的？

生：画图。

师：是的，画图确实是一个好方法，我们在数学学习中会经常用到它。

> **设计意图**
>
> 教材非常强调学生解决问题的三个步骤：阅读与理解、分析与解答、回顾与反思。可是在平时教学中，教师和学生都很容易忽略最后一个步骤，所以这里的回顾与反思不仅要引导学生学会检验解答结果正确与否，还得回顾解决问题的过程、方法是否合理、规范，感受解决问题策略的多样性。

三、巩固练习

（一）猜猜看

师：乐乐玩得回来后，他会怎么喝这剩下的$\frac{1}{2}$杯呢？

生：乐乐把剩下的全部喝完。

师：有这种可能。如果乐乐把剩下的全部喝完，那他一共喝了多少杯牛奶？

生：已经喝了$\frac{3}{4}$杯纯牛奶，加上剩下的$\frac{1}{4}$杯纯牛奶，一共是1杯。

生：本来就只有一杯纯牛奶，现在全都喝光了，当然是一杯纯牛奶了。

师：乐乐还可能怎么喝？

生：乐乐喝了剩下的一半。

师：刚才大家都对乐乐会怎么喝这剩下的$\frac{1}{2}$杯进行了不同猜想，到底会怎么喝呢？想知道吗？我们来看看。

（出示课件）

乐乐玩得回来后，觉得杯里剩下的牛奶太凉了又兑满了热水，他又喝了一半，第三次乐乐喝了多少杯纯牛奶？

> **设计意图**
>
> 让学生尽情猜测，有利于调动学生积极的学习情感。

（二）探究

1.教师引导：要解决这个问题，可以用什么办法来帮助我们研究？（生答"画图"。）在画图之前我们得先弄清什么问题？（生答"这里面还剩下多少杯纯牛奶，多少杯水。"）

2.学生自主画图解决，并与同桌交流。

3.学生汇报（略）。

设计意图

这一次画图没有第一次画图那样有教师的实物演示作支撑，抽象程度更高了，但因为有前面教师的指导示范，所以学生大都能清晰地表示出来，而且解释得也非常好。

4.教师作课件演示：

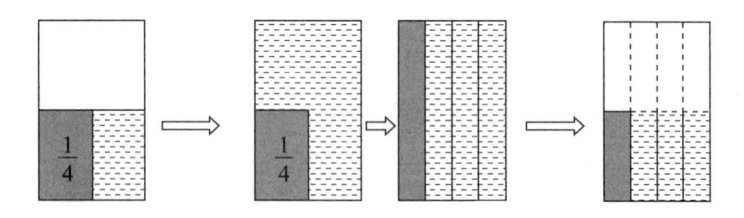

设计意图

借助多媒体的直观、动态演示，很好地解决了此题中的难点：第二次再往里面兑满水后，纯牛奶还是$\frac{1}{4}$杯（如第2个图）。为了便于观察，课件动态演变成第3个图。纯牛奶还是整杯的$\frac{1}{4}$，再喝去其中一半（如第4个图），学生就很直观地看出第三次喝的半杯中纯牛奶是$\frac{1}{8}$杯了。

（三）拓展、发现规律

（逐次出示乐乐第一次、第二次、第三次喝的纯牛奶的课件。）

师：照这样喝下去，乐乐第四次又会喝多少杯纯牛奶呢？

生：每次喝的纯牛奶都是前面一次喝的一半。

生：每次喝的纯牛奶的分母都是前面喝的纯牛奶的分母乘2，分子都是1。

师：继续下去，第5次呢？第6次呢？

（课件演示）

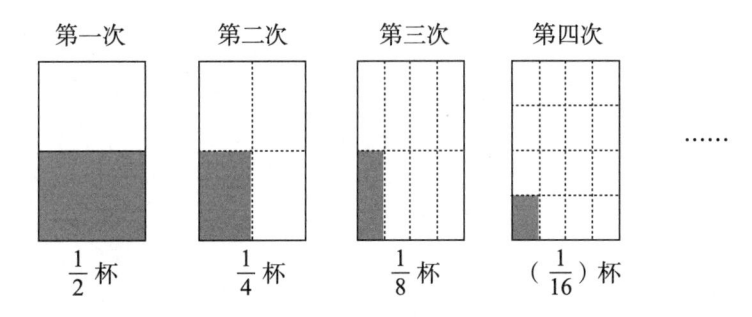

第一次	第二次	第三次	第四次
$\frac{1}{2}$杯	$\frac{1}{4}$杯	$\frac{1}{8}$杯	（$\frac{1}{16}$）杯

师：按这样的规律继续喝下去，这杯牛奶能喝得完吗？

师：正如同学们说的，里面总有牛奶的成分在，所以我们可以无限喝下去，但是里面的纯牛奶会越来越少。

设计意图

培养学生发现、探究并应用规律的意识，通过建立模型的过程，渗透模型思想。

师：其实我们古人对这个现象早就有所认识了，我国伟大的哲学家、思想家庄子在其著作《庄子·天下》中就曾说："一尺之棰，日取其半，万世不竭。"这是什么意思呢？意思是说：一尺长的木杖，每天取去它的一半，万世都取不尽。这跟咱们今天这道题不就是一样的道理吗？

设计意图

对学生进行数学文化的渗透。

师：所以，纯牛奶能不能喝完这个问题，随着学习的深入，我们会有新的认识。

18.

努力长成自己期待的样子：
叶建云老师阅读之悟与教学智慧

叶建云

正高级教师，深圳市宝安区实验学校（集团）官田学校小学数学教师，岭南师范学院广东省中小学教师发展中心客座教授，教育部福建师范大学基础教育课程研究中心兼职研究员，江西省"国培计划"指导专家，常州大学尝试教育科学研究院兼职研究员，深圳城市学院教师继续教育授课专家，宝安区高层次教育类人才，深圳市名教师，深圳市叶建云名教师工作室主持人，广东省首届骨干教师培养人选，南粤优秀教师。先后参与、主持近十个市级、省级和国家级课题，四次获新世纪版全国小学数学录像课、课例资源、现场辩课和主题成果评比一等奖。《小学教学（数学版）》2012年第12期、《教师》2017年第12期和《新教师》2023年第9期封面人物。在国内40多家教育报刊上发表文章100多篇，出版教育专著3本，合著、主编教育著作35本。

名师阅读之悟

优秀教师的五项修炼

——读《做一个优秀的小学数学教师——
16位著名特级教师的专业成长案例》[①]之悟

近来,我不断品读华应龙老师主编的《做一个优秀的小学数学教师——16位著名特级教师的专业成长案例》(以下简称《案例》)一书,反复在思考这样一个问题:一名优秀、卓越的小学数学教师是如何修炼成功的?突然想到语文中的听说读写,我豁然开朗:听说读写,再加一个"做",不就是其修炼之道吗?

一、听

聆听,是一种能力;聆听,也是一种智慧。朱永新教授倡导的新教育实验把"聆听窗外声音"作为十大行动之一,可见聆听的重要性。每一位名师成功的背后,都可以列出曾经聆听过的一长串长辈与同行满含思想与智慧的声音。例如,徐长青老师聆听张梅玲老师的问话:"你行为背后的理论支撑是什么?是运用了什么原理和法则?""你还能这样吗?还能那样吗?"从而不断在聆听、尝试、实践与思考中前行。黄爱华老师最初是在全面聆听卢专文老师和邱学华老师的教诲与实践中"品尝到了教学的乐趣,体验到了成功的喜悦"。

二、说

一位优秀教师应当是一位课堂教学的高效"说"客。一位优秀教师应该让

[①] 华应龙. 做一个优秀的小学数学教师——16位著名特级教师的专业成长案例[M]. 北京:教育科学出版社,2011.

自己的课堂有智慧、有理性、有激情、有欢乐，让学生喜欢与痴迷，让师生共同在课堂中成长。曹培英老师曾经在教学乘法之前，故意先让学生感受同数连加的麻烦——写出10个2连加的算式，学生完成后，再写100个2连加的算式，学生听后纷纷停笔，脸上露出难色。这时，曹老师顺势引出乘法："为什么乘号用'×'表示呢？原来，发明乘号的数学家觉得既然是同数连加，就把加号转一下用来表示这种新的运算。"这样，乘号在学生眼中就有了灵性。华应龙老师上《角的度量》一课时，课始用三个倾斜角度不一的儿童滑梯引入，真乃神来之笔，课末引入华罗庚的"数起源于数""量起源于量"。课已结束，但课的余音犹存。黄爱华老师主张开放小教室，引导学生去思考和实践数学问题，让学生做"数学实验"，让老师真正成为"适宜的点拨者、亲切的慰藉者和诚挚的合作者"。丁杭缨老师尝试用哲学的视野看待与探索数学课堂：课堂是数学、学生、老师三者通过平等对话，相互尊重、相互包容、相互接纳，以实现真正意义上的"视界交融"，形成关于学习的"共同世界"。

  一位优秀的教师同时也是一位优秀思想的传播者，通过言说，与他人分享自己课堂成功之所在，让更多教师因自己而改变、改进、成长、飞跃。不少名师到全国各地讲学，就是一种优秀思想的传播方式。

三、读

  黄庭坚曾说："三日不读书，便觉语言无味，面目可憎。"读书，可以看见他人的智慧，开阔自己的视野，提升自己的思维，滋养自己的灵性，生成自己的智慧。俞正强老师认为，读书是一件十分美好的事情，学校是读书的圣地，是哺育心灵的殿堂。广博的阅读，让俞老师的课堂妙趣横生，文章通俗易懂。钱守旺老师出差时，首先找的不是商场，而是书店。购书、看书成了他最大的爱好。或许这也促使他成为有着"稳中求活，活中求实，实中求新，和谐自然"的教学风格，足迹遍布全国各地的名师。林心明老师认为，自己工作之余，最幸福的事情就是看书。他倡导"追寻成全学生智慧生长的数学教育"。他曾是福建省最年轻的特级教师，最早提出"教师的认知偏差及克服"命题，相关论文获全国小数会第四届年会论文评选一等奖第一名。在他担任泉州市第二实验小学校长后，学校的书香校园建设、青年教师专业成长、学生健全人格培育等声名远播。

  读书也要学会读"博"。许多名师的博客也是一本好"书"。比如，钱守旺老师的"特级教师钱守旺的博客"、徐斌老师的"为学生的数学学习服务"等都颇值常读。

四、写

写的要义之一在于：你的教育教学行动在思考与写作中得到提升。有一位持有英语专业八级证书的青年应聘教小学一年级双语班，一个学年不到就想跳槽，原因不是待遇不好，而是认为"天天给小孩正音，再教下去，我自己都不会说英语了"。由此，曹培英老师提出了"童化"命题，倡导教师要有反思精神、反思习惯，在教学中既要"钻进去"，真正感悟儿童的心灵，又要"跳出来"，以理性的目光审视教与学的过程，解剖自己的教学行为。

写的要义之二在于：你的写作成果可以与别人分享、互动、生成。华应龙老师致力于探索"化错教育"，"尊重、沟通、宽容、欣赏"使他的课堂教学充满着时代气息，洋溢着浓浓的师生情谊；新课程的春风吹绿了他的课堂，"古为今用""洋为中用""做中学""玩中学"，清新流动的生命力让学生爱上他的"疯狂数学"。他先后在《人民日报》《光明日报》《人民教育》《中国教育报》等20多家省级以上报刊上发表了500多篇文章，教育专著《我就是数学》《我这样教数学》分别获评中国教育报2009年、2010年"影响教师的100本图书"。他的写作，既发展了自己，也让无数的小学数学教师受益匪浅。

五、做

演讲大师齐格勒有这样一个说法：世界上牵引力最大的火车头停在铁轨上，为了防滑，只需在它八个驱动轮前面塞上一块1英寸见方的木块，这个庞然大物就无法动弹。然而，一旦这只巨型火车头开始启动，小小的木块就再也挡不住它了：当它的时速达到100英里时，一堵5英尺厚的钢筋混凝土墙也能轻而易举被它撞穿。从一小块小木块令其无法动弹到能撞穿一堵钢筋混凝土墙，火车头的威力变得如此巨大，原因不是别的，而是它开动起来了。

一位优秀的教师，很重要的一点是，一旦有了好想法，就要马上去行动。"只要行动，就有收获。"全国首届小学数学课堂教学大赛第一名获得者、曾任北京第二实验小学校长的李烈老师，提出了"以爱育爱"的教育理念，这其实更是一种真切的教育行动。她认为：在教育教学活动中，教师要通过行为的感染、情感的迁移、教育的智慧，唤起学生的共鸣，最终使学生学会理解爱、主动体验爱、自觉付出爱。这应当是爱的真谛、教育的真谛！"以爱育爱"，让教学生辉，她的《我教小学数学》一书也影响了很多老师。

此外，颇值一提的是，该书最后特设"附录"——16位名师推荐给小学数学老师的书目。这些书目可为教师专业化之路提供知识、方法上的帮助，更将开阔教师教育视界，启迪教师教育智慧。

品读《案例》，马上行动，不断坚持，勇往直前，你也可以成为一名优秀、卓越的小学数学教师！

走向国际的教育实验研究

——读《邱学华教育实验研究》[①] 之悟

近段时间，我多次品读邱学华老师的《邱学华教育实验研究》一书，感动长久，感悟颇多。

一、感动

邱学华老师是一位教育理论家：他被评为特级教师、荣誉教授，享受国务院政府特殊津贴，是"尝试教学法"的创始者和倡导者。同时，邱学华老师又是一位教育实践家：他曾做过小学教师、中学教师、大学教师、师范学校校长，现在是常州大学尝试教育科学研究院特聘院长，一步步坚实地走过来；他将理论与实践结合，实践与科学实验相连，从尝试教学法、尝试教学理论到尝试学习理论、尝试教育理论，从数学学科到其他学科的尝试研究，从小学到中学，从教学领域到管理领域，一次次创新地走来。

邱学华老师在该书的序中这样深情地写道："这些教育科研成果是我60多年来坚持深入教学第一线，克服重重困难不断进行教育实验所取得的，充分证明了一条颠扑不破的真理：教育实践是教育理论的源泉。"这不仅是邱老师的真情告白，同时也应当是我们教育科研工作者的座右铭！"60多年来坚持深入教学第一线"，60多年来"不断进行教育实验"，这样滴水穿石般的坚持，让我感动长久！

[①] 邱学华. 邱学华教育实验研究［M］. 上海：华东师范大学出版社，2018.

二、感悟

《邱学华教育实验研究》全书共分 11 章。

第 1 章到第 5 章是关于基本口算与笔算相关问题、小学生口算能力、加法口诀、珠算教学和三算结合教学等方面的研究。这些方面的研究，按照目前的课程标准划分，属于"数与代数"领域的内容。从学生可持续学习的角度来看，口算能力、计算能力的强与弱，往往决定了学生后续数学学习能力的强与弱。当前不少一线教师普遍感到学生计算能力弱化，从而产生困惑，邱学华老师在这些方面的研究成果就为一线教师们提供了一定的理论支撑和行动途径。

第 6 章和第 7 章分别为"形成儿童几何初步概念的研究"和"'比和比例'两种教学方案的实验研究"。在第 6 章中，邱学华老师为大家提供了一个关于概念教学的参考研究策略；在第 7 章中，邱学华老师为大家提供了同一内容、不同教学方案的实验研究。特别值得一提的是，邱学华老师在 1979—1980 年进行了"比和比例"两种教学方案的实验研究。起因是人民教育出版社用两种方案编写"比和比例"的教材，这两种教学方案孰优孰劣，让大家选择。邱学华老师的研究报告受到人民教育出版社数学编辑室的重视，后者依此决定采用第二种教学方案。研究报告全文刊登于《人民教育》1981 年第 7 期上。这一研究报告，对各地小学数学教学研究带来深远影响。新课程改革以来，不同的小学数学教材编委会在决定教材内容时，往往都会采用不同的教学内容进行实验，根据实验结果选用更科学的教学内容；不同地方所倡导的同课异构，也往往因教学内容、教学方式和教学方法的异构，产生了许多意外的惊喜。

第 8 章到第 10 章分别介绍了"六段式"课堂结构、小学数学标准化考试和尝试教学等三方面的研究。其中，"六段式"课堂结构实验研究成果，由于操作起来简明易懂、扎实有效，深受一线教师的喜爱；小学数学标准化考试的实验研究，为一线教师的教学指明了方向，为全国各地教研机构学生数学测试提供了标准样例，促进了规范化教学与评价的推进；尝试教学实验研究影响之深、广、远，也前所未有。

名师教学智慧

教学，为学生核心素养发展奠基

——《比例尺》教学思考与实践

2016 年 9 月 13 日，《中国学生发展核心素养》研究成果在北京正式发布。核心素养以培养"全面发展的人"为核心，分为文化基础、自主发展、社会参与三个方面，综合表现为人文底蕴、科学精神、学会学习、健康生活、责任担当、实践创新六大素养，具体细化为人文积淀、理性思维、国家认同等 18 个基本要点。学生发展核心素养指学生应具备的、能够适应终身发展和社会发展需要的必备品格和关键能力，是关于学生知识、技能、情感、态度、价值观等多方面要求的综合表现。小学数学教学如何为学生核心素养的发展奠基？本文试图通过《比例尺》一课的教学思考与实践，为一线教师提供参考。

课前思考 ▶▶▶

思考一：《比例尺》仅仅是一节计算课吗？

我听过很多《比例尺》的随常课、公开课，不少老师把这一内容上成了计算课。在课后的交流或议课中，老师们的看法是，本课的教学，如果学生知道"图上距离：实际距离＝比例尺"，并能进行相关计算（如已知图上距离和比例尺，求实际距离；已知图上距离和实际距离，求比例尺；已知实际距离和比例尺，求图上距离），则本课的教学任务就算达成。似乎，北师大版小学数学第三版教材也印证了这节课特别重视计算的倾向（如下图）。

这是我家的平面图。

比例尺1:100

比例尺1:100是什么意思?

图上1厘米长的线段表示实际100厘米。

比例尺=图上距离/实际距离

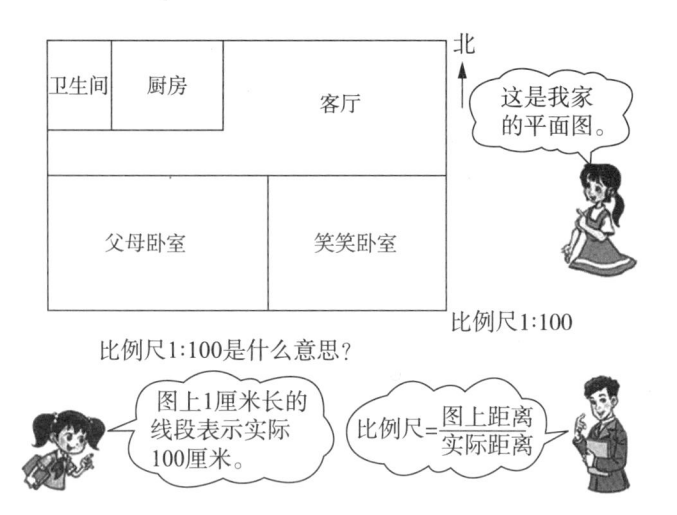

在学生明白比例尺是什么意思后,就是进行"已知图上距离和比例尺,求实际距离"的计算。教材中的第3个问题则是在计算出实际长和宽后进行求面积的计算(如下图)。

2.量一量平面图中笑笑卧室的长是____厘米,宽是____厘米。
笑笑卧室实际的长是____米,宽是____米,面积是____米^2。
3.笑笑家的总面积是多少平方米?

而北师大版小学数学第四版教材中有关"比例尺"的内容见下图。

● 淘气和笑笑分别根据右面的信息画了图,他们画得合理吗?与同伴交流。

超市在学校正北方向200米,邮局在学校正西方向100米,书店在学校正东方向300米。

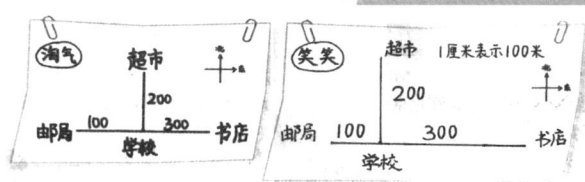

● 认一认。

图上距离和实际距离的比,叫作这幅图的比例尺。

图上距离/实际距离=比例尺

我画的图中,图上1厘米表示实际100米,即10000厘米,比例尺就是1:10000。

340　他们这样读书与教书——18位小学数学名师阅读之悟与教学智慧

面对根据信息画图这个有一定难度和挑战性的问题，学生可以结合自己的生活经验和所学知识尝试解决，然后凭借自己所画的，同时结合淘气和笑笑两人不同的画法进行比较，从中感悟比例尺"再发现""再创造"的过程。

教材的调整，其实已为教学的转变提供了让学生自主发展的基础。虽然，这样的过程也需要学生进行计算，但其本身更立足学生的生活，更贴近学生的探究心理，更多地提供给学生探索的时间与空间。这样的课，应该不仅仅是计算课。

思考二：走出课堂，学生在心灵深处还能留下什么？

有学者认为，学生离开学校后，留在其大脑深处、融入身心的素养才是真正属于学生的。我们应该思考的是，学生学了《比例尺》一课后，除了概念、知识、过程与方法，在心灵深处还能留下什么？

课堂实践 ▶▶▶

一、课始交流

师：同学们，我们上学期来到新校区学习，喜欢吗？

生：喜欢！

师：请看屏幕。

（出示照片）

师：说说你们都看到哪些地方？

生：很壮观的学校大门和操场。

生：很漂亮的学校中学部教学楼。

生：我们自己现在学习的教学楼。

师：是啊，我们的新校区很美。今天，我们以在官田学校学习为荣，明天，官田学校将以你们为荣。

> **设计意图**
>
> 当熟悉的学校新校区图片出现在面前时，学生感觉到亲切、温暖。这样引入新课，自然、贴切。这样的引入，浸润着学生从小热爱学校的情怀。同时，"今天，我们以在官田学校学习为荣，明天，官田学校将以你们为荣"饱含了教师对学生未来的期望与祝福。

二、初学比例尺

（一）试画示意图

师：我们看最后一张图，它是咱们学校 B 栋教学楼。这里的一层是一个长方形，长 30 米，宽 10 米。请你把它画在本子上，行吗？试试看。

（学生尝试完成，教师巡视。然后选择三位学生的作品来展示：长和宽分别为 3 厘米和 1 厘米、6 厘米和 2 厘米、4 厘米和 1 厘米。）

师：你有什么发现？

生：第三个明显不像。我们的一层的长是宽的 3 倍，这个画的长是宽的 4 倍了，不行的。

生：我们的一层长和宽的比是 3:1，这个画的长和宽的比是 4:1，所以就不像了。

师：看得真仔细！

师：请看这位同学画的长方形，他画的长和宽分别是——

生：长 3 厘米，宽 1 厘米。

师：这是画在图上的长度，数学上我们把它叫作"图上距离"。请大家算出图中的长和实际的长的比，开始！

（生计算）

师：谁来说说？

生：3厘米 : 30米 = 3厘米 : 3000厘米 = 1:1000。

师：和她一样的请举手！

（大部分学生举手。）

师：同学们，像这样，图上距离和实际距离的比，叫作这幅图的比例尺。

（出示电子板书）

$$\frac{图上距离}{实际距离}=比例尺$$

师：这位同学画的这幅图的比例尺就是——

生：1:1000。

师：谁能算一算，这位同学画的图的宽和实际的宽的比是多少？

生：（计算后汇报）也是1:1000。

师：你有什么发现？

生：这个比和前面的比是一样的。

生：同一个图，比例尺都是一样的。

师：说得真好，把掌声送给他！

（生鼓掌）

师：我们再来看看另一位同学画的图。（指图）长方形的长和宽分别是——

生：长6厘米，宽2厘米。

师：请大家也算出它的比例尺，开始！

生：（计算后汇报）是1:500。

师：奇怪了！同样是我们这座教学楼的一层，比例尺怎么不一样呢？

生：这个图比较大一些，那个图小一些，比例尺自然就不一样。

生：同样的实际长度，比例尺不一样，图上距离自然就不一样。

师：说得好！

设 计 意 图

让学生试画自己所在教学楼一层的平面示意图，融趣味性、思考性与挑战性于一体，在不知不觉间经历"比例尺"的再发现过程。

（二）判断图的合理性并体验

1.判断淘气和笑笑画的图是否合理。

师：请看屏幕要求，试着画一画。

（出示课件）

> 超市在学校正北方向200米，邮局在学校正西方向100米，书店在学校正东方向300米。

（生画，师巡视。）

师：请画好的同学跟同桌交流一下。

（生交流）

师：请看课本中淘气和笑笑画的图，你认为如何？

（出示课件）

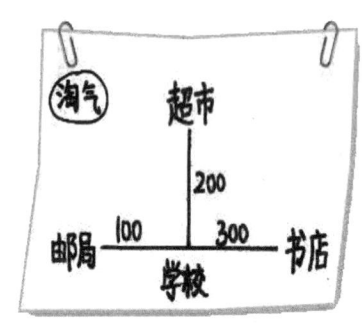

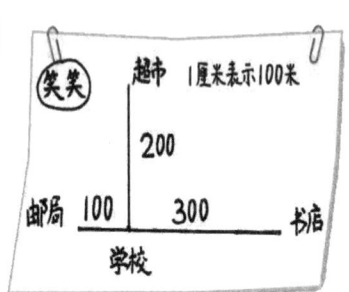

生：淘气画的体现具体的方向，但看不出距离；笑笑画的不仅体现具体的方向，还体现出具体的距离，很好。

师：笑笑画的图里，比例尺是——

生：1:10000。

2.尝试画出学校东北方向400米处的社区活动中心。

学生尝试完成后，小组交流。

设计意图

让学生根据屏幕要求画示意图，同桌交流后，比较、分析淘气和笑笑所画的示意图,接着让学生尝试画出学校东北方向400米处的社区活动中心,进行小组交流。这一环节让学生在反思中辨析,在辨析中思考,在思考中交流,在交流中感悟。

三、学习线段比例尺

(一)初学线段比例尺

师:请看屏幕。(出示课本中的地图,图略。)我们把图中左下角的这个(指比例尺)叫作线段比例尺。谁知道它表示什么意思?

生:它表示图上距离为1厘米,实际距离是90千米。

师:请大家算一算,在这里,实际距离是图上距离的几倍?

生:(计算后汇报)90千米=9000000厘米,所以这里的实际距离是图上距离的9000000倍。

师:说得好!我们简单复习一下,1千米等于多少米?(生:1千米等于1000米。)1米等于多少厘米?(生:1米等于100厘米。)所以,1千米等于多少厘米?(生:1千米等于100000厘米。)

师:请大家在课本上量一下,台北市到高雄市的图上距离大约有几厘米?

生:(测量后汇报)4厘米。

师:请大家算一下,台北市到高雄市的实际距离大约是多少千米?

生:(计算后汇报)4×90=360(千米)。

设计意图

线段比例尺和数值比例尺看上去差别比较明显,但两者都是比例尺,只是表示形式不同。教师通过让学生观察教材中提供的台湾地区的地图,介绍线段比例尺,并引导学生尝试进行测量、计算,最后测量"台北市到高雄市的图上距离大约有几厘米"和计算"台北市到高雄市的实际距离大约是多少千米",让学生对线段比例尺有一个基本体验。

(二)运用线段比例尺

师:请大家拿出老师前面给每组同学发的地图。(图略)

师：请大家填写学习单。

我的老家在（　　），离深圳的图上距离约是（　　）厘米，实际距离约是（　　）千米。

（老家是深圳的同学，请你算一下，深圳到首都北京的实际距离。）

> **设计意图**
>
> 让学生在地图上找出、测量出自己老家与深圳的图上距离、实际距离，让学生学以致用。

四、拓展新知

师：我们今天学的比例尺，从数字上看，你有什么发现？

生：比的前项都是1。

生：比例尺都是1比多少。

师：在生活中，有时也有比例尺不是这样的。请把课本上的"你知道吗"认真读一遍。

（生读）

师：这里的比例尺为什么是10:1？

生：因为这个精密零件很小，画在图上反而更大了，所以才会这样。

师：你真聪明！下一次，当我们看到类似10:1、100:1这样的比例尺时，它们表示什么？

生：表示这样的实际物品比较小，画出来的图比较大。

> **设计意图**
>
> "比例尺为什么是10:1？"这和我们平常学的比例尺有点不同，学生能说出"这样的实际物品比较小，画出来的图比较大"，值得肯定。

五、学习收获

师：这节课你学到了什么？有什么收获？

生：我明白了图上距离和实际距离的比，叫作这幅图的比例尺。

生：这节课我知道了怎么运用比例尺进行计算。

师：这节课我们就上到这里，再见！

> 设计意图
> 让学生在反思中提升，在反思中延伸课堂。

课后反思 ▶▶▶

《比例尺》是在学生已经掌握了化简比和比例的知识的基础上进行教学的。这部分内容对学生来说比较陌生、抽象，难以理解，不易直观理解，与实际生活较远。因此，我在设计教学环节时，仔细分析了教材的设计意图，同时又思考如何将这一教学内容恰到好处地与学生的生活实际联系起来，在课堂实践中给予学生自主探究的时间。

1. 对教材适度调整。

教材上关于学校附近的情境图，相对来说难了一些。因此，我先让学生画一画自己所在教学楼的示意图，在这个基础上再进行教材情境图的学习，效果会更好一些。

2. 给学生自主探究的时空。

现代学习心理学认为，要给学生提供充足的探究时间与空间，让学生在全力参与学习的过程中感觉到数学的亲切，体会到数学知识能切切实实地解决生活问题，这样才能提升数学学习的内在魅力。本节课，我让学生自己找一找地图上自己的家乡在哪里，量一量自己的家乡到深圳的图上距离，算一算自己的家乡到深圳的实际距离，提高学生学以致用的意识。教师在课堂中尽可能多地给学生自主探究时空，将为学生进一步的自主发展奠基。

此外，学生在量一量、算一算的过程中也可能会对祖国幅员之辽阔产生实际感受，热爱祖国之情也就于无形中渗透学生心中。立德树人，应是每一个教师的责任与使命。